KB047481

주자학, 조선, 한국

이 도서의 국립중앙도서관 출판시도서목록(CIP)은 e-CIP홈페이지(http://www.nl.go.kr/ecip)와 국가자료공동목록시스템(http://www.nl.go.kr/kolisnet)에서 이용하실 수 있습니다(CIP제어번호: CIP2011003770).

주자학, 조선, 한국

김우형 지음

朱子學 / 朝鮮 / 韓國

한울
아카데미

우선 이 책을 쓰게 된 동기를 밝혀야겠다. 필자가 경북대학교 정치외교학과에 있을 때 ≪영남일보≫(1989년 12월 26일 자)에 아래와 같은 글을 실은 적이 있었다.

4색은 정당의 시초이다

민주주의라는 말은 누구나 즐겨 사용한다. 그러나 그에 대한 구체적인 내용은 아무도 정확하게 설명할 수 없을 정도로 수없이 많은 민주주의 모형이 존재해왔다. 민주주의 본래의 뜻은 국민이 나라의 주인이 된다는 것이다. 국민을 위한다는 관점에서 보면 모든 정치형태는 민주주의가 될 수 있다. 국민을 위한다는 이데올로기를 한 사람 또는 한 집단이 독점하면 과거의 왕정이나 우파의 파시즘, 또는 좌파의 공산주의 같은 형태가 된다. 즉, 국민을 위한 이데올로기를 독점하면 전체주의가 된다.

한편, 민주주의는 지배자(정치권력)와 피지배자(국민) 사이의 거리를 좁히려는 노력이기도 하다. 거리를 좁히려면 무엇보다도 국민의 의견이 수렴되어 정치권력에 전달되어야 한다. 이러한 의견전달 방법이 대의정치이다. 대의정치는 다양한 이익집단에 의해 이루어지며, 그 대표적인 예로 정당을 들 수 있다. 민주주의는 시끄러운 것이다. 시끄러운 이익집단들의 욕구를 조정하고 합의하는 능력이 민주주의 성패를 좌우한다.

흔히 민주주의의 원형을 유럽에서 찾는다. 1492년 콜럼버스가 아메리카 대륙을 발견함으로써 유럽은 새로운 도전과 분열의 가능성에 직면했다. 특히 1517년의 종교개혁은 교황의 절대권력을 약화시킴과 동시에 '국민'이라는 정치적 요소를 만들어냈다. 또한 16세기 중반에서 17세기 중반에 이르는 수차례의 종교전쟁을 통해 국민국가라는 새로운 형태의 국가를 만들어냄으로써 절대권력은 분화되기 시작했다. 그리고 18세기 말 프랑스 혁명 이후 정당정치가 자리를 잡았다. 19세기 들어 자본주의(제국주의)가 발달하면서 우파 정당들과 좌파 정당들은 '국민을 위한다'는 명분으로 이데올로기 논쟁을 일으켰다.

역사학자들은 중요한 사건은 동·서양을 막론하고 거의 같은 시기에 일어난다고 한다. 이러한 관점에서 보면 우리에게도 민주주의를 탄생시킬 기회가 있었을 것이다. 유럽에서 이익집단들이 절대권력에서 분리된 후 자신의 입지를 확고히 하기 위한 움직임이 1546년의 종교전쟁이라는 형태로 나타났는데, 거의 같은 시기인 1575년에 조선에서는 동인과 서인이 분당되면서 4색(남인, 북인, 노론, 소론)의 뿌리를 만들었다. 즉, 사회다원화가 시작되었다.

4색에 대한 비판 중 하나는 지배집단 안에서의 이해관계가 갈등으로 표출된 것뿐이라는 지적이다. 그러나 유럽에서도 초기에는 지배층 사이의 갈등이라는 점에서는 마찬가지였다. 이러한 4색이 조선 말기까지 거의 330~340년 동안 계속되었다는 것은 단순한 이해관계의 갈등이라고 보기는 어렵다. 무엇인가 역사적인 흐름이 그 속에 있다. 프랑스 혁명 시기, 유럽에서 정당이 자리를 잡기 시작할 무렵에 조선의 영조(재위 1725~1776)는 탕평책을 써서 4색의 존재를 인정하고 인재를 골고루 등용했으며, 1864년에는 대원군이 섭정하면서 4색을 고루 등용함과 동시에 서원을 철폐하여 이익집단인 4색을 억제하려 했다. 대원군 시기에 유럽에서는 자본주의 우파정당과 사회주의 좌파정당이 생기기 시작했다.

한편, 실학은 국민을 위한 사상으로, 4색 분당과 거의 같은 시기에 나타났다. 1592년 임진왜란 이후 국민의 궁핍함을 덜어주고 국가의 개혁을 이루려는 실용주의 학문이었으며, 정약용(1762~1836)의 『목민심서』로 집대성되었으나 서양의 개화사상이 밀려옴으로써 더 발전하지 못했다. 4색이 시들해짐과 동시에 실학도 시들고 말았다.

조선에 사회계층 사이의 평등을 묘사한 문학으로 양반과 상민의 사랑을 그린 『춘향전』(영·정조 시대 추정)이 널리 알려질 무렵에 유럽은 시민혁명의 와중에 있었다. 유럽에서 자본주의 발생 초기 상인들의 이기주의적 금전지향성을 그린 작품으로 셰익스피어의 『베니스의 상인』(1600)을 들 수 있다. 조선의 금전지향성 문학으로는 『흥부전』(연대미상)과 박지원(1737~1805)의 『허생전』을 들 수 있다. 이것은 한반도에서도 자본주의가 발생할 가능성이 있었다는 것을 보여주는 징후였다. 필자는 『베니스의 상인』에 등장하는 고리대금업자 샤일록은 『흥부전』에서의 놀부에 해당한다고 본다. 흔히 『흥부전』을 선과 악에 대한 우화라고 평가하지만, 놀부의 이기적이며 금전(자본)에 대한 적극성을 악행으로 볼 때, 흥부의 선행은 상대적으로 매우 빈약하다. 흥부의 선행은 그저 제비의 다리를 고쳐준 것뿐이다. 반면 놀부의 부유함과 흥부의 가난함은 극명하게 대비된다. 선과 악을 대비하려면 적어도 같은 비중으로 다루어져야 했으나, 『흥부전』에서 흥부의 선은 놀부의 악을 부각시키기 위한 보조수단 정도로밖에 보이지 않는다.

유럽에서의 민주주의 또는 정당의 발달과 조선에서의 그것은 시기적으로 거의 같은 흐름을 가지고 있었으나 조선에서는 꽃을 피우지 못했다. 그러나 유럽에서의 민주주의 발달은 전쟁과 살상을 통해 이루어진 것이다. 조선에서는 그런 일이 벌어지지는 않았다.

한편, 제2차 세계대전 이후 지금까지 세계 각국은 서양의 민주주의 모형을 억지로 받아들여야만 했다. 정치에서도 우리의 현실에 맞지 않는 제도를 억지로 적용해야만 했다. 그러나 다원화 시대를 맞아 상황은 급변하기 시작했다. 즉, 다원화는 다양한 세력이 각자 자기 것을 주장할 수 있는 토대를 마련했다. 한국의 예를 들면, 박정희 전 대통령은 미국의 인권정책에 대해 한국식 민주주의를 주장했다. 역사와 풍토가 다르기 때문에 미국식 민주주의를 그대로 적용할 수 없다는 것이었다. 그런데 이것은 단순히 개인의 견해에 따른 것이었다. 이런 식으로 한국에서는 집권자가 바뀌면 집권자의 취향에 따라 민주주의도 함께 바뀌었다. 그렇다면 한국식 민주주의 논리를 조선의 정치체제에서 찾으면 어떨까? 역사에 깊이 뿌리를 박은 논리는 지도자가 바뀌어도 지속된다. 한 나라의 정치제도가 자주 바뀌면 혼란이 계속되고 정치는 제자리걸음을 할 수밖에 없다.

더군다나 한반도에서는 남·북한의 이데올로기 갈등으로 분단상태가 계속되고 있다. 앞으로 이데올로기의 갈등은 점차 약화된다고 하더라도 민주주의를 보는 시각은 통일시키기가 쉽지 않을 것이다. 사회주의적 또는 공산주의적 민주주의와 자본주의적 민주주의 사이에는 공통점을 찾기가 어렵다. 남·북한 각각의 이해관계도 무시할 수 없다. 그러나 남·북한은 역사와 언어에서 공통점을 가지고 있다. 즉, 4색 당쟁의 역사를 공동으로 가지고 있는 것이다. 4색을 부정적으로 볼 것이 아니라, 민주주의 출발이라는 관점에서 연구하여 남북한이 공유하는 한반도 민주주의를 찾아보는 계기로 삼는 것은 어떨까?

필자는 이 글을 통해 4색과 당쟁에서 사회다양성과 민주주의를 찾으려 했다. 필자는 한국 역사, 한국 정치사상을 전공하지 않았다. 그저 시간 나는 대로 틈틈이 앞에 쓴 글에 필요하다고 생각되는 자료를 모아서 정년퇴임 하면 이에 관련된 책을 쓰려고 마음먹었다. 그러한 생각은 조선 역사를 세계역사의 흐름에서 이해하고 조선의 주체성을 찾아보려는 바람에서 비롯된 것이었다.

그러나 실제로 책을 쓰려고 자료를 정리하다 보니 4색이 정당의 시초였다는 생각은 잘못임을 알게 되었다. 조선 사회에서는 그 어떤 다양성도 찾아볼 수 없었기 때문이다. 민주주의의 역사는 통치자와 사회다양성의 역사이기도 한데, 조선의 정치사는 국민이나 사회와는 관계없는 양반 지배층의 역사였다.

이 글이 실릴 무렵 우리나라 역사에 대한 세간의 인식은 '4색 당파 싸움, 한의 역사, 예의의 나라, 대외의존' 등 주로 좋지 못한 것들뿐이었다. 정치사 관련 서적은 대개 대한민국 건국을 기점으로 내용을 전개하고 있었다. 즉 남한에서는 미국에 의해, 북한에서는 소련에 의해 본격적인 정치사가 시작되었다고 보는 것인데, 그에 따라 우리나라의 정치사는 대외의존의 정치사가 되고 말았다. 이처럼 정치사 영역에서는 8·15 해방 이후 100여 년도 안 되는 짧은 기간을 실질적인 우리 역사로 인정하는 분위기이다. 그런데 예로부터 역사의 뿌리가 깊은 나라 또는 민족은 생명력과 정체성이 강하여 왕성한 움직임을 보였다. 최근 중국과 일본은 증명할 수 없는 고대신화까지도 실제 역사로 받아들여서 역사의 뿌리를 더 깊게 파묻는 한편, 한반도 역사의 뿌리를 갉아먹고 자르고 무시하려 한다. 그만큼 역사의 뿌리의 중요성을 잘 알고 있기 때문이다.

중국은 기원전 3000~2500년의 3황 5제 시대까지도 역사 영역에 포함시켰고 치우천황 신화와 고조선의 건국신화인 곰 신화까지 중국 것으로 만들어, 이를 바탕으로 동북공정을 실행에 옮겼다.1 이러한 역사 깊이파기는 세계화 시대의 문화민족주의 경쟁에서 중국 문화와 역사를 정치적 목적에 이용하려고 시행한 것이다. 일본은 서기 712년의 ≪고사기≫와 720년의 ≪일본서기≫에 실려 있는, 서기 200년경에 신공황후가 가야 지방을 정복하고 한반도 남부를 식민지로 만들었다는 신화를 역사적인 사실로 인식했다. 이는 1592년의 임진왜란과 1910년 한·일 병합의 역사적 근거가 되었다.

그러나 한국에서는 고조선의 역사를 단순히 신화의 영역으로 여기고 연구를 소홀히 했다. 가야 역사도 마찬가지이다. 한국은 확실한 역사적 증거가 없다는 이유로 신화연구를 소홀히 하여 스스로 자기의 뿌리를 잘라버렸기 때문에 외국의 침략을 당하기도 했다. 세종대왕은 뿌리 깊은 나무는 바람에 흔들리지 않는다고 했다. 우리는 뿌리를 지키려고 노력조차 하지 않으면서 '가만히 있는 사람을 왜 때려'라고 따지며 남의 탓으로 돌리고, 빼앗기고 나서야 '한의 역사'를 말한다. 필자가 ≪영남일보≫에 기고한 글은 한반도 정치와 민주주의 역사의 뿌리를 좀 더 깊이 심으려는 노력을 환기하고자 쓴 것이다. 뿌리가 얕은 나무는 화분에 심은 꽃과 같다. 화분에 심은 꽃은 쉽게 옮겨지거나 버려진다. 따라서 외부에 의존할 수밖에 없다.

역사는 정치, 사회, 경제, 문화 등 모든 분야의 하루하루를 모아 정리한 기록이다. 정치의 역사와 민주주의 역사도 그 속에 포함된다. 정치사는 곧 민주주의 역사이다. 민주주의는 통치자와 국민과의 관계 속에 정립된다. 대의정치가 민주주의라고 하는 것은 근대에 와서야 대두된 주장이다. 조선 시대에도 "백성을 하늘로 섬겨라"라는 민본주의 사상이 있었다. 다만 그것이 잘 지켜지지 않았을

1 우실하, 『동북공정의 선행작업들과 중국의 국가전략』(울력, 2006), 68~103쪽; 우실하, 『동북공정 너머 요하문명론』(소나무, 2007), 26~85쪽; "중국, 단군신화까지 동북공정", ≪조선일보≫, 2007년 10월 2일 자; "중국, 단군신화는 황제족의 곰 토템 신화에서 유래", ≪조선일보≫, 2009년 9월 16일 자; "중국, 만리장성은 압록강까지다 선언: 기존보다 2,500km 늘려, 고구려 세력권 편입 의도", ≪조선일보≫, 2009년 9월 28일 자.

뿐이다.

탈고하고 나서 보니 국제정치학적 시각이 많이 반영된 것 같아 이를 보완하기 위해서 근거자료를 최대한 많이 첨부하려고 노력했다. 필자는 한국 역사, 한국 정치사상을 전공하지 않았다. 다만 대학에서 국제정치, 특히 지정학을 강의했다. 전공자가 아닌 사람이 조선의 역사를 다루었으니 많은 질책이 있으리라고 생각한다. 그러나 이러한 시각도 필요하다고 생각한다. 앞으로 한국 역사를 다루는 사람들이 "4색은 정당의 시초이다"라는 내용으로 한반도의 정치와 민주주의에 대한 주체적인 역사를 새로 쓰는 또다른 연구가 있기를 바란다.

4색 당파의 근원에는 주자학이 있었다. 이에 필자는 조선이 얼마나 쇄국했고 주자학을 만들어냈던 중국보다 더 철저하게 폐쇄적으로 이를 해석했는가, 또한 이것을 조선 사회에 적용하여 '이'의 주자학을 원리주의 종교로 500년 동안 얼마나 숭배했는가를 알아보기 위해서 조선과 함께 주자학과 양명학을 받아들였던 일본은 어떻게 다르게 해석했고 발전했는가를 비교해보았다.

처음 책을 쓸 때는 조선 역사와 해방 이후의 한국 역사를 연결하려 했으나 필자의 한계로 그 내용을 수록하지 못했다. 다만 몇 개의 장에서 필자의 전공인 지정학적 시각에 따라 조선 시대와 현재의 한국을 대비하려 했다. 지정학적 시각으로 보면 조선 시대와 해방 전후의 국제정치 상황은 비슷하다고 할 수 있기 때문이다. 25장 「전시작전통제권 되찾아야 한다」에서는 강대국에 의존하다 결국 버림받은 조선과 현재 상황을 대비했다. 26장 「유라시아 지정학과 대량사회와 문화이동」에서는 세계화 시대에 유라시아 대륙의 세력구조가 어떻게 변할 것인지를 내다보았다. 27장 「문화민족주의와 포퓰리즘」에서는 세계화 시대의 정치변동 수단인 대량사회와 포퓰리즘에 대한 대응 수단을 서술했다. 28장 「동북아시아의 분수령: 한반도의 지정학」에서는 세계화 시대 유라시아 세력 중심의 구조에서 한반도의 정체성을 지키기 위한 방안을 생각해보았다.

글을 다 끝내고 다시 보니 주자학에 대한 이야기만 자주 반복되었다. 필자는 이 책을 쓰면서 조선 역사의 미시적인 나무가 아닌 거시적인 숲을 보려고 했다. 나무만 보면 숲을 볼 수 없다는 말, 그리고 숲에 깊이 들어가면 숲을 볼 수 없다는 말처럼 조그만 사건에 얽매이면 조선 전체를 볼 수 없다고 생각했다. 조선을 덮고 있었던 숲은 바로 주자학이었다. 조선 500년 동안 중요한 정치적 사건들은 주자학이라는 숲에서 자라난 나무, 혹은 가지에 불과했다. 조선에서는 주자학이 정치, 사회, 문화, 경제, 군사 등 모든 문제를 지배했다. 조선은『경국대전』을 통해 이 원칙 절대로 고치거나 바꾸지 못하도록 원칙을 정해놓았으며, 후세 사람들은 이에 순종하여 다른 생각을 하지 못했다. 주자학 원리가 너무 강했는지, 백성들은 이를 몰랐는지, 그 이유를 아직도 모르겠다.

마지막으로 이 책을 다듬고 편집해준 도서출판 한울 편집부와 박근홍 편집자에게 고마움을 표하고 싶다. 또한 오랫동안 방 하나를 차지하고 글을 쓰는 필자를 조용히 지켜봐 준 가족들에게 감사한다.

2011년 가을
김우현

차례

1

중국의 농업기술 발달과 주자학

세계의 모든 종교, 철학, 사상은 그 시대의 사회 상황을 배경으로 생겨났다. 따라서 그것이 생겨난 지역이나 시대와 사회 상황이 바뀌면 그 실효성도 달라진다. 주희(1130~1200)의 주자학은 중국 송나라 시대(960~1279), 농업기술과 인쇄술의 발달에 따라 사대부 사회가 생겨나고, 귀족 중심의 정치 지배 체제가 문신 관료 체제로 바뀌면서, 사대부가 사회 지배계층으로 떠오르는[1] 상황 속에서 발생했다.

한편 중국을 통일하고 지배했던 송나라는 여진족의 금나라(1115~1234)에 화북지방을 빼앗기고(1127) 남부지방으로 도읍을 옮겼다. 이후 남송(1127~1279) 시대가 이어졌다. 이러한 상황을 중화사상(中華思想)의 입장에서 보면 북쪽은 야만이, 남쪽은 문명이 지배하는 상태라고 할 수 있을 것이다. 야만인 금나라의 침략으로 위협을 받은 남송은 중화문명을 지키기 위해서 흑백논리의 배타적 시대

---

1 박한제, 『아틀라스 중국사』(사계절, 2007), 90, 104쪽; 고지마 쓰요시, 『사대부의 시대』(동아시아, 2004) 두루 참조

정신이 요구되었다.

당나라(618~907)에서 송나라로 이어지는 시기에 처음으로 중국 인구가 1억 명을 넘었고 경제도 급속히 발전했는데, 이 시기를 중국 역사에서는 '당송 변혁기'라고 한다.2 특히 양쯔 강 하류인 강남지역의 농업발달은 경제발전의 중심이었다. 양쯔 강 하류는 늪지대가 많아서 옛날부터 농사를 짓지 못했는데, 이 시기에 와서 늪지대에 둑을 쌓고 물을 관리했으므로 질 좋은 농토를 많이 얻을 수 있게 되었다. 이전에는 자연적으로 내리는 비에 의존하는 천수답에 볍씨를 뿌리는 직파법으로 벼농사를 지었다. 이 시기에 와서 처음으로 때에 맞추어 물을 대주는 관개시설이 만들어지고, 벼농사는 직파법이 아닌 모종을 심는 이앙법으로 바뀌었다. 논이나 밭에 물을 대기 위해 저수지·개천을 막아서 물을 가두는 보, 물을 논이나 밭에 퍼올리는 수차, 밭 가는 쟁기 등 농기계가 함께 발달했다.

한편, 이 시기에는 비료도 개발되어 같은 땅에 계속 농사짓는 연작이 가능해졌다. 동물이나 사람의 배설물을 퇴비로 만들어서 뿌렸는데, 농토를 놀리지 않아 농업수확량이 훨씬 많아졌다. 양쯔 강 하류의 이러한 발달된 농업기술을 '강남농법'이라고 한다. 9세기에 시작된 목판인쇄술의 발달은 강남농법이 널리 퍼지는 데에 크게 도움이 되었다. 또한 동남아시아에서 새로운 볍씨를 가져오는 등 품종개량이 이루어져 일 년에 여러 번 수확하는 2모작, 3모작이 가능했다.3

강남농법이 발달하고 식량이 풍부해짐에 따라 지금까지 관심을 두지 않았던 양쯔 강 하류와 강남지역으로 인구이동이 시작되었으므로 이 지역을 지배하는 남송은 중국문명의 중심 역할을 하게 되었고, 사대부들이 새롭게 사회의 전면에 나서기 시작했다.4 사대부들은 과거시험을 통해 정부의 관료가 되었는데, 이

---

2 같은 책, 110쪽.

3 같은 책, 110쪽; 마크 엘빈, 『중국역사의 발전형태』, 이춘식 옮김(신서원, 1989), 111~130쪽; 이태진, 『조선유교사회사론』(지식산업사, 1989), 13~25쪽.

에 따라 기존의 귀족정치 체제는 관료정치 체제로 자연스럽게 변화되었다.

남송의 주희는 공자(기원전 552~497)가 처음 주창한 이래 인간의 윤리·도덕에만 중심을 두던 유학을 우주론적인 질서로 확대하여 정리했다. 이를 '신유학(neo-confucianism)'이라고 한다. 주희는 9년 동안 지방에서 관리 생활을 하다가 중앙 관직을 맡았으나, 당시 권력자였던 한탁주와의 갈등으로 40일 만에 물러났다. 이후 주희의 주자학은 사이비 학문으로 여겨져 금지되는, 소위 '위학의 금지'(1195)를 당하기도 했다. 그가 지은 책으로는 『태극도설해』(1173), 『근사록』(1175), 그리고 『논어』·『맹자』·『대학』·『중용』에 대한 『사서집주』(1172) 등이 있다. 1179년에는 백록동서원을 세우고 교육에 힘썼다.

주희의 학문은 그가 살아 있을 때에는 별로 주목받지 못했으나, 1207년에 한탁주가 세상을 떠난 후에 서서히 빛을 보기 시작했다. 원나라가 다시 시작한 과거시험(1314)에 주자학이 정식 시험과목이 되었으나, 몽골족의 원나라가 한족을 관리등용에서 차별했기 때문에 활발히 연구되지는 않았다.5

그러나 명나라의 영락제(재위 1402~1424)가 주자학을 권장하면서 그 영향력이 커졌다. 또한 목판인쇄술의 발달은 주자학의 확산에 큰 영향을 미쳤다. 이것은 유럽에서 구텐베르크의 인쇄술(1450)이 종교개혁(1517)에 영향을 미친 것과 비교된다.6

과거시험을 통해 관직에 오른 사람들을 사대부 또는 신사(紳士, gentry)라고 했다. 이들은 생업을 포기하고 과거시험에 합격하기 위한 준비를 해야 했으므로 주로 경제적인 여유가 있는 중소 지주들이나 상인들로 구성되었다.7 남송 시

---

4 마크 엘빈, 같은 책, 207~240쪽; 박한제, 같은 책, 98쪽.

5 심규호, 『연표와 사진으로 보는 중국사』(일빛, 2002), 280쪽.

6 고지마 쓰요시, 『사대부의 시대』, 231~233쪽.

7 박한제, 『아틀라스 중국사』, 98~99, 162~163쪽; 장중례, 『중국의 신사』, 김한식 옮김(신

대에 강남농법으로 농업생산이 증가함에 따라 새롭게 등장한 지주들은 경제적인 여유를 바탕으로 과거시험을 통해 관직에 나아갔다. 이들은 지금까지 관직사회를 지배하던 귀족을 위협하는 중간층을 이루게 되었다.

주자학은 이러한 사회 상황을 배경으로 생겨난 지주층의 이익을 주장하고 옹호하는 학문으로 자리매김했다. 자기 수양을 이룬 다음에 세상을 다스려야 한다는 주자학의 '수기치인(修己治人)'은 인간의 독립성과 주체성을 강조하는 동시에 배움을 통한 사회적 성장 가능성을 사대부들에게 열어주었다. 또한, 배워서 성인군자가 될 수 있다는 주장은 사대부들에게 기회균등 또는 평등사상의 논리로 받아들여졌다.8 이처럼 13~14세기에 사대부들이 '신권'을 주장한 것은 1215년 영국에서 귀족들이 국왕의 권한을 제한하기 위해 맺은 「마그나 카르타(Magna Carta)」와 모양새는 다르지만 역사적 흐름을 같이 한다. 이렇게 주자학을 학문적 기반으로 하여 관료사회에 진출한 사대부들은 '군주권'에 대항하여 '신권'을 주장했다.

주자학이 생겨난 또 다른 시대적 배경으로는 남송이 북쪽에서 여진족의 금나라와 몽골족의 원나라(1229~1259)에 의해 위협을 받았다는 것이다. 주희는 이들을 야만으로, 한족을 문명으로 분류하여, 문명과 야만의 대립관계이자 이분법의 세계질서인 '중화주의'를 만들어냈다. 이에 따라 남송은 한족과 중화민족을 대표하는 역사적 정통성과 문화적 우월성을 주장하면서 다른 민족과 문화에 대해서는 배타적 태도를 보이게 되었다.9

이를 위해서 주희는 우주가 태어나는 원리를 설명하는 '태극설(太極說)'의

서원, 1993) 참조.

8 고지마 쓰요시, 『사대부의 시대』, 184, 233쪽; 시마다 겐지, 『주자학과 양명학』, 김석근 옮김(까치, 1986), 44~45쪽.

9 고지마 쓰요시, 같은 책, 195쪽.

'음(陰)'과 '양(陽)'에서 '이기론(理氣論)'을 이끌어내었다.10 '태극'(무극)은 '이(理)'로서 세상의 법칙, 원리, 도덕을 가리키며, '기(氣)'는 태극이 음과 양으로 나타나는 세상의 모습이다. '이기이원론'에 따르면 이는 다양한 기의 모습에 질서를 주고 통제하는 역할이고 기는 끊임없이 변하는 것이므로 이의 통제를 받아야 한다. 이와 기는 서로 떨어질 수 없는 관계로서, 이는 형이상(形而上)의 이상세계이고 기는 형이하(形而下)의 현실세계이다.11

'성(性)'이란 인간도덕의 근본으로 인간의 마음(心)이 아직 나아가지 않은 상태(미발)에서 다양한 모습으로 나타나기 이전의 순수한 '이'로서 본연의 성이다. 마음이 나아가서 개별화된 성을 '기질의 성'이라고 하는데, 이는 '정(情)'이며 개인의 욕망이다. 마음이 나아가지 않은 성에 이가 있고 성은 이이므로 '성즉리(性卽理)'라는 논리가 성립된다. 마음이 나아가서 생기는 정은 '4단 7정(四端七情)'으로 나타난다. 4단은 도덕감정으로 측은지심(惻隱之心)·수오지심(羞惡之心)·사양지심(辭讓之心)·시비지심(是非之心)이다. 7정은 일반감정으로 희(喜)·노(怒)·애(哀)·구(懼)·애(愛)·오(惡)·욕(慾)이다.

인간의 마음은 아직 나아가지 않은 성(이)과 여러 가지 모습으로 나타난 정(기)의 중간에 있으므로, 꾸준히 수련하여 성과 이에 이르도록 노력하고 정과 기를 억제해야 한다. 마음의 수양은 오직 독서를 통해서만 이루어지는 것이므로 주자학에서는 무인, 상인이나 기술을 가진 장인 등은 차별의 대상이 되었다. 이처럼 주자학은 이분법적 흑백논리의 성격을 띠었다. 독서를 통한 수양은 한 가지만을 집중하고 연구해서 진리에 도달한다는 '거경궁리(居敬窮理)'라고 할 수 있다. 거경궁리를 하기 위해서는 '격물치지(格物致知)'의 방법을 택해야 한다.

---

10 시마다 겐지, 『주자학과 양명학』, 43쪽.
11 정옥자, 「유학과 경세론」, 한영우, 『한국사 특강』(서울대학교 출판부, 1994), 354~355쪽.

격물은 독서를 통해서 사물의 이치를 끝까지 연구하는 것이고, 치지는 격물을 통해서 지식을 넓히고 완성하는 것이다. 성리학의 격물치지는 칸트(Immanuel Kant, 1724~1804)의 '물자체(Ding an sich)'와 헤겔(Georg W. F. Hegel, 1770~1831)의 '절대정신(Absolutgeist)'과 비교되기도 한다.

마음을 수양하는 기본이 되는 예의와 도덕은 삼강[三綱, 군위신강(君爲臣綱)·부위자강(父爲子綱)·부위부강(夫爲婦綱)]과 오륜[五倫, 군신유의(君臣有義)·부자유친(父子有親)·부부유별(夫婦有別)·장유유서(長幼有序)·붕우유신(朋友有信)]이다. 삼강오륜의 예의와 도덕은 상하차등을 통해서 주자학 문인들의 지배를 합리화하는 수단이 되었다.

주희는 이가 주도하는 이상사회는 천명에 따라 차등화된 구성원들이 각자 자기의 분수대로 직분을 지키는 사회라고 생각했다. 바로 '사농공상(士農工商)'의 신분질서이다.[12]

한편, 사대부들이 정치에 참여하기 시작하면서 사대부들의 집단에 대한 분석도 뒤따랐다. 북송의 구양수(1007~1072)는 '붕당론(朋黨論)'을 주장했는데, 사대부의 종류를 의리를 생각하는 '군자(君子)'와 개인의 욕심만을 생각하는 '소인(小人)'으로 구분한 것과 마찬가지로 붕당의 종류를 공공의 이익을 실현하려는 사대부들의 '군자당' 또는 '진붕(眞朋)'과 사사로운 욕심을 생각하는 '소인당' 또는 '위붕(僞朋)'으로 구분했다. 당연히 진붕은 장려되고 위붕은 억제되어야 했다. 구양수는 군주가 군자당이 우세하도록 이끈다면 정치는 저절로 바르게 된다고 주장했다.

주희는 구양수의 붕당론에 대해 붕당이 군자당이라면 붕당을 걱정할 필요가 없다는 결론을 내렸다. 더 나아가 승상(정승)같이 높은 자리에 있는 관료들도 붕

---

12 정옥자, 같은 글, 356~357쪽.

당에 가입하는 것을 두려워하지 말고, 군주도 붕당에 가입하도록 이끌어야 한다고 주장했다.13 군주가 붕당에 가입한다는 것은 일종의 신권론으로, 시간이 지나면서 군권론과 갈등을 일으켰다.

주희 사후 약 300년이 지난 1500년경의 명나라 시대는 산업의 발달로 사회 변화가 일어나는 시기였다. 무엇보다 농업생산이 자급자족의 수준을 넘어서면서 교환을 위한 시장이 발달했다. 따라서 농산물과 수공업 제품을 사고파는 상인의 역할이 중요해졌다. 시장의 발달에 따라 성리학적 사회질서인 사농공상의 구조가 무너지기 시작했다. 이러한 사회변화는 이기론의 이분법에 따른 사회불평등의 합리화를 불가능하게 만들었다.14

그에 따라 왕양명(왕수인, 1472~1529)은 주희가 인간의 성을 이로 규정한 '성즉리'를 대신하여 인간의 마음속에 이가 있다는 '심즉리(心卽理)'를 주장했다. 즉, 누구나 마음을 올바로 수양하여 도덕을 바로 세우면 이의 수준, 즉 성인의 단계에 도달할 수 있다고 했다. 왕양명은 '격물치지'의 해석을 주희와는 달리했는데 '격물'은 '마음이 올바르지 못한 것을 바로잡는다'로, '치지'는 '그렇게 하면 양지에 이른다'로 해석했다. 이것이 왕양명의 '치양지론(致良知論)'이다. 주희는 격물과 치지를 따로 분리했지만 왕양명은 격물과 치지를 하나의 과정으로 통합한 것이다. 주희는 지가 먼저이고 행동이 나중인 '선지후행(先知後行)'을 주장했고 왕양명은 '지행합일(知行合一)'을 주장했다. 왕양명의 치양지론은 인간평등, 직업평등, 만물일체사상으로 발전했고 사회다양성과 인간의 욕망을 실천할 수 있는 동기를 만들어주었다.

왕양명이 인간의 욕망을 인정한 것은 유럽의 현대사회학에서 오스트리아의

---

13 이태진, 『조선유교사회사론』(지식산업사, 1989), 146, 170~171쪽.
14 박한제, 『아틀라스 중국사』, 140쪽.

심리학자 프로이트(Sigmund Freud, 1856~1936)가 인간 행동의 기본동기는 무의식 속에 있는 '이드(id)'라고 했던 것과, 이탈리아 태생의 사회학자 파레토(Vilfredo Pareto, 1848~1923)가 인간 행동의 기초적이고 변하지 않는 요소를 '잔기(residue)'라고 했던 것과 비견된다.

2

고려, 주자학을 받아들이다

왕건이 918년 신라와 후백제를 통일하여 고려를 세웠을 때는 중앙세력과 지방세력이 공존하고 있었다. 신라와 후백제의 호족들이 고려 건국 이후에도 계속 해당 지역을 지배했기 때문이다. 그에 따라 고려는 지방 호족들을 인정하는 한편, 이들을 지방에 머물게 하려고 각각의 성씨에 지역본관을 쓰게 했다.[1] 성씨의 본관을 쓰게 하여 호족을 중심으로 한 혈연 공동체가 지방을 지배하도록 한 것이다. 이와 동시에 지방 내부에서는 주민들의 계층분화도 이루어졌다.[2]

한편, 고려는 무력으로 세운 나라였으므로 초기에는 무관과 문관의 차별이 없었다. 과거제도가 시행되기 이전에 관리등용은 일반적으로 고위관리나 강력한 세력을 가진 집안에 주어지는 음서를 통해 이루어졌다.[3]

이런 와중에 4대 국왕 광종은 958년에 과거제도를 시행하여 개국공신들의

---

1 채운석, 『고려 시대의 국가와 지방사회: 본관제의 시행과 지방지배 질서』(서울대학교 출판부 2000), 85~200쪽.

2 같은 책, 321~333쪽.

3 같은 책, 153쪽.

세력을 약화시켜 군주권을 강화하고 지방호족들을 관리로 등용하여 중앙집권을 강화하려고 했다.4 과거제도는 커다란 사회적 변화를 일으켰는데, 과거시험이나 992년에 교육기관으로 설립된 국자감을 통해 관리로 등용된 문신들은 유교 교육을 받았기 때문에 유교 경전 우월의식에서 무신들을 차별하고 무시했다. 이에 대한 무신들의 불만은 이후 잇따른 무신들의 반란으로 이어졌다.5

그 반란은 고려 초기 개경에 근무하는 무신들에게 자손들이 무관을 세습한다는 조건으로 지급된 '영업전'이 1014년에 문신들에게 재분배한다는 명목으로 몰수된 사건에서 비롯되었다. 이에 불만을 품은 무신 최질 등이 1014년에 반란을 일으킨 것이다. 1170년에는 의종의 숭문억무(崇文抑武) 정책에 불만을 품고 무신 정중부 등이 반란을 일으켜서 3년 동안 정권을 장악했으며 1196년에는 최충헌이 난을 일으켜서 1258년까지 60년 동안 무신정권을 유지했다. 그 후에도 김준 등이 무신정권을 세우고 10년간 유지했다. 무신정권 체제는 고려사회에 갈등과 불만을 가져오기는 했지만, 1231년에 시작된 몽골의 침입에 저항하는 원동력이 되기도 했다.

고려의 토지분급 제도에는 신라와 후백제의 왕족이나 귀족들에게 그들이 지배했던 지역을 주어 세금과 노동력을 관리하게 하는 '식읍전', 귀족과 개국공신들에게 나누어주었던 '공음전', 그리고 관리의 직급에 따라 차등으로 지급한 '전시과'가 있었다. 이 중에서 식읍전과 공음전은 대를 이어 상속이 되었으므로 개인소유나 마찬가지였다. 전시과는 관리들에게 급료로 식량을 얻을 수 있는 땅과 땔감을 얻을 수 있는 산림을 함께 주는 제도로서, 전시과를 받은 관리가 맡은 직책을 그만두거나 죽으면 반납해야 하지만 실제로는 이를 상속하여 개인이

---

4 박용운, 『고려시대사(상)』(일지사, 1996), 146쪽.

5 무신에 대한 차별과 무신반란은 같은 책, 397~445쪽 참조.

소유했다.

그에 따라 시간이 지나면서 관리들에게 나누어줄 시전은 점점 부족하게 되었고, 그에 따라 토지를 둘러싼 갈등이 심해졌다. 17대 인조 때에 외척 이자겸이 난을 일으켜서 정권을 잡으면서(1126~1127) 결국 전시과제도는 무너지고 말았는데, 이자겸은 권력과 고리대금을 이용하여 농민의 토지를 강제로 점령하거나 빼앗아 대농장을 만들었다.

권력을 이용한 장원 만들기는 최씨 무신정권(1196~1258)과 김준 무신정권(1258~1268)까지 이어졌을 뿐만 아니라, 무신정권이 끝난 뒤에도 지방호족, 권문세족, 고급관리들이 전국에서 장원 만들기 경쟁을 했다. 이들은 권력을 이용하여 막대한 노동력을 동원할 수 있었으므로 산림지대나 바닷가의 황무지를 개간하여 농장을 늘렸다. 고려 정부는 농사지을 토지를 늘리기 위해서 개간사업을 적극적으로 장려했으며, 개간한 사람에게 그 토지의 소유권을 인정했다.

권력을 이용한 장원 만들기 경쟁에는 정부의 보호를 받던 불교사원도 가담했다. 불교사원에는 토지와 노비가 주어지고 승려들에게는 면세특권과 귀족신분이 주어졌는데, 불교사원은 신도들에게서 금전이나 토지를 시주받아서 장원을 만들고, 노비를 늘렸으며, 심지어는 고리대금업까지 했다.6

권문세족 등의 횡포와 억압에 사회질서가 무너지고 백성의 생활이 궁핍해짐에 따라 전국적으로 민란이 일어났다. 서경의 승려 묘청은 풍수도참설에 근거하여 개경은 수도로서의 운이 다했으므로 수도를 서경(평양)으로 옮겨야 한다고 주장하면서 반란을 일으켰다(1135~1136). 중앙정부의 통제가 약화된 틈을 타서 1193년에는 경상도 지방에서 신라 부흥을 위한 민란이, 1219년에는 서북지방에서 고구려 부흥을 위한 민란이, 1237년에는 백제 부흥을 위한 민란이 일어

---

6 박용운, 『고려시대사(하)』, 219, 452, 673쪽.

났다.

고려 사회가 이런 우여곡절을 겪는 동안 아시아 내륙 초원지대의 유목민족 몽골의 테무친(1162~1227)은 1206년 부족 간 회의(쿠릴타이)에서 칭기즈칸으로 추대되었다. 그는 중국 화북지방으로 세력을 확대하여 금나라(1172~1234)를 압박했다. 칭기즈칸의 뒤를 이은 쿠빌라이칸(1215~1294)은 나라 이름을 원(1271~1368)으로 바꾸고, 1279년에 남송을 멸망시켰으며, 아시아 대륙을 원나라의 지배하에 두어 역사상 최초의 진정한 세계제국을 세웠다.7

고려와 몽골이 처음으로 접촉한 것은 1219년 고려가 거란과 무력충돌했을 때였는데, 1225년에 몽골 사신이 고려에 왔다가 돌아가는 길에 압록강에서 암살당하는 사건이 발생했다. 몽골은 이를 빌미로 1231년 고려를 침입했으며, 그이후 1259년까지 여섯 번을 침입했다. 1260년에 원나라에 인질로 잡혀갔던 태자가 돌아와서 원종으로 왕위에 오르면서 비로소 고려와 몽골 사이에 화의가 이루어졌다.

그런 상황 속에서 배중손이 이끄는 삼별초군은 항쟁을 계속했다. 1271년 진도에서 여·몽 연합군에게 패한 삼별초군은 남하하여 제주도에 탐라국을 세우고 1273년까지 저항했다. 당시 세계 최강임을 자처하던 몽골군에 40년 동안 항쟁했다는 것은 세계역사에 없었던 일이다. 무신정권이 강화도와 제주도에서 항쟁하는 동안 고려 본토는 약탈·방화·살인에 시달렸는데, 1232년에는 경주에 있던 분황사 9층 탑이 불탔으며 1254년에는 20만 명이 원나라에 끌려갔다.8

한편, 고려는 몽골의 침입에 저항하기 위해서 1232년에 수도를 강화도로 옮겼다가 몽골과 화의 직후인 1270년에 수도를 다시 개경으로 옮겼다. 개경이 다

---

7 오카다 히데히로, 『세계사의 탄생』, 이진복 옮김(황금가지, 2002) 참조.
8 한국 정신문화연구원, 『한국사 연표』(동방미디어, 2004), 166쪽.

시 수도가 되면서 원나라의 본격적인 내정간섭이 시작되었다. 고려 왕들은 원나라 공주와 결혼해야 했으므로 고려는 원나라의 부마국으로서 지위를 가졌는데, 따라서 고려 국왕의 묘호(이름)에는 조(祖)나 종(宗)을 쓰지 못하고 왕(王)을 쓰게 되었고, 황제에게 쓰는 칭호인 '폐하'는 왕에게 쓰는 '전하'로 바꿔야 했다. 고려 국왕을 사실상 원나라가 임명한 것이다. 그리고 원나라에 대한 충성의 의미로 충렬왕, 충선왕, 충숙왕, 충혜왕 등 왕의 이름에 '충(忠)' 자를 포함해야 했다.9

고려는 1351년에 공민왕이 왕위에 오른 후 반원정책을 펼칠 때까지 약 120년 동안 사실상 원나라의 지배를 받았다. 원나라가 고려를 지배하는 동안 원나라의 권력에 의지하여 이득을 보려는 세력의 영향력은 점점 커졌다. 원나라 군대의 횡포와 더불어 부원세력·권문세족·지방토호들의 불법적인 토지약탈과 세금수탈 때문에 국가재정은 궁핍해지고 농민생활은 극도로 황폐해졌다.10

생활터전을 잃은 농민들은 살던 곳을 떠나 떠돌이가 되거나 권문세족이나 권세가들에게 자기 땅을 바치고 그들의 농장에 기대어 살거나 노비가 되었다. 1176년 충청도 공주 지역에서는 농민·노비·천민이 주축이 된 망이·망소이의 난이 일어났고 1198년 개경에서는 노비 만적의 난이 일어났는데, 이는 고려 최대의 신분해방 운동이었다. 전국에 걸친 민란은 무신정권이 집권하는 1170년에서 1250년까지의 약 80년 동안 가장 많이 일어났다. 이것은 무신정권에 대한 저항임과 동시에 억압적인 신분질서에서 벗어나려는 몸부림이었다. 이 시기에

---

9 교원대학교역사교육과교수진, 『아틀라스 한국사』(사계절, 2004), 86~87쪽; 박용운, 『고려
　시대사(하)』, 533쪽; 심재석, 『고려국왕 책봉연구』(혜안, 2002), 181~246쪽; 이한수, 『고려
　에 시집온 칭기즈칸의 딸들』(김영사, 2006) 참조.
10 교원대학교역사교육과교수진, 같은 책, 86~87쪽; 김영수, 『건국의 정치: 여말 선초 혁명
　과 문명전환』(이학사, 2006), 35쪽.

일어났던 민란에서 농민, 천민, 노비들이 중심이 된 것은 바로 그런 이유 때문이었다.11

무신정권과 원나라의 간섭으로 사회질서가 무너지고 혼란스러운 때에 주자학이 원나라를 통해 고려에 전해졌다. 최초 수용자는 안향(1243~1306)과 백이정(1260~1340)이었다. 안향은 충렬왕과 제국대장공주를 따라 원나라에 갔다가 돌아온 1290년에 고려에 주자학을 전파했다. 백이정은 1298년에 충선왕을 따라 원나라에 가서 10년 동안 주자학을 공부하고 돌아왔다.12

주자학이 남송에서 학문으로 완성되었을 때에는 형이상학이나 사유의 성격이 강했으나 고려에 전해진 원나라 주자학은 실천을 강조하는 학풍을 지녔다. 즉, 의리론과 명분론을 중심으로 사회윤리를 강조했다.13 그에 따라 고려의 주자학은 권문세족의 부정부패, 사회의 무질서 및 불교의 타락과 비현실적 논리에 대해 비판하고 개혁하려고 했다.

공훈 무신들을 약화시키고 문신들을 등용하여 군주권을 강화하고자 958년에 광종이 후주(後周)에서 귀화한 쌍기의 건의를 받아들여 도입한 과거시험 초기에는 시험과목이 유교 경전의 자구해석이나 문장의 주석을 연구하는 훈고학이었으나 주자학이 들어오고 나서는 유교 경전을 연구하여 진리(道)를 얻으려는 경학으로 바뀌었다.14

주자학을 공부하고 과거시험에 합격하여 관리가 된 신흥 사대부들은 권문세

---

11 홍승기, 『고려사회경제사 연구』(일조각, 2001), 159쪽; 박용운, 『고려시대사(하)』, 460~476쪽, 교원대학교역사교육과교수진, 『아틀라스 한국사』, 82~83쪽.

12 박용운, 같은 책, 636~642쪽; 이원명. 『고려 시대 성리학 수용 연구』(국학자료원, 1997), 210~215쪽

13 박용운, 같은 책, 643쪽.

14 이원명, 『고려 시대 성리학 수용 연구』, 124쪽.

족과 불교가 주도하는 사회질서에 불만을 품고 있었다. 새로운 정치세력인 신진사대부들은 대개 지방에 있는 중소지주들의 자제들로, 큰 농장을 가지고 있는 권문세족들과는 가치관이 달랐다. 또한 권문세족들은 친원 성향이었지만, 신진사대부들은 그렇지 않았다.15 이러한 권문세족들의 친원 성향에 대한 신진사대부들의 반작용은 고려 말기에 친명정책을 펴게 되는 하나의 원인이 되기도 했다.

고려 말기의 주자학자 이색, 정몽주, 정도전, 조준, 권근 등은 주자학 교육기관인 성균관을 통해서 성장한 학자들이었다. 이들 대부분은 지방출신이었으며, 자신의 능력으로 과거에 급제한 관료들이었다. 이들은 충청, 전라, 경상의 삼남 지방에 자리를 잡은 중소지주들로서 개혁성향이 강했다.16 이들 중에서 이색과 정몽주는 온건개혁을, 정도전과 조준 등은 급진개혁을 주장했다.

불교와 유교(주자학)가 공존하면서 다원사회를 이뤘던 고려사회는 조선이 주자학의 원리주의를 통치이념으로 채택하여 건국하면서 획일사회로 전환되었다.17 조선 건국은 유교 혁명이며 주자학 혁명이었다.18 주자학 원리주의는 500년 동안 조선을 지배했던, 세계역사 속에서 유례를 찾아볼 수 없는 유일한 통치이념이었다. 특히 조선의 주자학은 배타적인 성격을 띠어, '기'의 세계를 배척하고 '이'의 세계만을 숭상하는 '반쪽 주자학'이었다.

---

15 박용운, 『고려시대사(하)』, 542쪽.

16 한영우, 『한국사 특강』, 124쪽

17 김준석, 『한국중세 유교정치 사상사론(I)』(지식산업사, 2005), 193쪽

18 최진덕, 「주자학적 예치이념과 그 현실」, 김상준, 『유교의 예치이념과 조선』(청계, 2007), 226쪽.

3

조선, 개국하고 쇄국정책을 택하다

14~15세기를 전후로 하여 세계는 커다란 변화의 물결을 맞이하고 있었다. 무엇보다 유라시아 대륙을 지배하던 몽골제국이 1227년 칭기즈칸의 사망과 함께 무너지기 시작했다.

한편, 1237~1238년에 러시아의 모스크바를 점령하고 동유럽과 서유럽을 위협했던 몽골의 킵차크한국(1243~1502)은 사회조직이나 국가기구를 갖추지 못한 러시아에 통치기구를 만들어놓았다. 이 통치형태는 러시아의 정치문화가 아시아적 특성을 띠는 원인이 되기도 했다. 몽골제국의 러시아 지배는 러시아 국민의 단합과 저항에 직면하게 되었고, 결국 1376년에 킵차크한국은 우랄 산맥의 남쪽에 있는 평야 지대인 카산을 포기하고 물러났다. 러시아는 후퇴하는 킵차크한국을 우랄 산맥 서쪽에서 물리치고 1552년에는 우랄 산맥을 넘어 아시아·시베리아 지역으로 진출하기 시작했다.

몽골제국이 1219~1225년에 서아시아 이슬람 국가인 호라즘을 정복하고 세운 일한국(1258~1393)도 영향력이 약화되어, 중앙아시아에서 세력을 넓힌 이슬람계 몽골 부족 출신의 티무르(1336~1405)가 세운 티무르 제국(1369~1500)

에 패했다. 티무르 제국은 러시아, 지금의 터키가 있는 소아시아 지역, 인도, 중국 방면으로 세력을 넓히려고 했다.

소아시아 지역에서는 이슬람교 튀르크 제국(1229~1922)이 이 지역에 있던 기독교 비잔틴 제국을 물리치고, 1453년에는 콘스탄티노플을 점령하여 유럽의 기독교 문명을 위협했다. 오스만튀르크 제국은 제1차 세계대전이 끝날 때까지 발칸 지역을 지배했다.

이 기간에 유라시아 대륙의 동쪽에서 서쪽에 이르는 몽골제국은 동양과 서양의 문물이 오가는 길을 열었을 뿐만 아니라, 여행자들을 통해서 동양을 서양에 알리는 데 큰 공헌을 했다. 특히 1299년에 마르코 폴로가 중국 여행에 대해서 쓴 『동방견문록』을 통해 동양이 서양에 알려지고 상품도 오가기 시작했다. 중앙아시아를 지나는 비단길도 부활했다. 페르시아 등 서아시아 이슬람 국가들도 바닷길을 이용해 활발한 무역을 전개했다. 이처럼 유럽과 아시아의 무역은 비단길을 통하든 바닷길을 통하든 서아시아 지역을 통하여 이루어졌다.[1]

유럽에서 아랍지역을 통한 동양 무역의 중심지는 이탈리아의 베네치아였다. 베네치아는 200년 동안 계속된 십자군 원정(1096~1291) 동안 동방 무역의 중심지 역할을 했을 뿐만 아니라 아시아와의 무역에서도 그 역할을 계속했다. 베네치아는 동방 무역의 중심지인 동시에 유럽의 경제중심지로 성장했다. 이러한 이탈리아의 경제성장은 중세의 암흑시대를 지나 문예부흥 시대를 이끄는 역할을 했다.

이 시기에 한반도 주변에서도 큰 변화가 일어났다. 일본에서는 혼란이 계속되는 가운데 14세기 남북조 시대와 15~16세기 무로마치 시대가 이어졌다. 중

---

1 율·꼬르디에, 『중국으로 가는 길』, 정수일 옮김(사계절, 2002); 장 노엘 로베르, 『로마에서 중국까지』, 조성애 옮김(이산, 1998) 참조.

국에서는 몽골족의 원나라를 대신하여 한족의 명나라가 세워졌으며, 만리장성 북쪽에서는 원나라와 명나라의 전쟁이 계속되었다. 명나라 영락제는 1410년에서 1424년 사이에 다섯 차례에 걸쳐서 직접 원나라 원정에 나섰는데, 그 와중에 사회혼란은 계속되었다.

일본은 무사가 지배하는 사회였다. 즉, 영주인 다이묘(大名)는 무사였다. 다이묘의 군사는 여러 계급의 사무라이(侍)들로 이루어졌다. 다이묘들은 전쟁을 통해서 세력을 넓히는 것이 목표였는데, 전쟁에서 이기기 위해서는 물자가 필요했으므로 전쟁물자를 얻으려고 경쟁했다. 이들은 해적질을 해서라도 전쟁에 필요한 물자를 얻으려고 했는데, 이처럼 외국으로 나간 해적들을 '왜구(倭寇)'라고 했다.

왜구의 중심지는 일본 남서부와 쓰시마였다. 왜구는 배 400~500척과 군사 1,000명 이상의 대규모로 움직이기도 했는데, 쓰시마를 중심으로 하는 왜구는 주로 한반도에, 규슈지방을 중심으로 하는 왜구는 중국 해안지대와 동남아시아에 진출했다.[2]

왜구들은 일본의 정치상황이 혼란스러우면 중앙의 통제를 벗어나 더욱 활발하게 움직였다. 조정이 교토 남북으로 갈라져 두 명의 천황이 존재했던 남북조 시대(1333~1392)의 혼란, 그리고 무로마치 시대(1392~1568)에 일어난 오닌의 난(1467)으로 막부(幕府)의 세력이 약화되었는데, 이 와중에 무사들 사이의 위계질서가 무너지고, 부하가 상관을 거역하는 하극상의 시대가 100년 동안 계속되었다. 군웅이 할거하는 하극상 시대에 빈번해진 왜구의 활동은 한반도와 중국 해안지대에 엄청난 피해를 안겨주었다. 도요토미 히데요시가 일본을 통일한 이후인 1588년에 해적금지령을 내리고 엄격하게 통제하자 활발하던 왜구의 활동

2 교원대학교역사교육과교수진, 『아틀라스 한국사』, 93쪽.

은 잠잠해졌다.3

　사실, 이미 신라 시대에도 왜구의 침입이 있었다. 신라 30대 문무왕(재위 661~681)이 죽은 뒤에도 왜구의 침입을 막겠다며 경주 감포 앞바다에 무덤을 만들게 했다는 사료에서 그 사실을 잘 알 수 있다. 왜구의 활동이 두드러진 것은 일본 남북조의 내란이 잦았던 시기인 1350년부터였는데, 왜구의 규모는 배 20척에서 500척에 이르렀으며, 고려 말기인 1391년까지 40년 동안 591번이나 침입했다. 한 해에 50번 침입할 때도 있었다. 침입은 충청도, 전라도, 경상도 지방에 집중되었는데, 때로는 수도인 개경을 거쳐 평안도를 노략질하고 동해안을 통해 함경도까지 들어오기도 했다.4

　왜구들에 의한 약탈과 살인도 큰 문제였지만, 무엇보다 개경과 지방의 교통을 끊어놓고 행정을 마비시키는 것이 가장 큰 문제였다. 1376년에 최영 장군이 충청도 홍산에서 왜구를 물리쳤고, 1380년에는 최무선 장군이 화약 무기를 사용하여 왜구의 배 500척을 불태웠으며, 같은 해 이성계 장군이 지리산 황산에서 배 500척으로 들어온 왜구를 물리치는 등 왜구 퇴치에 고려의 군사력이 총동원되었다. 조선 시대에 세종은 1419년에 왜구의 본거지인 쓰시마를 정벌하기도 했다.5

　한편, 중국에서는 몽골족의 원나라에 대항하여 홍건적을 중심으로 한족이 반란을 일으켰다. 홍건적 무리 중에서 양쯔 강 유역의 금릉(난징)에서 세력을 잡은 주원장이 1368년에 명나라를 세우고 원나라를 만리장성 북쪽으로 몰아냈다.

　한편, 주원장의 뒤를 이어 1402년에 황제에 오른 영락제는 중국에 귀화한 아

3　가와이 아쓰시, 『하룻밤에 읽는 일본사』, 원지연 옮김(중앙M&B, 2003), 147쪽.

4　이영, 『잊혀진 전쟁 왜구』(에피스데메, 2007), 10쪽; 교원대학교역사교육과교수진, 『아틀라스 한국사』, 92~93쪽.

5　이영, 같은 책, 349쪽.

랍인인 환관 정화에게 명하여 1405년부터 1433년까지 7차례에 걸쳐 동남아시아, 인도, 아랍 지역과 아프리카 동해안까지 원정하도록 했다. 영락제는 정화의 남해 원정을 통해서 대륙국가인 명나라를 해양국가로 발전시킬 계획을 가지고 있었다. 이것은 콜럼버스의 항해(1492)보다 거의 100년이 앞선다.

정화 함대는 배 63척과 선원 2만 7,000명으로 구성되었다. 나무로 만든 이 배 중에서 가장 큰 것은 길이가 151.8m, 폭이 61.6m였고, 중간급 배는 126m 길이에 폭이 52.3m였다. 배의 무게는 2,500톤에서 8,000톤까지로 추정된다. 이에 비하면 콜럼버스의 항해는 배 3척에 승무원 100명이 못 되었으며, 배의 무게는 무거운 것이 130톤이고 나머지는 60톤, 55톤이었다. 1498년 바스쿠 다가마가 남아프리카의 희망봉을 돌아 인도에 갔을 때 탑승한 배 '상 가브리엘호'는 길이 25m에 폭이 5m에 불과했다. 그러나 정화의 항해는 3차 항해까지 600만 냥의 은을 사용하는 등 막대한 재정이 요구되었는데, 1420년부터 시작된 수도 베이징 건설과 북방에서 원나라와의 전쟁 때문에 여유가 없었던 명으로서는 항해를 중단할 수밖에 없었다.6

한편, 홍건적 일부는 원나라의 반격에 쫓겨 고려에 침입했다. 1359년에 홍건적 4만 명이 평양을 점령했으며, 1361년에는 10만 명이 수도인 개경을 점령하는 바람에 공민왕은 안동까지 피난해야만 했다. 이 와중에 만주 여진족의 나하추 세력이 1362년에 동북지방에 침입했는데, 1364년에 또다시 침입했을 때는 이성계 장군이 물리쳤다.

원·명 교체기의 혼란 속에서 고려는 권문세족 중심의 친원나라 세력과 급진 개혁을 주장하는 신진 관료들의 친명나라 세력으로 나뉘었다. 명나라는 고려에

---

6 박한제, 『아틀라스 중국사』, 134~135쪽; 미야자키 마사카스, 『정화의 남해 대원정』, 이규조 옮김(일빛, 1999); 허일, 『중국의 대항해자 정화의 배와 항해』(심산, 2005); 멘지스 캐빈, 『1421 - 중국, 세계를 발견하다』, 조행복 옮김(사계절, 2004) 참조.

친원정책을 포기하라고 요구하면서 원나라가 지배했던 철령(철원) 이북의 땅에 '철령부'를 설치한다고 통보했다. 이에 명나라가 원나라와의 전쟁으로 요동지방에 대한 방위가 허술한 것을 이용하여 요동지방을 정벌하자는 주장이 제기되었다. 권문세족인 최영은 요동정벌에 찬성했으며 친명나라 세력인 이성계는 반대했다. 이성계의 반대이유는 네 가지였다. 첫째, 소국이 대국을 거역하는 것은 옳지 않다. 둘째, 여름철은 농번기이기 때문에 군대를 동원하는 것은 옳지 않다. 셋째, 거국적으로 군대를 동원하면 허점을 이용하여 왜구가 기승을 부릴 것이다. 넷째, 지금이 우기라서 활을 이은 접착제가 녹아서 못쓰게 될 것이고 군대에 전염병이 퍼지게 될 것이다.7

그러나 최영은 우왕을 설득하여 자신은 팔도도통사가 되고 조민수를 좌군도통사, 이성계를 우군도통사에 임명하여 5만 명의 군대로 1388년 4월 3일에 요동정벌에 나섰다. 원정군은 5월 초에 압록강에 도착했으나 도망하는 군사가 늘어나고 비로 인해 강물이 불어나서 건너기 어려웠다. 이성계는 군대를 되돌리기를 청했으나 받아들여지지 않았다. 이에 조민수와 이성계는 5월 22일에 압록강에 있는 위화도에서 군대를 돌렸다.

1388년 6월에 개경에 돌아온 이성계는 정도전을 중심으로 하는 신진사대부들의 도움으로 역성혁명에 성공하여 1392년 7월 17일에 왕위에 오름으로써 27왕 518년간 지속될 조선 왕조가 시작되었고, 그와 동시에 34왕 475년을 이어온 고려 왕조는 사라지게 되었다. 조선 왕조는 무력을 가진 이성계가 세웠지만, 그 뒤에는 주자학을 배경으로 급진개혁을 주장한 정도전 등 신진사대부 관료들이 있었다.

정도전(1342~1398)은 1383년과 1384년에 함주(함흥)의 군영에 있던 이성계

---

7 박용운, 『고려시대사(하)』, 676쪽.

를 찾아가서 역성혁명을 위해 협력하기로 결의했다. 정도전은 혁명에 이성계의 군사력을 이용하려 한 것이다. 이처럼 조선 건국의 밑그림을 그린 정도전은 1394년에 조선의 통치이념이며 질서체계인『조선경국전』을 완성했다. 주자학의 '이(理)'와 '예(禮)'에 따른 이상사회와 이상국가를 건설하려는 이념이 담긴 것으로, 조선 주자학의 특징이 잘 나타난 법전이다.

형이상학적 이와 예를 강조하는 것은 이상사회를 내세우는 종교철학이다. 종교철학은 하나의 가치만을 강조하는 경향이 있는데, 이는 다양성을 억누르고 변화와 발전을 가로막아 정체된 사회를 만든다. 실학자 홍대용(1731~1783)은 조선의 잘못된 학문풍토는 주자학을 잘못 받아들여서가 아니라 전적으로 주자학만을 받아들였기 때문이라고 했다.8

주자학의 이와 예를 받들어 이상국가를 만들려는 조선 주자학은 형이상학의 사회를 꿈꾸는 종교철학으로서, 물질의 이해관계와 국가이익이 앞서는 세계역사에서 경쟁하거나 형이하학의 물질이 지배하는 인간사회에서 사회통치 철학으로 활용되기에는 적당하지 못했다.

좀 더 구체적으로 살펴보면, 조선의 통치 이데올로기는 이의 주자학 원리주의(fundamentalism)이다. 조선의 주자학은 우주가 생겨난 불변의 원리인 '이'가 지배하는, 즉 교육을 통해 백성을 교화하여 예가 바로 서는 이상국가를 만들려고 했다. 그에 따라 조선의 주자학은 새로운 학문을 이단이라고 단정하면서 처음부터 받아들이는 것을 방해하고 거부했을 뿐만 아니라 농업만을 본업이라 하여 장려하고 상업이나 과학기술을 말업이라며 억압했다. 이것이 조선의 사회정책인 '무본억말(務本抑末)'이다.9

---

8 김문용, 「홍대용의 실학적 학문관과 그 탈성리학적 성격」, 홍원식 엮음, 『실학사상과 근대성』(예문서원, 1998), 71쪽.

9 박용운, 『고려시대사(하)』, 663쪽.

앞서 살펴본 대로, 14~15세기의 세계에는 큰 변화의 물결이 일어났다. 그러나 조선은 종교적 수양철학인 이의 주자학을 통치 이데올로기로 받아들여 스스로 현실에서 도피하여 은둔하는 고립주의를 택했다. 실제로 조선은 은자의 나라(Hermit Nation)로 서양에 알려졌다.

주자학은 학문을 익히고 인격을 닦는 선비가 되는 수기단계를 지나서 백성을 다스릴 수 있는 주자학 관료로서 사대부가 되는 치인 단계에 이른다는 '수기치인(修己治人)'을 강조한다. 주자학의 수기치인은 바로 종교적인 수양철학이다. 수기치인으로 수양된 주자학자인, 관료가 된 사대부가 백성을 다스려야 한다는 주장은 고대 그리스의 철학자 플라톤(기원전 427~347)이 철인정치를 주장하면서 철학자 교육을 위한 학교로서 아카데미를 세웠던 것과 비교된다.

플라톤은 철인정치를 통한 이상국가를 만들기 위해 선과 악, 이성과 비이성 등 이분법의 흑백논리를 앞세웠다. 이것은 이의 주자학이 다른 학문을 이단이라고 거부했던 배타적 이분법과 같다고 생각된다. 플라톤의 이분법은 유럽 철학의 줄거리가 되었다.

19세기 독일 철학자 막스 베버(Max Weber, 1864~1920)도 프로테스탄트의 금욕주의와 합리주의가 유럽의 자본주의를 만들었다고 주장하면서, 합리주의와 비합리주의의 이분법으로 유럽과 비유럽, 기독교권과 비기독교권, 문명과 야만을 구별했다. 베버의 합리주의에서는 가치기준이 하나만 있어야 한다. 가치기준이 많으면 대학교수들로만 이루어진 사회처럼 폐쇄적이고 불안해서 위험하다고 했다.[10] 이처럼 지식인들은 남의 말은 듣지 않고 자기주장만 앞세우는 기질을 가지고 있다. 이는 '이'만을 주장하던 사대부들의 4색 당쟁을 보면 알수 있다. 조선의 당쟁은 수기치인의 정도를 논하는 인신공격이 대부분이었다.

---

10 유석훈, 『막스 베버와 동양사회』(나남, 1992), 56쪽.

즉, 주자학을 공부하여 수기치인의 단계에 도달한 사대부들만이 국가를 통치해야 한다고 주장했다. 이 때문에 조선은 논쟁의 혼란 속에 빠지고 말았다.

플라톤의 철인정치와 주자학의 수기치인은 이상국가를 세우기 위한 수단이며 목표이다. 그러나 이상은 이상일 뿐이다. 플라톤의 철인정치사상은 유토피아 사상과 공산주의 이상국가사상으로 발전했지만 실현된 적은 없다. 이상주의는 현실사회와 동떨어진 논쟁만 만들어낸다.

조선 주자학은 이가 지배하는 금욕주의 이상사회를 꿈꾸며 기의 사회현상을 부정했다. 그러므로 물질적 이해관계가 지배하는 인간세상을 제대로 해석해내지 못했다. 이의 주자학만을 공부한 사대부 관료들은 현실성과 실천성이 없는 공허한 논리만을 내세웠다. 이의 주자학자들의 관료사회에서는 사회현상이나 논리의 다양성에 관심이 없었고 오직 인격논쟁에만 집중했다. 이들은 자기는 공공의 이익을 생각하는 군자라고 칭하고, 상대방은 사사로운 이익만을 생각하는 소인이라고 주장했다. 이것이 조선에서 사화와 당쟁이 끊이지 않은 근본 원인이었다.

조선에서 사화가 시작된 것은 15세기 사림파 김종직(1431~1492)이 중앙정치에 참여하고부터이다. 그로 인해 1498년(연산군 4)에 무오사화가 일어났다. 이건창(1852~1898)이 조선 당쟁의 역사를 쓴 책 『당의통략』에서는 "지금은 온 천하 사람들이 모두 명분과 의리가 어떠한 것인지 잘 알지도 못하면서 유독 혼자만 잘 아는 것처럼 떠든다. 이것은 반드시 그 나라의 어지러움이 춘추 시대와 같으므로 그 사람의 어진 것도 공자같이 된 연후에야 가능할 것인데 그 근처에도 가지 못하면서 스스로 성인이라고 하여 한 세상을 속이려는 것이다"라고 했다.11 이것은 조선의 사화와 당쟁이 군자와 소인의 인격논쟁이었음을 말한 것

---

11 이건창, 『당의통략』, 이덕일 옮김(자유문고, 1998), 381쪽.

이다. 흠이 없는 인간이 어디 있겠는가. 성인군자가 나왔다 할지라도 인격논쟁 때문에 크지 못했다. 따라서 조선에서는 훌륭한 인물이 나올 수 없었다.

조선이 주자학을 받아들여서 쇄국정책을 펼치는 500년 동안 국내정치에서 일어났던 크고 작은 사건들을 보면 이의 주자학이라는 틀 속에서 일어난 조그만 물결에 불과했다. 주변의 국제정치 상황과 얽혀 일어났던 임진왜란(1592), 정유재란(1597)의 두 번에 걸친 왜란과 정묘호란(1627), 병자호란(1636)의 두 번에 걸친 호란을 겪고 나서야 재야 지식인들이 이의 주자학 통치 이데올로기에 대한 반성으로 실학과 북학이라는 새로운 학문을 일으켜서 조선 말기까지 300년간 지속시켰다.

그러나 실학과 북학은 이의 주자학에 대한 반성일 뿐 주자학의 틀을 벗어나지 못했다. 그들 역시 주자학을 추종하던 사람들로, 정치 일선에서 물러난 재야 학자이거나 정치에 참여할 수 없는 서자 출신이었다. 따라서 실학과 북학이 300년 동안이나 계속되었다고 해도, 그들의 실용학문은 학문으로만 존재했을 뿐 현실정치에 반영되지는 못했다.

조선은 이의 주자학을 익힌 선비들의 양반독점 체제였으며 쇄국정치 체제였다. 조선 말기에 대원군은 이에 대한 저항으로 사대부들의 신권론에 대항하여 군권을 바로 세우려 했다. 그의 정책은 쇄국정책이 아니라 개방을 위한 보호정책이었다. 그러나 그의 보호정책은 때가 이미 늦은 것이었다.

4

정도전, 농본이상국가를 세우다

삼봉 정도전(1342~1398)은 조선 태조 이성계와 함께 고려 말기에 역성혁명을 하기로 결의한 조선 건국의 설계자이며, 수도를 한양(서울)으로 옮기는 동시에 도성 건축을 구상하고 설계했을 뿐만 아니라, 조선의 법체계인 『경국대전』(1485)의 밑바탕이 되었던 『조선경국전』을 태조 3년인 1394년에 완성하여 조선 500년의 기틀을 잡았다. 신권론을 주장한 그는 군권론을 내세운 이방원과 갈등을 빚다가 이방원의 이복동생 방석의 세자책봉 문제로 이방원 세력에 의해 죽임을 당하는 1398년까지 조선의 자주와 부국강병(富國强兵)에 힘을 쏟았다.

정도전은 경북 안동 봉화 사람으로 본거지는 영주이고, 1342년 고려 충혜왕 때에 단양에서 태어났다. 21살에 과거 문과 진사시에 합격하여 관료사회에 진출했다. 1374년 공민왕이 죽임을 당하자 이 사실을 명나라에 보고할 것을 주장하여 권력을 잡고 있던 이인임의 미움을 받았으며, 1375년에는 이인임이 친원반명정책을 펼치는 것에 반대하여 친명정책을 주장하다가 전라도 나주로 유배당했다.

유배생활에서 풀려나 1383년에 당시에 동북면 도지휘사로 함주(함흥)에 있던 이성계를 찾아가서 역성혁명을 하기로 결의하고, 1384년에도 이성계를 찾아 함주에 다녀왔다. 1384년에는 명나라에 성절사 사신으로 가는 정몽주를 따라 서정관 자격으로 다녀왔으며 1385년 명나라에서 돌아오는 즉시 성균좨주〔成均祭酒, 3품〕자리에 오르고 1387년에는 이성계의 추천으로 성균대사성(3품)으로 승진했다.

1388년에 이성계가 위화도 회군으로 정권을 잡자 조준과 함께 토지개혁을 단행했다. 권문세족들이 토지를 강탈하여 장원을 만들기 때문에 백성들이 소작농이나 유랑민이 되는 폐단이 있는 사전제를 폐지하고, 관리들에게 등급에 따라 토지를 나누어주는 과전법으로 바꾸었다. 과전법에서는 토지소유권을 국가가 가지고 수확량의 10분의 1을 임대료로 받았다. 과전법 개혁으로 신진사대부들은 권문세족들의 경제적 지위를 약화시킴과 동시에 자신들의 토지가 권문세족들의 약탈대상이 되는 것을 막음으로써 자신들의 생존권을 지키려고 했다.1

한편, 정도전은 새로운 국가의 국호에도 매우 신경을 썼다. '조선'이라는 이름은 고조선(기원전 2333~기원전 2세기)의 전기인 단군조선(기원전 2333~기원전 12세기)과 후기인 기자조선(기원전 12세기~기원전 2세기), 그리고 위만조선(기원전 194~기원전 108)에서 따온 것으로, 고조선으로부터 이어지는 정통성을 나타내어 조선의 자주성을 강조하려고 했다. 특히 단군조선과 기자조선에서 이어지는 정통성을 강조했다. 조선의 정통성을 단군조선에서 찾으려는 것은 단군조선이 중국의 요순과 같은 시기에 건국하여 중국과 마찬가지로 천자국으로서 자주성을 가지고 있었다는 것과 조선의 영토는 요동지방을 포함하는 강대국이었다는 것을 강조하려는 의도에서였다. 이것은 고려 말기부터 일어난 민족의식과

---

1 한영우, 『한국사 특강』, 128쪽; 홍승기, 『고려 사회경제사 연구』(일조각, 2001), 92~99쪽 참조.

44

역사의식에서 나온 것이다. 고려 시대에도 황해도 구월산에서 단군에게 제사를 지내왔는데, 조선 역시 건국 초기부터 단군을 개국시조로 인정하여 평양에 사당을 세우고 정기적으로 제사를 지냈으며 위패를 "조선 시조 단군"으로 했는데, 이는 세조 때까지 계속되었다.2

정도전은 나라 이름을 '조선'으로 정하면서 고조선의 정통성을 이어받아서 자주 독립성을 지키려고 했는데, 이는 단군조선과 기자조선 시대를 중국의 이상사회인 요순(堯舜)과 삼대(三代, 하·상·주)와 같은 시대라고 본 데서 비롯되었다. 고조선과 삼대의 문화 수준이 같았으므로 조선에서도 이상사회가 실현될 수가 있다고 생각한 것이다. 중국의 삼대 중에서 특히 주나라의 문화 수준이 기자조선의 수준과 같다고 판단했다. 정도전은 『조선경국전』에서 "동방의 예의지풍은 기자로부터 시작되었다"라고 하면서, "내가 그 나라(기자조선)를 동쪽의 주나라로 만들겠다"는 공자의 말을 인용하여 조선이 주나라의 수준에 미쳤다고 생각했다. 결국 정도전은 주나라의 이상을 실현하고자 조선을 세운 것이었다. 즉, 조선을 유교적 이상국가로 만들어 『주례』를 실현하려 한 것이다.3

요순 시대는 신화단계이고 그 이후인 삼대인 하(夏)·상(商)·주(周) 시대는 기원전 2000년경에서 기원전 8세기까지의 춘추전국이 시작되기 전의 시기이다. 이 시기는 청동기 시대로 인류문명이 시작되는 초기 단계이며, 맑스주의적 관점에서 보면 역사발전에서 원시 공산사회가 노예사회로 가는 단계로, 집단권력이 생겨나기 시작하는 시기이다. 정도전이 조선 이상사회의 모형을 고대 중국의

---

2 한영우, 『정도전 사상의 연구』(서울대학교 출판부, 1989), 172~176쪽; 한영우, 『한국사 특강』, 8쪽; 박광용, 『영조와 정조의 나라』(푸른역사, 1998), 82쪽.

3 정도전, 『조선경국전, 세계의 대사상 11권』, 한영우 옮김(병학사, 1986), 40~41쪽; 한영우, 『정도전 사상의 연구』, 179~180쪽; 윤훈표, 『경제육전과 육전체제의 성립』(혜안, 2007), 143쪽.

삼대에 두었다는 것은 조선 사회를 기원전 2000년으로 되돌리는 시대착오적인 것으로, 이는 결국 조선의 사회발전을 가로막아서 정체사회를 만드는 원인이 되었다. 또한 정도전이 주나라 문명을 조선에 실현시키려 했던 것은 후대 주자 학자들이 '소중화주의(小中華主義)'를 주장하는 근거가 되었는데, 이는 곧 주나라 문명을 추종하고 모방하는 사대주의의 근거가 되었다. 이런 배경을 살펴보면 조선 건국은 부패하고 무능한 고려 왕조를 무너뜨리기 위한 것이라기보다는 주자학 원리주의를 지키기 위해 이루어진, 유례를 찾기 어려운 유교 혁명이자 주자학 혁명이었다.4

한편, 정도전은 개경을 근거지로 하는 고려왕조의 권문세족들의 영향력에서 벗어나 주자학의 이상을 실현하기 위해서 1394년에 수도를 한양으로 옮겼다. 한양의 도시설계는 정도전이 직접 했다. 그는 한양 성곽 사대문의 이름을 유교의 인·의·예·지 정신에 따라서 동대문을 '흥인지문(興仁之門)', 서대문을 '돈의문(敦義門)', 남대문을 '숭례문(崇禮門)', 북대문을 '소지문(炤智門, 뒤에 숙정문으로 바꿈)'으로 지었다. 조선 왕조의 정치적 중심인 경복궁의 정문인 '광화문(光化門)'의 '광화'는 덕치가 세상을 밝게 비춘다는 뜻이고, 중문인 '흥례문(興禮門)'의 '흥례'는 예의지국인 조선의 예치가 넓게 이루어진다는 뜻이다.5 이처럼 정도전은 조선 왕조의 심장인 한양을 유교 주자학의 논리에 맞게 설계했다. 한양의 설계는 중국의 『주례고공기』에 있는 내용을 딴 것으로 이는 물질적 이익을 멀리하는 것이 군자의 도리라는 유교의 논리에 따라 조정을 앞에 두고 시장을 뒤에 두는 전조후시(前朝後市) 방식을 채택했다.6

기자조선의 이상사회를 재현하려는 정도전에게 요동지방 수복은 매우 중요

4 김상준, 『유교의 예치 이념과 조선』(청계, 2007), 226쪽.

5 신동준, 『조선의 국왕과 신하, 부국강병을 논하다』(살림출판, 2007), 23쪽.

6 이원명, 『고려 시대 성리학 수용 연구』(국학자료원, 1997), 306쪽.

한 문제였다. 정도전은 1393년(태조 2)에 동북면도안무사가 되어 동북지방에서 여진족에 맞섰으며, 군사훈련에 적극적이어서 군사작전의 진법을 다룬 『오행진출기도』와 『강무도』를 직접 지어 왕에게 바치고 군사 중에서 무술이 뛰어난 사람들을 모아 진법을 가르치기도 했다. 당시 요동지방은 명나라와 원나라의 싸움으로 방치된 상태였다. 정도전은 이를 고구려 진출 이후 700년 만에 찾아온 기회라고 생각하고 요동을 회복하려 했다.[7]

그러나 정도전의 요동정벌 계획은 명나라의 의심을 샀고, 두 나라의 외교관계는 악화되었다. 명나라에 갔던 사신이 불손하다는 이유로 명나라 황제에게 구타를 당하는 일까지 있었고, 조선인의 요동지방 통행이 금지되는 등 불편한 관계가 빚어졌다.[8]

명나라와 갈등이 심해질수록 정도전의 군사훈련 강도도 더욱 세졌다. 그러나 정도전의 주나라에 대한 사대를 생각한다면 '요동정벌'은 표면적인 구실에 지나지 않는 것이었다. 이는 명나라의 징벌성 선제공격에 대비한 것인 동시에, 군제개혁과 군사훈련을 강화하여 국가통합의 장애물인 권문세족들이 거느리고 있던 사병을 약화시켜 중앙집권을 확고히 하려는 목적에서 시행한 것이다.[9]

요동정벌이라는 정책이 시행되게 된 근원을 살펴보면, '중화'를 제외한 나머지는 '야만'으로 여기는 성리학적 이분법이 자리 잡고 있다. 주자학이 생겨난 배경에는 야만 민족인 여진족의 금나라와 몽골족의 원나라가 문명국인 한족의 송나라를 침범한 데에 대한 비판의식이 있었다. 따라서 주자학은 선과 악을 구

---

7 조유석, 『정도전을 위한 변명』(푸른역사, 2000), 292~295쪽.

8 같은 책, 296~309, 339~364쪽.

9 한영우, 『정도전 사상의 연구』, 30~31, 169~172쪽; 신동준, 『조선의 왕과 신하, 부국강병을 논하다』(살림, 2007), 45~47쪽; 조유석, 『정도전을 위한 변명』, 310~323쪽; 윤훈표, 『경제육전과 육전체제의 성립』(혜안, 2007), 142~147쪽.

별하고, 문명과 야만을 구별하는 흑백논리와 이분법의 사고방식을 가진다. 이런 흑백논리에 따라 정도전은 여진, 일본, 류큐는 야만 족속으로 여겨 교린의 대상으로 삼았다. 이는 곧 조선을 대내외적인 폐쇄사회로 만들었다. 반면, 주자학의 원류인 송나라의 정통을 이은 명나라에 대한 사대주의는 점점 강화되었다.

주자학적 흑백논리는 사상 분야에서도 마찬가지로 적용되었다. 정도전은 주자학을 정학이라 하고 불교, 도교, 무속신앙 등을 이단이라고 단정하여 배척했다. 특히 다원적 사회질서를 주장하는 불교와 도교에 대해 "도에는 두 갈래 높은 것이 없다"라고 하면서 주자학 중심의 일원적 사회질서를 주장했다.10

이처럼 불교와 도교를 이단이라고 배척했지만, 정도전의 사상에는 도교의 이상사회사상이 크게 영향을 미쳤다. 노자의 『도덕경』 80장에서 "작은 나라는 사람이 적으며 …… 빠른 기계가 있어도 절대 쓰지 않는다. …… 사람은 멀리 나다니지 않는다. …… 배와 수레가 있어도 아무도 탈 일이 없으며 …… 갑옷과 무기가 있어도 쓸 데가 없다. …… 가까운 이웃이 보이도록 살면서 닭 울음소리, 개 짖는 소리가 서로 들려도 늙어 죽을 때까지 왕래할 일이 없다. …… 그들은 나름대로 행복하다"라고 했던 것처럼 도교의 이상사회는 인구가 적으며 작은 사회(과민소국)이자 정체되고 폐쇄적인 사회이다. 과학기술을 거부하는, 저절로 이루어지는 무위자연(無爲自然)의 세계이며 자급자족 사회이다. 이는 정도전이 생각하는 유교적 이상사회의 모습과 매우 비슷하다.

정도전은 불교를 비판하기 위해서 『불씨잡변』을 지었고, 도교를 비판하기 위해서 『심기리편』을 지었는데, 이는 주자학 원리주의를 세우고 불교와 도교를 이단으로 단정하기 위한 학문적 작업이었다. 『심기리편』은 도교를 학문적·철

---

10 한영우, 『정도전 사상의 연구』, 76~79, 99~102쪽; 도현철, 「여선 교체기 사상계의 변화와 정도전의 정치사상」, 연세대학교 국학연구원 엮음, 『중세사회의 변화와 조선건국』(혜안, 2005), 310~312쪽; 김영수, 『건국의 정치: 여말 선초, 혁명과 문명전환』, 373쪽.

학적으로 분석한 것으로 한국 도교철학 사상 최초의 학문적인 연구서적이다. 이후 조선에는 도교를 학문적으로 연구한 책이 나오지 않았다.11 정도전은 불교는 세상 만물은 환상이고 실제로 있는 것이 아니고 마음에 있다고 하므로 이를 '심학'이라고 했으며, 도교는 기가 응집하여 세상 만물의 근원을 이루고 현상적 존재를 만든다고 하므로 '기학'이라고 했다.12

이처럼 도교를 연구하면서, 조선을 주자학 이상사회로 만들려는 정도전의 생각에는 도교의 자연주의·이상사회사상이 녹아들게 되었다. 따라서 조선의 주자학은 무위자연, 자연도덕주의, 탐욕스런 인간세상에 대한 니힐리즘, 역사의 진보와 과학기술을 거부하는 무위의 정치라는 특성을 띠게 되었다. 이러한 자연주의적 나르시시즘의 주자학은 조선에서 무엇을 만들어내는 것을 거부하고 인간과 역사를 왜소화시키고 말았다.13

이렇게 왜소화되고 소형화된 자연주의 국가인 조선에는 삼국이나 고려 시대와 달리 그 시대의 특징을 나타낼 만한 예술작품이 없다. 무릉도원의 이상세계를 꿈꾸는 산수화들과 유교 경전을 쓴 붓글씨들이 주류를 이루었다. 주자학 혁명은 500년간 조선을 일원적이고 배타적인 폐쇄사회로 만든 것이다.

한편, 권력구조에 대해서 정도전은 '신권론' 또는 '재상권론'을 주장했다. 남송의 농업기술 발달로 지주들이 생겨나고 그 경제력을 바탕으로 주자학을 공부한 지주들이 사대부가 된 사회적 배경에서 알 수 있듯이, 주자학은 지방 사대부들의 권익을 앞세워 절대군주권에 대항한 학문이다. 지방의 조그만 관리 집안에서 태어난 정도전은 이런 주자학 논리에 충실한 신권론을 주장하다 결국 군주권을 옹호하는 이방원에게 죽임을 당했지만, 그 이후에도 군권론과 신권론의

---

11 송항룡, 『한국 도교철학사』(성균관대학교 출판부, 1987), 88쪽.
12 같은 책, 88~95쪽.
13 김상준, 『유교의 예치이념과 조선』, 222~241쪽.

갈등은 많은 사화와 당쟁의 원인이 되기도 했다.

이런 정도전 개혁의 기저에는 고려 말 권문세족과 불교계가 토지를 강탈하여 농장을 확대하면서 부를 쌓는 과정에서 백성들이 떠돌이가 되거나 그들의 소작농 및 노비가 되는 상황에 대한 비판이 있었다. 떠돌이가 된 백성들은 광대생활을 하는 '재인'이나 '화척'이 되거나 생활용품을 만드는 '공인' 혹은 장사를 하는 '상인'이 되었으며, 불교에 귀의하여 승려가 되기도 했다. 『조선경국전』에는 이들의 수가 전체인구의 50~60%가 된다고 기록했는데, 이들은 호적에 올라 있지도 않았다고 밝혔다.14 또한 조선 초기에 승려가 약 10만 명이었으며 공인, 상인, 재인, 화척, 무속인 등이 약 10만 명이나 된다고 기록했다. 여기에 서울(한양)에 사는 인구 약 20만 명을 합하면 농사일을 하지 않으면서 농민에게 의지하는 인구는 약 40만 명에 이르게 되었다. 국가의 세금은 농토에 기준을 두고 징수되었기 때문에, 농사일을 하지 않는 인구만큼 국가수입은 줄어들었다.15

정도전은 국가의 재정수입을 위해서 이들을 농민으로 흡수하려고 했다. 그는 농업은 본업(本業)이고 공인과 상인을 말업(末業)이라 하여 억압했다(務本抑末). 이 사상에 따른 '무본억말' 정책은 조선 초기 불교 억압의 근거 중 하나가 되었다. 즉, 조선 정부는 공인·상인·승려들을 농민으로 만들려 했다.16

정도전은 농민의 몰락을 가져왔던 지주제를 폐지하고, 농지를 국가가 소유하여 실제로 농사짓는 농민들에게 골고루 나누어주는 '공전제'와 '균전제'를 주장했다. 고려의 지주제에서는 농민이 수확량의 50%를 지주에게 토지임대료로 내야 했지만, 공전제에서는 10%만 국가에 세금으로 냈다. 이러한 공전제와 균

---

14 한영우, 『정도전 사상의 연구』, 194, 214쪽.

15 정도전, 『조선경국전, 세계의 대사상 11권』, 64쪽; 한영우, 『정도전 사상의 연구』, 194~195쪽.

16 이장희, 『조선 시대 선비 연구』(박영사, 2007), 175~179쪽.

전제는 고대 중국의 토지제도에서 따온 것이다. 정도전은 조선의 정치사상과 토지제도에서뿐만 아니라 농업정책에서도 '삼대'를 모형으로 했다.17

그런데 조선은 송나라의 주자학은 받아들였으면서도 이앙법(모내기 농법)은 받아들이지 않았다. 고려 후기 주자학의 지지기반인 신흥지주층들이 이앙법으로 많은 수확을 거두어들여 사회적 지위를 확보했는데, 조선 초기의 법전인 『경제육전』은 그 모내기 농법을 금한 것이다. 이앙법을 시행할 경우 가뭄이 들면 수확을 거두지 못하는 경우가 발생하는데, 아직 저수시설이 갖추어지지 않았던 조선에서는 그 위험부담을 감당하기가 어려웠다. 따라서 정부에서는 모내기를 금지하고 볍씨를 직접 마른 밭에 뿌리는 직파법을 쓰도록 한 것이다. 모내기 농법은 임진왜란 이후인 17세기 말에야 일반화되었다. 이앙법은 직파법보다 두 배의 작물을 수확할 수 있었다.18

이런 상황 때문에 조선 초기에는 모내기 농법에 필수적인 저수시설과 수차 등 농기계가 보급되지 못했다. 따라서 농업기술도 전혀 발전하지 않았다. 조선 후기 실학자 박지원의 말에 따르면 배부른 부자들은 농업기술 발전에 아무런 관심이 없었으며 농민들은 극도로 가난하여 새로운 농기계나 농업시설을 갖추기 위한 경제적 여유를 가지지 못했다.19 1429년(세종 11)에 통신사로 일본에 갔던 박서생은 그곳에서 수차를 많이 이용한다는 것을 보고했으며,20 1607년에도 통신사로 갔던 양만세도 수차제도를 배워와서 보고했으나 정부에서 관심이 없어 보급되지 못했다.21 효종(재위 1650~1654)은 수차와 수리사업을 장려

17 한영우, 『정도전 사상의 연구』, 201~211쪽.

18 권병탁, 『한국 경제사』(박영사, 1992), 147~156쪽.

19 김광진, 『한국 경제 사상사』(이성과 현실, 1989), 180~185쪽.

20 이태진, 『조선 유교 사회사』(지식산업사, 1989), 60쪽.

21 하우봉, 『조선 후기 실학자의 일본관 연구』(일지사, 1992), 31쪽.

하여 농업생산을 늘리려고 했으나 그 뜻을 받들어서 시행하는 사람이 없었다고 한다.22

기원전 3000~2000년경 고대 중국의 삼대는 인류학에서 보면 문명이 생겨나는 단계이며 국가의 형성과 함께 집단권력이 생겨나는 시기이다. 이러한 시기에는 농업이 아닌 다른 생산 수단은 있을 수 없었고, 농업도 자급자족의 형태였다. 정도전이 목표로 삼은 사회는 당시로부터 약 4,000~5,000년 전의 고대 사회였다. 이러한 정도전의 이상사회론이 조선을 과거지향적이고 폐쇄적인 정체사회로 만든 것이다.

한편, 조선의 무본억말정책은 공인과 상인을 천민계급으로 치부했고, 사람들이 모이면 미풍양속을 해친다는 이유로 시장조차 열지 못하게 했다. 시장이 없으면 농산물 이외의 상품을 만들어내는 공업이 발달하지 못하고, 따라서 전국을 연결하는 교통망이 생겨나지 않을 뿐만 아니라 상품교환도 이루어지지 않는다. 그런데, 상품교환경제는 산업근대화의 가장 기본적인 요소이다. 이처럼 조선에서는 상품교환경제가 억압되었기 때문에 이에 필수적인 교환수단으로서 화폐유통이 주변 국가에 비해서 늦었다. 이상주의를 따르는 조선의 획일적인 이의 주자학은 다양한 산업의 발전을 가로막았다.23

박지원은 『열하일기』에서 수레와 선박을 이용하여 상업과 무역을 촉진할 것을 건의했다. 즉, "나라에서 수레를 이용하지 않으니 길을 닦지 않는다. 그러나 수레를 쓰면 길은 닦아질 것이다. 수레가 다니지 못하는 이유는 한마디로 선비

22 김광진, 『한국 경제 사상사』, 283쪽.
23 임대길, 『시장을 열지 못하게 하라』(가람기획, 2000); 이재하, 『한국의 시장』(민음사, 1992); 박평식, 『조선 전기 상업사 연구』(지식산업사, 1999); 백승철, 『조선 후기 상업사 연구』(혜안, 2000); 이정수, 『조선의 화폐와 화폐량』(경북대학교 출판부, 2006); 이장희, 『조선 시대 선비 연구』, 221~225쪽.

와 벼슬아치들의 죄다"라고 비판했다.24 북학을 주장했던 박제가도 『북학의』 (1778)에서 청나라의 수레와 배 같은 운송수단의 편리함을 소개하고 조선에서도 이용할 것을 권장했다.25

24 김광진, 『한국 경제 사상사』, 292~293쪽; 김용만, 『고구려의 그 많던 수레는 다 어디로 갔을까』(바다, 1999), 62~64쪽.

25 박제가, 『북학의』, 박정주 옮김(서해문집, 2007), 27~47, 193~203쪽.

5

조선의 사대교린과 쇄국정책

청나라 건륭제(재위 1736~1796) 때인 1793년에 영국 국왕 조지 3세는 중국과 무역관계를 맺고자 매카트니 사절단을 파견했다. 중국 베이징에 도착한 매카트니 사절단은 건륭제를 만나 선물과 함께 조지 3세의 국서를 전달했다. 사절단은 건륭제 앞에서 중국 예절에 따라 머리를 바닥에 세 번 찧는 삼배구고두(三拜九叩頭)를 강요당했다. 건륭제는 조지 3세에게 보내는 편지에서 다음과 같이 썼다.

지금까지 서양 여러 나라가 낮은 신분으로 천자의 나라 중국에 오기를 원하면 베이징에 오는 것을 허락했고 들어오고 나서는 중국의 의복과 풍속에 따르며, 영원히 본국에 돌아가는 것을 허락하지 않고 통신왕래도 하지 못했다. 이것은 정해진 제도요. …… (영국이 중국과) 무역관계를 열자고 했으나 중국에는 물자가 풍부하기 때문에 무역할 필요가 없소. …… 사해(중국의 힘이 미치는 범위) 밖의 왕이여. 우리 문명의 혜택을 나누고자 서신과 함께 사절을 보냈구려. 우리에 대한 조공과 존경의 뜻을 담은 서신을 높이 평가하오. 천하를 돌아보았지만, 중요한 것은 통치를 바로 세우고 나라를 온전하게 하는 것이요. 다른 것들은 그다지 중요하지 않소. 이제 국왕은 나의 뜻을 받들어 앞으로 더 충성하기를 바라오. 영원한 복속만이 귀국의 평화와 번영을 담보하는 길이요. 변함없이 순종하고 의무를 다하기 바라오.

이런 태도는 당시 기독교를 전파하기 위해서 중국에 왔던 선교사들에게도 마찬가지였다. 선교사들은 서양의 천문학, 수학, 의학, 과학기술 등을 가지고 중국에 왔다. 그러나 중국은 이들을 단지 중국 문명에 봉사하는 전문직 기능인으로 생각하고 대우했다. 중국은 자신의 문명이 가장 우월하다고 생각했다.[1]

이러한 건륭제의 편지는 국제관계에서 중국의 전통적인 고립정책을 나타내는 것이다. 유럽의 세계질서는 국가들 사이에 대등한 국제관계를 전제하지만, 중국의 중화 세계질서는 중국 문명을 기준으로 문명과 야만을 구별하여 국가들을 차등대우하는 불평등관계를 전제했다.

만주족이 일으킨 후금(1616)이 1636년에 청으로 나라 이름을 바꾸고, 1644년에 군대 30만 명을 이끌고 쳐들어와 명나라의 수도 베이징을 점령했다. 청나라를 세운 만주족은 중국이라는 커다란 지역을 다스릴 만한 인구수를 가지지 못했을 뿐만 아니라 통치철학도 없었기 때문에 한족의 통치철학은 물론 중화 세계질서와 문화도 그대로 따라 했다. 19세기의 청나라는 이 중화 세계질서에 따라 포르투갈, 영국, 로마교황청을 포함한 유럽 문화권의 국가들을 중국 문화를 모른다는 이유로 야만으로 매도하면서 이들을 세계에서 가장 낮은 단계에 있는 변방국가로 치부했다.[2]

---

1 최소자, 『동서문화교류사 연구: 명·청 시대 서학수용』(삼영사, 1987), 180~189쪽.

2 John King Fairbank, *The Chinese World Order - Traditional China's Foreign Relations*(Harvard University Press, 1968), p. 11.

중국은 변방국가들을 군사적으로 견제하기 위해, 또는 강대국과의 완충지대로 이용하거나 문화적·종교적으로 통제하기 위해, 그리고 그들이 가지고 있는 물질적·인적 자원을 관리하기 위해 조공을 이용했다. 중국의 조공제도와 책봉제도는 중국 주변에 있는 변방국가와 민족에 대한 간접지배 형태로서, 중국 문화에 동화된 정도에 따라 계층 구조를 만들어서 차등대우했다. 따라서 주변(변방) 국가나 민족들은 문화적으로 중국을 모방하려 했고, 시간이 지나면 중국 문화에 동화되었다. 변방국가들은 대외관계에서 자기의 이익을 위해서 중국을 높이 받드는 사대주의를 스스로 선택하거나 강요당했다. 따라서 사대주의는 중화세계질서에서 변방국가들의 중국에 대한 기본 태도였고 중국이 지배하던 지역을 관통하는 국제정치제도였다.3

건륭제가 조지 3세에게 보낸 편지에서 보는 바와 같이, 중국은 농경사회의 색채를 띠는 자급자족 경제를 이루고 있었기 때문에 외국과의 무역에 별로 관심을 두지 않았다. 즉, 중화 문명의 우월감으로 주변 문명을 차별대우하는 문화 고립주의적 태도를 보였다. 국제관계에서 주변 국가들이 편지나 선물을 보내면, 중국은 이것을 자기에게 보내는 충성이나 조공으로 해석했다. 단순한 교류와 왕래를 목적으로 편지나 선물을 보낸 주변 국가들은 시간이 흐르면서 자기도 모르는 사이에 중국에 조공을 바치는 변방국가가 되어버렸다. 중국을 중심으로 하는 불평등관계에서 생겨난 사대주의와 조공제도는 중화세계에서 국제정치의 관례였다.

이런 식의 변형된 유화정책은 자신을 보호하는 방편이기도 했다. 중국은 지리적으로 아시아의 가운데에 있어 동서남북 사방으로 적을 두고 있었다. 만일 중국이 군사적인 방법으로 자국의 우월성을 유지하려고 했다면 한쪽에서 군사

---

3 김우현, 『세계정치질서』(도서출판 한울, 2001), 144~191쪽.

충돌이 있을 경우 다른 쪽은 대처할 수가 없었다. 따라서 조공제도를 통해서 주변 국가들에 사대주의를 강요하여 간접적으로 지배하려 했다. 중국은 주변의 '야만족'을 '동이(東夷)', '서융(西戎)', '남만(南蠻)', '북적(北狄)'으로 구분했다.

한반도는 지리적으로 중국과 가까이 있기 때문에 삼국 시대부터 유교적 중화질서에 따라서 조공과 사대관계를 맺었고, 이는 조선 시대에도 유효했다. 그에 따라 외교관계에서는 중국의 결정에 따라야 했지만, 국내정치는 자유롭게 할 수 있었다. 이처럼 한반도의 사대주의는 강대국의 의지에 따른 것이다. 따라서 한반도의 국제관계는 강대국 의존형의 성격을 띤다. 이에 대해 일부 국내학자들은 만일 한반도가 사대주의 외교형태를 가지지 않고 중국을 포함한 북방의 강대국들과 대등한 관계를 주장했다면 이들의 군사적 침입으로 약소국인 한반도의 국가들은 존재하기조차 어려웠으리라고 한다. 한반도의 사대주의는 살아남기 위한 생존 수단이라는 것이다.4

삼국 시대와 고려 시대에는 중국과 조공 및 사대관계를 맺는 한편, 다른 국가들과의 교류도 활발하게 이루어졌다. 고구려는 삼국 중에서 지리적으로 북방에 있어 북위 등 중국의 북조(北朝) 국가들은 물론 몽골, 돌궐 등 아시아 내륙 지방과 중앙아시아의 사마르칸트 지방과도 교류했다. 남방으로는 일본 등과 교류했는데, 6세기 말에 일본에 불교를 전파하여 담징이 일본의 호류사의 금당벽화를 그리기도 했다.

백제는 뛰어난 항해술을 바탕으로 중국 동부지역은 물론 멀리 동남아시아까지 진출했다. 왕인은 일본에 천자문과 유교 경전을 전해 일본 문화의 밑바탕을 이루도록 했다.

---

4 전해종, 『역사와 문화』(일조각, 1979), 11~23쪽; 이기백, 『민족과 역사』(일조각, 1997), 184~ 213쪽; 한영우, 『정도전 사상의 연구』, 180~185쪽; 기미라 간, 『조선/한국의 내셔널리즘과 소국의식』, 김세덕 옮김(산처럼, 2007), 46~83쪽.

신라는 주로 중국이나 일본과 무역관계를 맺었다. 신라 상인들이 당나라에 진출하여 중요한 항구도시에 거주지를 이루었던 '신라방'이 산둥 반도에서 동남아시아를 잇는 해안에 10여 곳이나 있었으며 일본에도 신라방이 여러 곳 있었다. 또한 신라는 동남아시아 및 아랍과도 교역하여 신라에 많은 아랍 상인이 모여들기도 했다. 9세기 통일신라 시대에는 장보고가 청해진을 근거지로 하여 산둥 반도에서 남중국해와 일본에 이르는 바다를 아우르는 해상제국을 이루어 해적들을 소탕하고 무역을 독점하기도 했다.5

고려는 중국의 조공체계에 편입되어 외형적으로는 중국의 책봉을 받았지만, 국내체제는 중국과 대등한 황제국가의 체제를 갖추고 있었다.6 대외무역에서도 자주적으로 활동했는데, 북쪽으로는 거란과 여진, 남쪽으로는 일본과 무역관계를 맺었다. 중국 송나라와의 문물교류는 962년 광종 때에 국교가 열린 이후에 활발하게 전개되었는데, 993년 거란의 침입으로 국교가 단절된 후 1071년에 다시 국교가 회복되기까지의 70여 년 동안에도 민간무역은 활발했다. 이 기간에 송나라 상인들이 57번이나 고려에 다녀갔으며 그 수는 1,500명이 넘었다.

또한, 문종, 인종, 의종 시기를 거치는 11~12세기 130여 년 사이에 고려 사신이 송나라에 건너간 것은 57번이며 송나라 사신이 고려에 왔던 것은 30번이었으나, 송나라 상인이 고려에 왔던 것은 120번에 5,000명이나 되었다고 한다. 이것은 고려와 송나라 사이에 공무역보다 민간무역이 훨씬 많았다는 것을 보여준다.7

아랍 상인도 고려를 찾아왔는데, 고려는 서남아시아에 있는 국가들과도 아랍

---

5 김용만, 『지도로 보는 한국사』(수막새, 2004), 92~97쪽; 교원대학교역사교육과교수진, 『아틀라스 한국사』, 37, 43, 54~55쪽.

6 심재석, 『고려국왕 책봉연구』(혜안, 2001), 27~35, 306쪽.

7 이원명, 『고려 시대 성리학 수용 연구』(국학자료원, 1997), 29~31쪽.

상인들을 통해 간접적으로 무역했다. 이때 아랍 상인들을 통해서 고려의 외국식 표기인 '코리아'가 세계에 알려졌다.8

한편, 고려는 1274년 충렬왕이 몽골 쿠빌라이칸의 딸과 결혼하여 몽골의 사위 나라(부마국)가 된 이후 공민왕(재위 1351~1374)에 이르기까지 5명의 왕이 8명의 몽골 공주와 결혼하는 등 100년 동안 몽골과 책봉관계에 있었다.9 그런데 1368년에 건국한 명나라가 원나라를 만리장성 북쪽으로 몰아내는 등 몽골의 세력이 점점 약해지는 틈을 타 공민왕은 1370년에 명나라로부터 책봉을 받아 친명반원정책을 시작했다. 공민왕의 책봉으로 명나라에 대한 사대주의가 시작되었으며, 이것이 명나라에 의한 조선 국왕의 책봉과 사대주의로 이어졌다.

중국의 책봉제도는 기원전 11세기 은나라가 멸망한 후 황하유역을 차지한 주나라가 통치의 편의를 위해 사방 100리, 70리, 50리 규모로 땅을 나누어 형제, 친척, 공신 등 제후들에게 나눠주고 천자는 중앙에서 1,000리의 땅을 관장하는 봉건(분봉)제도를 만든 것에서 유래했다. 이것이 책봉제도와 사대주의의 시작이 되었다.10

앞서 살펴본 대로 정도전은 '삼대'를 조선에서 실현하려 했다. 또한 주자학이 생겨난 남송을 명나라가 이었으므로 삼대의 정통성이 명나라에 이어졌다고 보았다. 또한 정도전은 야만족인 몽골의 원나라를 물리친 명나라는 한나라와 당나라보다도 우수하다고 보았으며, '주례'를 이어받았으므로 명나라 천자를 주나라 무왕에 비교했다. 정도전은 기자조선의 문화가 주나라와 같았으므로 조선

---

8 박용운, 『고려시대사(상)』, 328~330쪽; 교원대학교역사교육과교수진, 『아틀라스 한국사』, 78~79쪽; 김용만, 『지도로 보는 한국사』, 162~163쪽.

9 심재석, 『고려국왕 책봉연구』; 이한수, 『고려에 시집온 징기스칸의 딸들』(김영사, 2006) 두루 참조.

10 심재석, 『고려국왕 책봉 연구』, 19~20쪽.

과 명나라의 문화도 같다는 주장을 펼치면서 이성계를 기자에 비교했다. 주나라의 문화가 명나라에서 다시 태어났던 것처럼 기자조선의 문화가 조선에서 꽃을 피울 수 있다고 생각한 것이다.11

주나라 때는 민생이 안정되었고, 무엇보다 재상권이 강화되어 유교 정치의 최고 덕목인 인정이 시행되었다. 바로 성군과 현인이 다스리는 시대였다. 정도전은 주나라 시대를 현명한 재상이 실권을 쥐고 제왕을 보필하여 이상적인 정치를 구현한 시기로 보았다. 군주가 현명하고 재상까지 현명하면 가장 이상적이지만, 군주가 현명하지 못하더라도 재상이 현명하면 정치가 잘 운영될 것으로 판단했다.12

주나라와 명나라의 문화를 존경하고 따름으로써 조선을 이상국가로 만들겠다는 정도전의 생각은 조선 소중화주의 사상의 뿌리가 되었다. 정도전은 『조선경국전』에서 "조선은 예로써 사대를 행하여 중국과 통교하고 공물을 바치며 세시에 따라 사신을 파견한다. 이것은 제후의 법도를 닦고 제후의 직무를 보고하기 위한 것"이라고 했다.13 조선의 기본법이라고 할 수 있는 『경국대전』(1485)에는 명나라에 사대하려고 보내는 사신의 직급과 임명절차, 그리고 명나라에서 오는 사신을 영접하는 절차와 방법을 자세히 설명했다.14

이렇게 주나라와 명나라에 대한 정도전의 존경심은 사대주의로 변화되었다. 북방민족에 대한 사대는 군사적인 침략을 피하려는 방편이었지만, 명나라에 대한 사대는 군사적인 위협을 피하는 것뿐만이 아니었다. 명나라는 유교 문화의 수준에서 조선과 같았지만, 강국이며 대국이었다. 대소, 강약의 차이에 따른 위

---

11 한영우, 『정도전 사상의 연구』, 172~180쪽.

12 같은 책, 43쪽.

13 정도전, 『조선경국전』, 76~77쪽. 이에 대한 한영우의 긍정적인 주석을 참조(77쪽).

14 윤국일 옮김, 『경국대전』(신서원, 2005), 234~236쪽.

계질서를 긍정하는 유교 원리에서 대국과 소국의 차이는 곧 군신관계로 이어졌다. 즉 조선은 명나라의 신하가 되는 것이다.

정도전은 명나라에 대한 외교형태를 다음과 같이 정했다. 첫째, 조선은 명나라의 제후국으로서 명분을 확실히 한다. 둘째, 조선은 명나라 천자의 승인장과 인장을 받아 왕의 즉위를 합법화한다. 셋째, 명나라의 연호와 달력을 사용하고 명나라에 정기적으로 조공한다. 정도전이 1395년에 지은 『고려사』는 이러한 명분에 맞추어 고려 역대 왕들의 호칭을 조(祖) 또는 종(宗)을 쓰지 않고 왕으로 썼으며, 왕이 전하는 말을 천자가 쓰는 '조칙(詔勅)'이 아닌 '교서(敎書)'로 바꾸었다. 대외적으로는 중국에 사대하는 제후국이었지만 국내정치에서는 황제국의 국가체제와 형태를 가졌던 고려를 완전히 제후국으로 바꾼 것이다.15

정도전이 명나라에 대한 사대관계를 능동적으로 수용하여 명나라의 부당한 간섭과 압력을 배격하고 천자국으로서 도덕규범의 실천을 요구함으로써 조선의 주체성과 자주성을 지키기 위해 사대주의라는 명분을 택했다고 생각할 수도 있다.16 그러나 정도전의 『조선경국전』과 이를 바탕으로 만들어져 조선 사회를 지배한 『경국대전』은17 사대주의를 법으로 정했다. 따라서 조선은 사대주의를 국가정책으로 선택했다.18

정도전의 사대론은 송시열의 소중화주의로 이어졌고, 그에 따라 조선은 500년 역사 동안 명나라와 청나라에 의지해야만 했다. 정도전의 사대론은 한반도의 국제관계를 강대국 의타적이고 수동적인 형태로 만들었다. 조선은 이러한 수동적 외교를 변명하기 위해 중화를 내세웠는데, 그 중화 문화를 이어받았다

15 한영우, 『정도전 사상의 연구』, 180~185쪽.

16 정도전, 『조선경국전』, 77쪽에 있는 한영우의 주석.

17 윤훈표, 『경제육전과 육전체제의 성립』(혜안, 2007), 54, 127, 284쪽.

18 윤국일 옮김, 『경국대전』, 234쪽.

는 문화적 우월감에 도취되어 나르시시즘(Narcissism)에 빠지고 말았다. 조선의 문화적 나르시시즘은 주변 국가와의 교류를 차단하고 은둔하며 명나라와 청나라만 바라보는 해바라기형 국가를 만들었고, 중국 삼대의 이상사회를 만든다는 과거지향적인 쇄국정책을 이끌었다.19

명나라는 몽골족의 원나라를 무너뜨리고 세운 한족의 나라로, 주자학을 관학(官學)으로 삼았다. 주변 민족들에 대해서 우월의식이 강했고, 또한 문명과 야만으로 구별하는 이분법에 따라 천하의 질서를 잡으려 했다. 명나라는 건국 초기부터 북쪽으로는 몽골족의 침입, 남쪽으로는 왜구들이 침입으로 큰 피해를 입었다. 몽골과 일본은 더 많은 경제적 이득을 얻기 위해서 명나라에 조공의 횟수와 규모를 늘려달라고 요구했으나, 명나라는 오히려 횟수와 규모를 줄여 이들을 통제하려 했다. 특히 왜구를 막기 위해서 남쪽 해안 지역의 주민에게 바다에 나가는 것을 금지하는 '해금정책(海禁政策)'을 공표했다.

명나라 이런 조치는 거센 반발을 불러일으켰는데, 해안 지역에서는 여전히 왜구들이 기승을 부렸고 지방관리인 신사들은 밀무역으로 이득을 얻었다. 결국 1371년에 발표된 해금정책은 200년이 지난 1567년에 폐지되었다. 당시 동양 무역에 뛰어든 포르투갈은 명나라 군대를 도와 왜구들을 물리쳤는데, 이에 대한 보답으로 1557년에 마카오에 거주할 수 있는 특권을 얻었다. 이는 유럽 국가로서는 최초의 중국 진출이었다.20 한편, 명나라가 해금정책을 시행했던 또 다른 이유는 1402년 영락제에게 황제 자리를 빼앗긴 견문제의 세력이 다시 일어나는 것을 막으려는 목적이기도 했다.

조선은 이상국가로 숭배한 명나라의 문명과 야만을 구별하는 이분법적인 조

---

19 기무라 간, 『조선/한국의 내셔널리즘과 소국의식』, 46~84쪽.

20 박한제, 『아틀라스 중국사』, 142~143쪽; 윤성익, 『명대 왜구의 연구』(경인문화사, 2007), 101~108쪽.

공제도를 받아들여 사대교린정책을 택했다. 사대는 문명국인 명나라에 강대국에 대한 예의를 지키는 것으로 조공과 책봉을 통해서 이루어졌고, 교린은 야만국인 일본과 여진족에 행한 것으로 조공무역을 허락했다. 『경국대전』에는 일본과 여진에서 오는 조공사들을 맞이하는 방법과 절차들이 자세히 설명되어 있다.[21]

명나라는 해금정책에 따라서 조선에 3년에 한 번씩 조공을 바칠 것을 요구했으나 조선은 조공무역을 통해서 이득을 얻기 위해서 일 년에 세 번 조공할 것을 요구했다. 명나라는 조선에 압록강 건너편에 있는 책문 한 곳에서만 조공무역을 하도록 허락했다.[22]

조선은 명나라의 해금정책을 본떠, 여진족에는 함경도 경성과 경흥에 무역소를 설치하여 조공무역을 허락했고, 일본에는 부산포와 내이포를 개방하여 무역하도록 했다. 조선의 폐쇄적인 해금정책은 해상무역의 쇠퇴를 초래했다. 고려 때까지 왕성했던 아랍 상인들의 왕래도 끊어지고 말았다. 박제가(1750~1805)는 『북학의』(1798)에서 "송나라의 배가 고려에 올 때 중국 남부의 명주에서 7일이면 황해도 예성강에 도착했는데 조선에 와서는 지난 400년 동안 다른 나라의 배가 한 척도 오가지 않았다"고 했다.[23]

조선과 명나라의 해상무역이 끊김에 따라 한반도와 중국의 해안 지역에서 왜구들의 활동이 더욱 활발해졌다. 왜구들의 약탈이 심해지자 조선은 세종 때인 1419년에 왜국의 근거지인 쓰시마를 정벌하고, 삼포(부산포, 제포, 염포)를 개방하여 일본 및 류큐와 무역하기도 했다.

조선이 주자학의 화이사상에 따라 문명과 야만을 구별하지 않고, 명나라의

21 윤국일 옮김, 『경국대전』, 235~238쪽.
22 이덕일, 『조선 최대갑부 역관』(김영사, 2006), 46, 90~98쪽; 김용만, 『지도로 보는 한국사』, 224~225쪽.
23 박제가, 『북학의』, 240쪽.

폐쇄적인 대외정책을 따르지 않았더라면 임진왜란과 정유재란은 일어나지 않았을 것이다. 또한 정묘호란과 병자호란도 피할 수 있었을 것이다.

일본이 조선과 교류확대를 요구하며 일으킨 삼포왜란(1510)은 임진왜란과 정유재란으로 이어졌다. 주자학의 이기이원론에서 보면 일본을 야만으로 보는 조선의 교린정책은 이의 세계이고, 무사들 간 전쟁으로 조선의 물자가 필요했던 일본은 기의 세계이다. 왜란은 기의 세계가 이의 세계를 이긴 것이었다.

한편, 만주의 여진족을 야만으로 보는 화이사상의 교린정책은 여진족과의 교류를 막았기 때문에, 조선은 여진족이 후금(1616)으로 발전하고 청나라(1636)를 세우는 것을 알지 못하고 명나라에 대한 사대주의만 고집했다. 효종의 북벌정책과 송시열의 소중화주의는 명나라에 대한 사대주의의 결과였다. 여진족의 움직임을 알고 이에 대처하여 다원외교를 펼치려 했던 광해군은 신권론자들의 인조반정(1623)으로 물러났다.24

정묘호란과 병자호란의 발발 원인은 조선이 명나라에만 조공한다는 데 있었다. 사대주의가 조선을 비롯한 한반도 국가들이 살아남기 위한 방법이었다고는 하지만, 조선의 명나라에 대한 사대주의는 압력과 위협에 의해 이루어진 것이 아니라 스스로 선택한 폐쇄정책이고 고립정책이었다. 그리고 그 배경에는 배타적인 주자학이 있었다.

---

24 한명기, 『탁월한 외교정책을 펼친 군주 광해군』(역사비평사, 2000) 참조.

6

송시열, 주자의 후계자를 꿈꾸다
예송논쟁과 소중화주의

1659년(기해년)에 북벌정책을 펼친 효종이 재위 10년 만에 40살의 나이로 사망했다. 이때 아직 35살이었던 효종의 계모 자의대비의 상복을 두고 집권당인 서인과 남인 사이에 논쟁이 생겨났다. 서인당은 자의대비가 1년간 상복을, 남인당은 3년을 입어야 한다고 주장했다. 예치로서 중국 삼대와 같은 이상국가를 이루려 했던 조선은 『주자가례』의 예의를 중요하게 여겼다.

서인과 남인은 모두 『주자가례』의 예의를 지키려 했으나, 그 해석을 두고 논쟁이 벌어졌다. 『주자가례』는 명나라의 구준이 가례에 관한 주자의 학설을 수집하여 만든 책으로, 조선은 이를 받아들여서 예학의 정통으로 삼았다. 『주자가례』는 가문의 동질성과 결속을 다지기 위한 생활규범으로 장자상속을 규정했다. 이 규정에 따르면 부모상에는 자녀가 3년 동안 상복을 입도록 했다. 장자가 죽으면 부모가 3년 동안, 차남 이하는 1년 동안 상복을 입도록 했다.

서인의 중심인 송시열(1607~1689)은 효종이 비록 왕위를 계승했지만 가통으로 보면 먼저 세상을 떠난 소현세자가 장자이고 봉림대군 효종은 차남이므로 자의대비는 1년 동안 상복을 입어야 한다고 했다. 예치의 근본이념에는 임금도 일반가문과 마찬가지로 종법에 따라야 한다고 했다. 이에 대해서 남인의 중심인 윤휴는 장자가 죽으면 본부인에게서 태어난 차남이 장남이 되므로, 자의대비는 3년 동안 상복을 입어야 한다고 주장했다. 왕의 가문과 일반 가문의 종법을 같이 할 수 없다는 것이었다.

이에 송시열은 장남과 차남 구별 없이 모두 1년 상복을 입는다는 『경국대전』과 명나라의 법률인 『대명률』의 규정에 따르자고 주장했다. 결국 자의대비의 상복은 서인 송시열의 주장대로 1년으로 결정되었다. 효종 사망 이후의 상복논쟁을 '기해예송' 또는 '제1차 예송논쟁'이라고 한다.

기해예송 15년 후인 현종 15년 갑인년(1674)에 효종의 비 인선왕후가 죽자 기해예송의 당사자였던 효종의 계모 자의대비가 살아 있었으므로 또다시 그녀의 상복 논쟁이 시작되었다. 이것을 '갑인예송' 또는 '제2차 예송논쟁'이라고 한다. 『경국대전』에 따르면 맏며느리가 죽으면 시어머니는 1년 상복을, 둘째 며느리가 죽으면 9개월 상복을 입도록 규정했다. 집권당인 서인은 효종이 차남이므로 9개월 상복을 입어야 한다고 결정했다. 이에 대해 남인은 15년 전 기해예송에서는 장남과 차남을 구별하지 않고 1년 상복을 입혀놓고 이제는 다시 구별한다고 항의했다. 현종으로서도 아버지 효종을 차남으로 대우하는 것은 도리가 아님과 동시에 후계자인 자신의 정통성에도 문제가 생기는 일이었다.

이렇게 논란을 거듭한 끝에 자의대비의 상복을 1년으로 결정하고, 15년 전 기해예송에서 1년으로 했던 것은 3년으로 고치게 되었다. 이로써 15년 동안 이어온 상복을 둘러싼 서인과 남인의 예송논쟁은 끝이 났다. 동시에 서인 정권이 막을 내리고 남인이 집권당이 되었다.1

---

1 서인과 남인의 예송논쟁을 둘러싼 15년 동안의 논쟁에 대해서는 허건수, 『조선후기 남인과 서인의 학문적 대립』(법인문화사, 1993), 181~308쪽 참조.

상복을 둘러싼 예송논쟁은 1575년(선조 8) 훈구파와 대립하던 사림파가 동과 서로 분당된 당쟁에 뿌리를 두고 있다. 더 깊이 파고들자면 경상남도 밀양 출신 사림파 김종직이 정계에 진출하면서부터이다. 김종직은 훈구파와 대립하면서 세조의 왕위찬탈을 풍자하는 「조의제문」을 지었는데, 그가 죽은 후에 벌어진 무오사화(1498, 연산군 4)의 원인이 되었다. 김종직은 영남학파의 시조가 되었으며 영남학파의 정치사상은 남인의 정치사상을 뒷받침했다. 김종직의 학통을 이어받은 조광조는 요순 시대의 이상사회를 실현하려고 사림파를 중심으로 개혁을 추진했는데, 기묘사화(1519)로 숙청되었다.2

동인은 1591년(선조 23) 남인과 북인으로 분당되었는데, 남인 정치사상의 기본은 주자학의 이기이원론이었다. 남인의 학통을 세운 영남학파의 대표적 사상가는 이퇴계와 성혼이다. 한편, 서인의 사상적 뒷받침은 이율곡을 중심으로 하는 기호학파로서 이기일원론적 이원론을 기본사상으로 했다.

조선 정치의 특징은 관료들이 모두 주자학을 공부한 학자와 선비들이었다는 것이다. 훌륭한 학자는 동시에 훌륭한 관료였다. 즉, 학문과 정치가 분리되지 않았다. 학자들은 실제 사회 상황을 잘 모르면서 논리와 명분만을 생각하고 자기 주장만 하는 경향이 있다. 특히 주자학을 공부한 학자·관료들은 형이상학적 이만을 숭상하고 형이하학적 기를 배척했기 때문에 물질적인 기가 지배하는 현실 사회를 제대로 다스리지 못했다. 단지 선과 악을 구별하는 이분법에 따라 배타적이고 폐쇄적인 정치를 펼친 것이다.

이처럼 조선의 정치는 주자학적 원리주의를 따랐는데, 원칙에 맞는지 여부를 따지는 명분에 집착하다 보니 현실세계의 실리를 따지지 못했을 뿐만 아니라 멀리했다. 조선의 주자학은 이기이원론의 이와 기 중에서 이상주의 형이상학

---

2 이종호, 『정암 조광조』(일지사, 1999) 두루 참조.

이만을 숭상하고 백성들의 현실세계인 형이하학 기를 무시했다. 이는 조선의 주자학이 반쪽 주자학임을 보여준다.

예송논쟁에서 『주자가례』의 원칙을 주장하며 논쟁을 주도했던 송시열과 서인은 조선을 동방의 주나라로 만들겠다고 한 정도전보다 한 수 위였다. 송시열은 "주자의 글에는 한 글자, 한 문장도 이치에 어긋남이 없다. 말씀마다 옳은 분도 주자이고, 일마다 맞는 분도 주자이다"라면서 주자의 완전성과 절대성을 강조했다. 또한 "내가 배운 것은 주자대전뿐이고 학문하는 사람은 하루라도 『주자어류(朱子語類)』가 없어서는 안 된다. 의복을 팔아서라도 사야 한다"라며, 말그대로 주자가 되려고 노력했다.3 실제로 서인의 분파인 노론에서는 송시열을 성인으로 받들어서 '송자'라고 했다.4 이를 위해 송시열은 서인의 사상적 배경인 기호학파의 시조 이율곡과 성혼을 문묘 종사하도록 하여 주자-율곡-우암 송시열로 이어지는 주자학의 도통을 완성함과 동시에 영남학파에 대한 열세를 만회하여 조선의 주자학을 주도하려고 했다.5

송시열은 주자학의 도통을 세우기 위해 남송과 명나라가 그랬던 것처럼 이기이원론의 이분법을 강조했다. 국제적으로는 문명과 야만(화이)을, 국내 관료사회에서는 군자와 소인을, 학문사회에서는 주자학을 정학으로 하고 노장사상, 불교, 양명학을 이단사학으로 구별했다. 주자학 원리주의를 통해서 주자의 도통을 이음과 동시에 조선을 중국(중화)으로 만들려고 한 것이다. 이것이 송시열이 주장했던 조선 소중화주의 논리이다.6

---

3 김준석, 『한국중세 유교정치 철학사론(I)』(지식산업사, 2005), 229~231쪽.

4 이덕일, 『당쟁으로 보는 조선역사』(석필, 2003), 12쪽; 유근호, 『조선조 대외사상의 흐름』 (성신여자대학교 출판부, 2003), 104쪽.

5 김준석, 『한국중세 유교정치 철학사론(I)』, 232, 261~310쪽. 이율곡, 성혼의 문묘 종사에 대하여는 허권수, 『조선후기 남인과 서인의 학문적 대립』, 15~180쪽 참조.

인조는 1636년 3월 전국 8도에 교서를 내려서 명나라에 대한 사대ス와 의리를 위해서 후금과 관계를 끊는다고 선언했다. 그러자 나라 이름을 청나라로 바꾼(1636년 4월) 후금의 태종은 1636년 12월에 12만 군사를 이끌고 조선에 침입했다.7 정묘호란과 병자호란 이후 인조는 야만이라고 멸시하던 여진족의 청나라 태종에게 삼전도에서 세 번 무릎을 꿇고 아홉 번 머리를 조아리는 '삼배구고두'의 굴욕을 당했다. 삼전도의 굴욕으로 조선은 명나라와 국교를 단절하고 청나라와 군신관계를 맺으며 청나라 연호를 쓰기로 약속했다. 두 번의 호란으로 온 나라가 불타고 사람이 죽었을 뿐만 아니라 60만 명이 청나라에 노예로 잡혀가서 1543년(중종 38)에 1,164만 명이던 인구가 1642년(인조 20)에는 1,076만 명으로 줄었다.8

그러나 조선은 청나라에 사대하면서도 청나라가 내리는 조선왕의 시호와 청나라의 연호를 사용하지 않으려고 했다. 또한 야만족의 나라인 청에 사신으로 가는 것을 온갖 구실을 내세워서 피하려고 했다.9 1644년에 명나라가 청나라에 의해 멸망하자 조선은 숭명반청(崇明反淸) 정책을 강화하여 청나라에 대한 북벌을 주장했다. 청나라에 인질로 갔던 효종과 송시열은 북벌정책을 통해 임진왜란 때에 군대를 보내준 명나라에 대한 의리와 은혜(再造之恩) 및 삼전도의 굴욕을 복수하려 했다. 그러나 북벌정책이 실제로는 왕위계승을 둘러싼 소현세자에 대한 효종의 부담을 덜고, 왜란과 호란으로 혼란스러워진 민심을 수습하려는, 지배체제를 유지하기 위한 이데올로기로 작용한 측면도 있었다.10

---

6 김준석, 『한국중세 유교정치 철학사론(I)』, 230쪽.

7 이덕일, 『당쟁으로 보는 조선역사』, 149쪽.

8 주돈식, 『조선인 60만 노예가 되다』(학고재, 2007), 79쪽.

9 유근호, 『조선조 대외사상의 흐름』, 89쪽. 「조선후기 왕들, 청나라로부터 받은 시호를 철저히 숨기려 했다」, ≪조선일보≫, 2007년 9월 11일 자.

조선은 세조 때에도 단군신앙을 간직하고 정기적으로 단군 묘에 제사를 지내왔으며, 평양의 구월산에서도 단군 제사를 지냈다. 이때에도 주자학자들은 기자를 더 숭배했다. 기자조선은 주나라의 책봉을 받았기 때문이었다. 이런 숭명사상, 그리고 주자의 정통성을 이어받으려는 의지는 소중화주의로 발전했다. 소중화주의는 멸망한 명나라의 중화사상을 계승한다는 의지로, 윗사람을 높이고 자기를 낮추는 '자소사대(字小事大)'에 따라 중화주의가 아닌 '소(小)'중화주의를 표방한 것이다. 조선은 숭명존화사상에 따라 1704년(숙종 30) 창덕궁에 대보단을 설치하여 명나라의 황제들(태조, 신종, 의종)을 제사지냈다. 특히 신종은 임진왜란 때에 조선에 군대를 보낸 황제였다.11

소중화사상에 따라 조선은 청나라에 사대의 예을 갖추어 조공을 바치면서도 그 이외의 교류는 멀리했다. 또한 청나라의 문물은 야만인의 것이라며 받아들이기를 거부했다. 이에 대한 반성으로 조선 후기에는 청나라의 것이라도 좋은 것은 받아들여야 한다는 실용주의적인 태도를 보인 북학이 생기기도 했다. 조선은 친명반청정책과 사대교린정책으로 국제관계에서 폐쇄적인 쇄국정책을 펼쳤고, 그나마 숭배하던 명나라마저 없어지자 국제무대에서 홀로 서기를 해야 했다.

사실, 명나라는 건국하고 얼마 지나지 않아 지배 이데올로기로서 주자학을 포기했다. 그럼에도 조선은 주자학에 얽매여 이의 이상사회라는 우물 안에 갇혀 당쟁만 계속했다. 다른 사상이나 논리는 주자학 절대주의 속에 자리를 잡을 수 없었다. 조선의 당쟁은 우물 안에 갇힌 개구리들의 싸움이었다.

청나라에 인질로 있으면서 청나라와 서양의 문물을 비롯한 새로운 세계를 공

---

10 이덕일, 『당쟁으로 보는 한국사』, 228쪽; 김준석, 『한국중세 유교정치 사상사론(I)』, 229쪽.
11 유근호, 『조선조 대외사상의 흐름』, 98~104쪽. 대보단에 대해서는 정옥자, 『조선후기 조선중화사상연구』(일지사, 1998), 100~183쪽.

부하고 돌아온 소현세자는 왕위에 오르지도 못하고 의문의 죽음을 맞았다. 명나라와 청나라의 싸움에서 균형을 잡으려던 광해군은 인조반정(1623)으로 물러난 이후, 15년 동안(1608~1623) 임금 자리에 있었음에도 왕의 칭호를 받지 못하고 임금이 되기 전 칭호인 '광해군(光海君)'으로 역사에 남았다. 광해군이 청나라에 대항하기 위한 명나라의 파병요청을 따르지 않고 불손했다는 이유 때문이었다. '광해군'이라는 칭호 자체가 인조반정을 일으킨 주자학 관료들이 지은 것이다.12

한편, 청나라에 파견되는 사신을 따라갔던 박제가는 청나라의 발전된 문물을 소개하는 『북학의』(1798)와 『진북학의』(1799)를 저술하여 북학사상을 펼쳤다. 그러나 북학사상과 실학사상은 등장시기가 너무 늦었을뿐더러, 주자학에 밀려난 재야사상이었다. 결국 조선은 18세기 이후 밀려오는 서양 세력과 이들의 문물에 대응할 만한 사상이나 방법을 찾지 못했다.13 주자학자들은 화이사상의 이분법으로 서학에 대항하여 정학(주자학)을 보호하고 사학(서학)을 배척한다는 위정척사사상으로 서양 세력에 맞섰다.14

이로써 조선은 세계역사의 대변혁기인 18~19세기에 홀로 고립되고 말았다.

---

12 한명기, 『광해군: 탁월한 외교정책을 펼친 군주』(역사비평사, 2000) 참조.

13 유근호, 『조선조 대외사상의 흐름』, 138~149쪽.

14 존화사상과 위정척사에 대해서는 정옥자, 『조선후기 조선중화사상연구』, 184~227쪽; 유근호, 『조선조 대외사상의 흐름』, 150~170쪽.

7

예치
조선 유교는 초기 단계에 있었다

인간은 모든 사회생활에서 수양과 수련과정을 거쳐서 고급과정에 이르게 된다. 훈련과정에서는 획일적이고 엄격한 원칙에 따르는 원리주의가 지배하지만 이 시기가 지나면 어느 정도 자유로운 독자성과 다양성을 가진다. 이러한 모습은 특히 성직자들의 수련 과정이나 학교 교육에서 자주 볼 수 있다.

유교의 사회적 훈련 목표는 '수신제가치국평천하(修身齊家治國平天下)'이다. 이것은 정치구조의 측면에서 보면 세계정부 논리이다. '세계(天下)'에는 '많은 나라(國)'가 있고, 나라는 '많은 집안이나 가문들(齊家)'로 이루어지며, 집안은 '개인들(身)'로 이루어진다. 이러한 정치구조의 지배자들은 '천(天)', '왕(王)', '후(侯)', '군(君)', '장(長)'의 칭호를 가졌다. 이에 따르면 중국은 하늘 아래 하나만 있는 천자가 지배하는 세계정부의 역할을 하며, 조선은 그 밑인 왕의 단계에 있다. 이것이 바로 유교의 세계질서인 '천하주의'이다. 따라서 지배자의 칭호로 따져보면 중국과 일본은 결코 사이좋게 지낼 수가 없다. 일본의 지배자도 중국과 같은 '천황(天皇)'의 칭호를 사용하기 때문이다. 중국과 일본의 갈등은 결국 하늘 높이의 싸움인 것이다.1

이 수신제가치국평천하를 사회발전의 관점에서 보면 인간수양의 과정이다. '수신제가'는 윗사람을 공경하는 효와 예의 단계이고, '치국평천하'는 사회조직을 유지하는 충과 사회조직을 지배하고 베푸는 덕의 단계이다.

조선은 지금부터 약 4,000년 전에 존재한 주나라의 예의를 본받겠다고 한 국가이다. 주자의 『주례』에 관한 강론을 묶어놓은 『주자가례』를 지켜 '예'의 나라가 되려 했다. 정도전은 『조선경국전』에서 "내가 그 나라(조선)를 동쪽의 주나라로 만들겠다고 공자가 말했으니 공자가 어찌 나를 속이겠는가?"라면서 조선을 『주례』의 이상국가로 만들려 했다.2 기원전 300년 전에 저술된 『삼국지』, 「위지」, '동이전'에는 공자가 춘추전국 시대의 혼란스러운 사회 상황을 한탄하면서 "조선은 누추하지 않은 곳이니 그곳에 가서 살고 싶다"라고 했다는 내용이 수록되었다. 더불어 조선을 '동방예의지국'이라며 칭찬하기도 했다.

여기서 잠깐 다른 나라의 사례를 살펴보자. 류큐는 1372년부터 중국에 조공을 바치기 시작했는데, 예의를 잘 지키는 나라라는 뜻으로 '수례지방'이라는 칭호를 받았다.3 중국 왕조들은 전통적으로 중화사상에 순응한 국가들에 '예'가 포함된 칭호를 내렸던 것이다. 이처럼 복종을 잘한다는 뜻으로 '하사'한 이름인 '동방예의지국'을 조선은 자랑스럽게 여겼다. 한국에서는 이 말이 나온 지 2,000년이 넘은 지금까지도 자랑스러운 뜻으로 여겨 자주 언급하고 있다.

조선은 『주례』의 이상국가가 되기 위해 '수신제가' 단계인 '효'와 '예'를 백성에게 가르쳤다. 태종은 1415년에 중국의 이름난 효자들에 대한 이야기를 모은 『효행록』을 출간했으며, 세종은 1431년에 중국과 조선의 충신, 효자, 열녀들의 이야기를 모아 모든 백성이 쉽게 읽을 수 있도록 글과 그림으로 엮은 『삼

---

1 중국의 세계질서관에 대해서는 김우현, 『세계정치질서』, 144~154쪽 참조.

2 정도전, 『조선경국전』, 40쪽.

3 김우현, 『세계정치질서』, 164쪽; 강효백, 『동양스승, 서양제자』(예전사, 1992), 298쪽.

강행실도』를 출간했다.『삼강행실도』는 유교의 근본인 '삼강오륜'을 가르치는 것이 목적인데, 부모를 위해 손가락을 자르는 등 몸에 상처를 내거나 생명을 버린 효자와 열녀들의 이야기를 실었다.

한편, 태종은 1407년에 향교 등 모든 교육기관에서『소학』을 가르치게 하고, 성균관 입학시험과 과거시험에『소학』을 포함하게 했다. 선조는 1586년에 한자를 모르는 백성을 위해『소학』을 번역한『소학언해』를 간행했다.『소학』은 주자가 제자에게 명하여 유교의 경전에서 충신과 효자의 이야기를 모은 책으로, 8살 정도의 어린아이들을 대상으로 한 유교 교육의 기초가 되는 서적이다. 여기에는 정치·사회조직의 기초 단계인 가족주의 사상이 담겨 있다.4 이처럼 조선은 '삼강행실'과『소학』교육을 통해서 백성에게 '예'의 기초를 가르쳤는데, 이는 곧 예를 통치의 수단으로 삼은 것이다.

이처럼 조선은 어린이 수준의『소학』을 바탕으로 하는 예치를 통해 백성들을 다스리려 했는데,『소학』원리주의를 주장하는 사림파들이 정계에 들어오면서 사화와 당쟁이 그치지 않았다. 사림파들은 신권론자들로, 예치의 기본 이념인『주자가례』의 종법은 모든 사람에게 해당하므로 임금도 이를 수양하고 예를 지켜야 한다는 '왕도정치(王道政治)'를 주장했다.5

영남학파의 시조이며 주자학 원리주의자인 김종직은 정계에 진출하여 훈구파를 욕심 많은 소인배라고 비난하면서 분쟁을 일으키는가 하면, 세조 때에는 선비들은 공업과 상업을 멀리해야 한다고 세조의 기술장려정책을 반대하다가 미움을 받기도 했다.6

---

4 김상문,『유교의 예치이념과 조선』(청계, 2007); 이재정,『조선출판주식회사』(안티쿠스, 2008),
  21~48쪽; 김준석,『한국중세 유교정치 사상사론(I)』, 95~188쪽.
5 이정민, 「영조의 소학교육 강화와 지향」, 정옥자 엮음,『조선 시대 문화사(상)』(일지사, 2007), 324~ 352
  쪽 참조

세조가 단종의 왕위를 빼앗은 것은 예의에 어긋난다는 「조의제문」으로 무오사화의 원인을 제공한 김종직은 부관참시되었고, 「조의제문」을 사초에 실은 그의 제자 김굉필도 유배되었다가 1504년 갑자사화 때에 사약을 받고 죽임을 당했다. 김굉필은 『소학』의 매력에 빠져서 연산군 때에 '소학계'라는 정치조직을 만들고 평생 『소학』을 몸에 지니고 다녔기 때문에 '소학동자'라는 별명을 가졌을 정도의 주자학 원리주의자였다.7

조광조는 김굉필의 제자로서 김종직의 학풍을 이어받아서 도교의 일월성신을 제사지내는 소격서를 미신이라고 하여 폐지했다. 또한 젊은 사림파들을 관료로 임명하는 등 주자학 원리주의 개혁을 통해서 중국 삼대의 이상사회와 왕도정치를 실현하려다가 미움을 받고 1519년 기묘사화로 귀양보내졌다가 사약을 받았다.

조선의 사화와 당쟁은 주자학의 예의에 어긋나는가를 기준으로 하는 소인과 군자의 논쟁이었고, 또한 예치를 중심으로 한 '신권론'과 '왕권론'의 싸움이었다. 주자학의 초기 단계이며 획일적인 원리주의인 '이'가 만들어낸 예치가 이를 뒷받침하는 양반제도와 함께 조선 500년의 지배 이데올로기가 된 것이다. 이의 주자학이 만든 머리만 크고 몸은 빈약한 사회는 사회변화에 따르지 못하고 고립되었다.8 조선의 주자학은 결국 '기의 주자학'이 없는 반쪽 주자학이었다. 기를 부정함으로써 사회의 물질적 발전도 불가능했다.

조선에서는 유교 초기 단계인 수신제가의 '예'와 '효'만 주로 강조되었기 때문에 집안이나 출신지역, 혹은 학파의 이익만이 우선했다. 이것은 구양수와 주

---

6 한영우, 『조선 시대 신분사 연구』(집문당, 1997), 29쪽.

7 이종호, 『정암 조광조』(일지사, 1999), 34쪽.

8 김상준, 『유교의 예치이념과 조선』; 신동준, 『조선의 왕과 신하, 부국강병을 논하다』 두루 참조.

자가 말한 소인당의 수준이며 이것이 당쟁의 원인이 되었다. 즉, 사회 전체와 국가를 생각하는 '충'과 '덕'을 베푸는 '치국평천하'의 수준에는 미치지 못했다.

두 번의 왜란과 두 번의 호란이 끝난 17세기 후반에는 전 국토가 황폐화되고 곳곳에 떠돌이가 넘치는 등 사회기강이 무너졌다. 그러나 왜란과 호란의 원인인 주자학의 폐쇄성에 대한 반성은 없었다. 오히려 관혼상제의 가례와 마을 사람들이 모여서 함께 술을 마시는 향음주례, 함께 활쏘기를 하는 향사회 등 향약을 강조했다. 향약은 신분차이를 떠나 지역사회 구성원들의 도덕적 화합을 강조하려는 『소학』 보급운동이었다. 이는 송나라의 여대균이 고안하고 주자가 보완한 '여씨향약'에 근거한 것인데, 여씨향약은 농업발전에 따른 지역사회의 결속과 화해를 위한 주민통제의 수단이었다.9

---

9 이태진, 『조선 유교사회사론』(지식산업사, 1989), 83~89쪽; 김상준, 『유교의 예치이념과 조선』, 165~210쪽.

8

양반 독점체제, 사회발전을 가로막다

　'양반(兩班)'은 문관인 '동반(東班)'과 무관인 '서반(西班)'을 아울러 말하는 것
이다. 양반제도가 자리 잡기 시작한 것은 고려가 958년 과거제도를 시행하여
유교 경전을 시험과목으로 치르고, 992년에 유교 교육기관으로 국자감을 설치
하여 문신들을 길러 낸 이후인데, 특히 1290년대에 안향과 백이정이 고려에 주
자학을 받아들이면서부터이다.

　그러나 조선이 이의 주자학을 통치이념으로 삼으면서 주자학을 공부한 문관
들을 우대했기 때문에 '양반'이라는 말은 점점 문관인 동반만을 지칭하게 되었
다. 양반은 '사농공상(士農工商)'의 사회계층에서 '사'족에 해당하며, 유교경전
을 읽고 공부하는 것을 업으로 했다. 이들은 과거시험을 통하여 관리가 될 수 있
었으므로 '사대부(士大夫)'라고도 했다. 사대부는 선비를 뜻하는 '사'와 관리를
뜻하는 '대부'를 합친 것이다. 양반은 족보를 만들어서 농·공·상 계층과 거리를
두었다.

　그런데 사농공상은 직업으로 계층을 구분한 것이다. 본래 조선의 신분제도는
양인과 천인만을 구분하는 양천제(良賤制)이다. 양인은 직업의 귀천에 따라 양

반, 중인, 상민으로 구분되는 것으로, 이것은 천인이 아니면 누구나 능력에 따라서 양반이 될 수 있다는 논리이다. 양반도 일단은 양인에 속하기 때문이다.[1]

'중인(中人)'은 서울의 중앙에 있는 '육전거리' 근처에서 살았다는 데서 나온 이름이다. 사대부들의 4색 당파에 끼어들지 않는 중간에 있는 사람이라는 뜻이기도 하다. 양반과 평민(상민) 사이에 있는 계층으로 주로 의관, 역관, 화원, 기술관 등의 직업을 가졌는데, 대부분 기술전문직으로 기의 주자학에 속하는 것들이었다. 신분상으로는 첩의 자식인 서얼 출신이 많았다.[2] 바꿔 말하자면, 서얼 출신들은 양반 대부가 될 수 없었으므로 중인이 된 것이다. 이런 서얼 차별은 다른 나라에는 없는 제도로 조선 시대에만 있었다.[3] 이처럼 서얼은 능력이 있어도 고위 관리가 될 수 없었으므로, 조선 후기 주자학에 대한 반성으로 생겨난 북학과 실학에 서얼 출신이 대거 참여하여 신분의 제약을 극복하려 했다.

양반은 교육을 받고, 관리가 되고, 군역을 면제받는, 즉 국방의 의무에서 제외되는 특권을 누렸다. 따라서 두 번의 왜란과 두 번의 호란에서 양반의 힘은 별로 도움이 되지 못했다. 몇몇 양반이 의병을 모아 항쟁을 주도했다고는 하지만, 의병의 대부분은 평민과 천민이었다. 양반들이 의병항쟁을 주도했다는 것은 역사의 잘못에 대한 자기변명에 불과하다. 양반이 의병항쟁을 할 의지가 있었다면 그전에 대비했어야 했다. 전란에 대비하여 자기를 지키려는 것은 진정한 민족주의이지만, 발발한 다음에 이에 항쟁하는 것은 뒤늦게 자기 잘못을 뉘우친 약소국가의 저항민족주의이다. 이것은 매 맞은 후에야 눈 흘기는 '왜 때려' 민

---

1 사회계층 구분에 대해서는 한영우, 『조선 시대 신분사 연구』(집문당, 1997), 157~207쪽; 조우영, 『경국대전의 신분제도』(한국학술정보, 2008) 두루 참조.

2 전옥자, 『조선후기 중인문화 연구』(일지사, 2003); 한영우, 『조선 시대 신분사 연구』, 69, 184~188쪽.

3 조우영, 『경국대전의 신분제도』, 289쪽.

족주의이다. 무엇보다 왜란과 호란이 끝난 이후에도 당쟁이 계속되었다는 점에서 양반 계층의 반성이 자기변명에 불과했다는 사실을 알 수 있다.

관직에 있는 양반이 국가에 봉사하는 직역을 담당한다는 이유로 군역이 면제되는 것과 같은 맥락에서 관직에 들어가기 위해서 공부하는 학생들에게도 군역이 면제되었다. 지방 양반들은 군역을 피하려고 향촌 교육기관인 향교에 입학했다. 평민들 역시 군역을 피하려고 앞다투어 향교에 입학했다. 이에 양반들은 향교에서 평민들과 자리를 함께할 수 없다고 향촌사회를 떠나 문중이 운영하는 사숙(서당, 서재)으로 이동했다. 사설학교인 사숙은 서원으로 발전했다. 이처럼 서원은 혈연, 지연 등의 관계를 배경으로 성립되었으므로 각기 다른 학풍을 가지게 되었다. 반면 관학인 향교에는 평민과 서얼들만이 남게 되었다.4

일반 평민들은 군역면제와 관리등용을 위해서 향교에 입학하기도 했지만, 양반신분 획득을 통해 그런 권리를 확보하려 노력하기도 했다. 즉, 돈으로 양반신분을 사거나 양반의 족보를 위조하는 등의 방법을 통해 양반이 되었다. 규장각에 있는 대구지역의 호적대장을 자료로 조사한 신분변동은 <표 1>과 같다.

이 조사에 따르면 시간이 지나면서 양반은 늘고 상민은 점점 줄었다. 특히 노비호 수가 급격히 줄어든 이유는 노비들이 사회적 차별과 가혹한 납공(納貢)을 피해서 자신의 집을 버리고 양반집이나 상민집에 숨어들었기 때문으로 분석된다. 실제로 19세기 중엽의 노비 수는 전체인구의 30%에 달했다고 한다.5

주자학적 이상사회를 향한 선비정신을 가진 양반들은 무기를 다루는 무관들을 멸시했다. 선비는 글을 읽는 이의 세계에 속하고 무관은 기의 세계에 속했기

---

4 김준석, 『한국중세 유교정치 사상사론(I)』, 128~129쪽; 한영우, 『조선 시대 신분사 연구』, 228~230쪽.

5 미야지마 히로시, 『양반』(강, 2006), 254~260쪽; 이덕일, 『당쟁으로 보는 조선역사』, 194~ 195쪽.

〈표 1〉 조선 시대의 신분 변동

조사연도	양반호	상민호	노비호
1690	290호(9.2%)	1,694호(53.7%)	1,172호(37.1%)
1729	579호(18.7%)	1,689호(54.6%)	824호(26.6%)
1783	1,055호(37.5%)	1,616호(57.5%)	140호(5%)
1858	2,099호(70.3%)	842호(28.2%)	44호(1.5%)

자료: 미야지마 히로시, 『양반』(강, 2006), 255쪽.

때문이다. 여기에 이는 기를 배척했다. 그뿐만 아니라 군역을 담당하는 상민의 수도 줄어들면서 조선의 군사력은 점차 약해질 수밖에 없었다.

한편, 양반들은 농본이상국가를 세우기 위해 '본업'인 농업을 장려하고 '말업'인 공업과 상업은 억압했다. 따라서 양반이 공업과 상업에 종사하는 일은 있을 수 없었다. 당연히 공인과 상인은 관리가 될 수 없었다.6 양반들은 군사를 포함한 '기'에 속하는 직업에 참여하여 그 분야를 발전시키는 것이 아니라 그 직업들이 양반의 가치기준에 따르도록 억제하고 배척했다. 다양한 직업이 발생할 수 없도록 억압한 것이다. 이처럼 양반 독점체제는 다른 사회계층을 억압하고 군림하는 체제였다. 이 체제는 양반의 이익을 극대화하려는 것이 아니라 사회 전체를 양반의 가치기준에 따라 평준화시키려 했다. 그 기준에 따라 다른 사회계층은 모두 양반이 되려 했으므로 양반사회 자체는 점점 커졌다. 그러나 양반사회의 확대로 양반은 그 특수성을 잃게 되어 스스로 몰락하게 되었다.7

점점 늘어나는 양반과 선비가 오로지 주자학을 공부하여 관리가 되려고만 했던 것이 조선 당쟁의 원인이기도 했다. 양반 독점체제는 주자학 획일사회를 만들었다. 그리고 그 양반 독점체제가 무너지면서 조선 사회도 함께 무너졌다. 그

---

6 이장희, 『조선 시대 선비 연구』, 167~179쪽.

7 미야지마 히로시, 『양반』, 243~275쪽.

러나 중국의 상황은 달랐다. 주자학과 함께 발생한 사대부 계층인 '신사'는 관리는 물론 지주, 소작농, 임금노동자, 고리대금업자, 상인, 교사, 의사, 역술가, 자영업자, 예술가 등 다양한 직업에 종사했다.[8]

가장 높은 사회계층인 '신사'가 여러 직업에 종사함으로써, 각 분야는 다른 사회계층이나 직업 분야의 간섭과 억압을 받지 않고 독립적으로 발전할 수 있었다. 따라서 직업의 귀천을 따지지 않는 실용주의가 발전할 수 있었다. 이는 주자학 이외에도 다양한 철학사상이 공존했기 때문에 가능한 일이었다.

중국에서는 이앙법, 수차보급 등 농업발달에 따른 지주 중산층이 생겨난 다음에 이를 배경으로 지주 중산층의 이해관계를 대변하는 주자학이 생겨났다. 따라서 중국의 사대부들은 사회변화를 받아들이고 순응했다. 그러나 조선에서는 지주 중산층을 배경으로 하는 양반층이 생기기 전에 주자학이 수입되었기 때문에 문제가 발생했다. 양반층이 완성되는 과정에서 양반층의 횡포와 주자학의 명분논리가 갈등과 당쟁을 일으키는 원인이 되었다. 중국은 땅이 넓어서 주자학이 아닌 것들도 생성·발전할 수 있었지만, 조선은 땅이 좁아서 주자학이 아닌 것은 발 디딜 곳을 찾지 못했다.

일본 역시 '기'에 속하는 직업에 대한 편견이 없었다. 일본은 무사들이 지배하는 사회였다. 일본의 무사들 역시 조선의 양반과 같이 다른 직업을 가지지 않았다. 그러나 전쟁에서 이겨야 살아남을 수 있었고, 이기기 위해서는 좋은 기술로 만든 무기와 장비가 필요했기 때문에 번거로운 철학사상에 구애되지 않았다. 지방 영주인 다이묘(大名)들은 성 주변에 가신인 무사와 그의 가족들을 집단으로 살게 하고, 그 외곽지대에는 상업과 가내공업 지역을 구분하여 상인과 장

---

8 장충례, 『중국의 신사』, 김한식 옮김(신서원, 1993), 298~310쪽; 박한제, 『아틀라스 중국사』, 98~99, 122~123쪽; 마크 엘빈, 『중국역사의 발전형태』, 이춘식 옮김(신서원, 1989), 228, 241, 306쪽.

인이 점포와 공장을 운영하도록 했다. 이 지역을 '조카마치(城下町)'라고 했으며, 이들 상공인을 조닌(町人)이라고 했다. 이들은 농촌에 거주하는 것이 금지되었다. 조닌은 소비계층인 무사와 그 가족을 위한 생활필수품과 공산품은 물론, 좋은 기술로 만든 무기와 장비를 공급하는 서비스업 종사자들이었다.

도쿠가와 시대에 조닌의 수는 전체인구의 5~6%였고 무사계급인 사무라이는 6~7% 정도였다. 그러나 수도인 에도(江戶)에서는 전체인구 100만 명 중 사무라이와 그 가족이 절반을 차지했다. 조닌은 이 막대한 인구에 서비스를 제공했다.9 사무라이의 증가와 더불어 조닌의 수 역시 점점 늘어났고, 조카마치는 상공업을 중심으로 경제 발달과 문화의 중심지가 되었다.10

조닌은 자신의 일을 천직으로 생각하고 평생 일했기 때문에 전문지식을 갖춘 장인이 되었고, 직업은 대를 이어 계승시켰다. 적당한 후계자가 없으면 양자를 들여 자기 직업을 계승시켰다. 이런 전문인을 길러 내는 일본의 실용주의는 상업의 발달로 이어져, 상인의 등장과 공업 발전의 밑바탕이 되었다. 이는 일본이 산업화에 빨리 적응할 수 있게 했다. 따라서 일본의 사회계층은 표면적으로는 사(무사), 농, 공, 상으로 나누지만 실제로는 사, 상, 공, 농으로 이루어졌다.11

일본을 통일한 도요토미 히데요시는 일본을 통일하는 과정에서 무역상인들로부터 경제적 도움을 많이 받았으며, 임진왜란 때에는 상인들이 무역확대를 위해서 조선과 중국을 침략하도록 부추겼다고 한다.12

---

9 미나모토 료엔, 『도쿠가와 시대의 철학사상』, 박규태 옮김(예문서원, 2004), 105쪽.

10 황인영, 『일본 쪼개보기』(한국경제신문사, 1996), 172~173쪽.

11 같은 책, 173쪽; 하우봉, 『조선후기 실학자의 일본관연구』(일지사, 1992), 165쪽; 하우봉, 『조선 시대 한국인의 일본의식』(혜안, 2006), 189쪽.

12 황인영, 『일본 쪼개보기』, 63쪽.

9

양반에게는 국방의무가 없다

　조선은 농본이상국가를 만들기 위해서 나라를 세웠고 그 이상국가의 모형을 약 4,000년 전 중국의 주나라에 두었다. 이 시기는 인류역사에서 국가 형태를 갖춘 집단권력이 처음 생겨나는 시기이다. 맑스주의 역사발전론에서 보면 원시 공산주의에서 노예사회로 발전하는 시기에 해당한다. 조선은 주나라를 이상국가로 했기 때문에 통치규범은 『주례』를 따랐다. 『주례』에 의하면 군주는 예로서 덕을 베풀고 백성은 예로서 복종하고 따르니 무력으로 천하와 백성을 다스리는 것을 옳지 않다고 보았다.

　그에 따라 조선은 부국강병과 이에 관련된 기술학이나 군사적 재능을 천시하고 예학만을 존중했다. 주자학을 공부한 사람들은 신권론을 주장하면서 부국강병정책을 추구하면 국가주도권이 왕에게 집중되므로 반대했다. 사림들은 중앙집권보다는 자신들이 직접 지배할 수 있는 향촌 자치를, 농민들이 자기 땅을 가지는 자작농 제도보다는 지주제를, 모든 국민이 병역의무를 지는 의무군역제보다는 모병제를 주장했다. 그뿐만 아니라 도교, 불교, 민간신앙을 이단이라고 배척하고 오로지 주자학만을 내세웠다.1

조선에서 16~60살까지 모든 남자는 국가에 노동력을 바쳐야 했다. 이를 '국역(國役)'이라고 한다. 국역에는 요역(徭役), 직역(職役), 군역(軍役)의 세 가지가 있었다. 요역은 국가에 일이 생겼을 때에 노동력을 바치는 것이고, 직역은 직책을 가진 관리들이 국가에 봉사하는 것이며, 군역은 군인으로서 국방의 의무를 다하는 것이다.

관직을 가지고 있는 양반은 직역을 지고 있기 때문에 군역은 지지 않았다. 한편, 관직에 들어가기 위해서 공부하고 있는 학생도 군역이 면제되었다. 관직에 있지 않거나 학생이 아닌 양반은 상민(평민)과 마찬가지로 군역을 져야 했다. 그러나 군역을 면제받지 못한 경우라도 휴직관리에게 주는 직위로서 실무를 보지 않는 체아직(遞兒職)에 임명되든가, 양반의 아들들로 구성되는 내금위, 충의위, 충찬위, 충순위 등 특수군에 적을 두든가, 아니면 예비편제인 잡색군에 편성되든가 하는 식으로 역을 면제받았다.2

사실, 조선의 군대는 국방을 위한 것이라기보다는 내금위, 충의위, 충찬위, 충순위 등과 같이 왕실경호와 성곽수비를 위한 경찰 수준의 군대였다. 군대는 외국과의 전쟁을 위한 무력이지만, 경찰은 국가내부의 치안유지를 위한 무력이다. 군대는 평화를 유지하는 것이 목적이기 때문에 전쟁을 방지하고 전쟁에 이기기 위해서는 군비를 강화해야 하지만, 경찰은 국내의 질서를 잡고 혼란을 방지하는 것이 목적이기 때문에 필요 이상의 강한 힘이 필요 없다. 더욱이 주나라의 이상사회를 꿈꾸는 조선에는 강한 군대가 있어서는 안 된다.

결국 양반을 제외한 16살부터 60살까지 평민 남자들은 6년마다 군적에 올라 700일 동안 번을 섰다. 수도 한양(서울)에 가서 복무하는 것을 '번상'이라 하고

---

1 한영우, 『조선 시대 신분사 연구』, 29쪽.

2 이성무, 『조선초기 양반연구』(일조각, 1990), 171~174쪽; 차문섭, 『조선 시대 군제 연구』 (단국대학교 출판부, 1995), 1~3, 90~93쪽.

이를 '번상군'이라 했으며, 다른 도에 가서 복무하는 것을 '부방군'이라 하고, 자기 출신 도에서 복무하는 것을 '유방군'이라 했다.3

군제는 중앙군과 지방군으로 나누어져 있었다. 지방군은 중앙군에 비해 허술하게 조직되었다. 임진왜란 때 지방군이 쉽게 무너졌기 때문에 서울도 쉽게 점령된 것이다. 지방군의 군사력을 강화하기 위해 임진왜란의 와중인 1594년(선조 27)에 상민과 공사천민(公私賤民)으로 구성되는 '속오군'을 창설하여 이들의 거주지를 중심으로 하는 지역방어 체제를 갖추기 시작했다. 지역 수령이 속오군을 지휘·감독했으므로 속오군은 점차 영장제로 바뀌었다. 이처럼 천민과 양인이 함께 군 복무를 하는 와중에 천민이 군 복무를 통해 신분 상승할 기회를 잡는 등 새로운 사회적 변화가 발생했다.4 한편, 천민들로 구성된 속오군과 지역의 노비와 소작농이 중심이 된 의병들 사이에 갈등이 생기기도 했다.5

군역에 편성된 자에 필요한 비용은 국가가 부담하지 않고 같은 지역에 사는 상민(평민)이 부담하도록 했는데, 이 비용을 부담하는 사람을 '봉족' 또는 '보인'이라 했다. 봉족을 맡은 평민 장정의 수는 근무하는 지역과 군역의 종류에 따라 조금씩 차이가 있었다.6

봉족제도는 모든 군인에게 보인을 지급하여 군인을 경제적으로 도와줌으로써 군 복무를 피하지 않게 하려는 목적에서 시행되었다. 군 복무를 하는 한 사람의 군인에게 배당된 보인 2명씩을 한 보로 묶어서 봉족이라고 했다. 봉족에 묶인 보인 한 사람에게는 일 년에 쌀 12말 또는 무명천 2필을 부담하게 했다. 보인

---

3 윤국일 옮김, 『경국대전』, 348, 396쪽.

4 이홍두, 『조선 시대 신분변동 연구: 천인의 신분 상승을 중심으로』(혜안, 1999).

5 서태원, 『조선후기 지방군제 연구』(혜안, 1999), 38쪽.

6 봉족의 차이에 대해서는 윤국일 옮김, 『경국대전』, 396쪽; 이성무, 『조선초기 양반연구』, 193쪽 두루 참조

들은 같은 지역에 사는 평민들이었으며, 이들이 비용을 부담하지 못할 때에는 일가친척이나 마을이 공동으로 부담하게 했다. 보인이 부담을 감당하지 못하고 도망하면 일가친척도 도망하고, 군 복무를 하는 군인도 도망했다. 이러한 연쇄적인 도망은 조선의 군사제도를 약화시켰을 뿐만 아니라, 군역을 담당하는 주체가 농민이었으므로 농촌사회도 어지럽혔다.7 상민(평민)은 군역을 담당했을 뿐만 아니라 봉족으로 지정되어 경제적 부담과 함께 각종 세금제도의 문란으로 농민들은 농토를 버리고 도망하거나, 스스로 노력하여 양반이 되거나, 승려가 되거나, 세금부담이 없는 천민이 되거나, 부유한 양반집의 노비가 되었다. 따라서 양반과 천민의 수는 점점 늘어나는 반면, 국가의 재정을 부담하는 양인의 수는 점점 줄어들었다.

임진왜란 이전의 지방군 제도는 진관제로 주진, 거진, 제진으로 구성되었다. 주진에는 군관이 있었으나 거진, 제진에는 군사도 군관도 없는 진이 있었다.8 진관제는 행정조직에 맞춰 군사조직을 진으로 편성했기 때문에, 군사도 군관도 없는 진은 그 지역의 수령이 군사 지휘관을 겸했다. 진관제의 목적은 전국의 방위조직을 지역단위로 연결하는 것으로, 이러한 전략을 '제승방략(制勝方略)'이라 했다. 문관인 수령이 군사지휘권을 겸직하는 진관제도에 대해 류성룡은 『징비록』에서 "전쟁이 나면 군사지휘권을 가진 장수는 서울에서 나오고 병사는 시골에서 나오니 번잡하고 통제가 되지 않아서 양 떼를 몰아 전쟁터를 내보내는 것이니 어떻게 패하지 않겠는가"라고 평가했다.9

---

7 서태원, 『조선후기 지방군제 연구』, 23~26쪽. 정군과 보인을 둘러싼 부정부패에 대해서는 이성무, 『조선초기 양반연구』, 212~213쪽 두루 참조.

8 지방군제에 대해서는 윤국일 옮김, 『경국대전』, 308~316, 328쪽 두루 참조.

9 서태원, 『조선후기 지방군제 연구』, 27~28쪽; 류성룡, 『징비록』, 김홍식 옮김(서해문집, 2005), 41쪽.

영조 때의 병조판서 홍계희는 1759년에 균역법을 시행할 것을 주장하면서 다음과 같이 말했다.

삼남(경상·전라·충청), 경기, 강원, 황해 6도의 민호 수가 대개 134만인데, 이 중에서 몰락한 양반인 잔호와 홀로 사는 독호 72만을 빼면 62만 호이다. 그러나 이 중에서 사대부(양반)와 지방관리 등 양역을 부과할 수 없는 자가 5분의 4가 되니 실제로 양역에 응하는 민호는 10여 만에 불과하다. 이들의 일 년 수입이 쌀 10섬에 불과한데, 그중 절반은 밭주인에게 바쳐야 하니 20냥이나 되는 군역비용을 어떻게 마련하겠는가. 죽지 않으면 도망가게 되고, 도망간 사람이나 죽은 사람의 몫을 대신 충당할 길이 없다. 이에 더하여 죽은 사람에게도 세금을 물리는 백골징포(白骨徵布)와 어린아이에게도 세금을 받는 황구첨정(黃口簽丁)의 폐단이 많다. 이러한 부담을 친척이나 마을 이웃에게 씌워서 거두어들이니 죄수가 옥에 가득하고 시끄럽게 호소함이 국민의 화합을 상하게 한다.[10]

'양역'이란 군역의 다른 말로서 홍계희의 말처럼 가난한 10여만 호가 부유층을 포함한 134만 호의 군역을 담당했다. 세금을 부담하는 10여만 호는 사람 수로는 30~50만 명이 된다. 양반의 수가 점점 늘어남과 동시에 천민의 수도 점점 늘었다. 조선 초기 세종 때에는 천민이 전체인구의 25% 정도였으나 조선 후기인 19세기 중엽에는 30%에 달했다.[11]

한편, 천민이 속오군에 편입되었을 때에는 보인 1명이 배당되었다.[12] 천민의 군역은 조선의 군제 개편에서 항상 논쟁거리가 되었다. 1459년(세조 5)에 세조

10 이덕일, 『당쟁으로 보는 조선역사』, 196쪽.
11 한영우, 『조선 시대 신분사 연구』, 22쪽; 미야지마 히로시, 『양반』, 260쪽.
12 서태원, 『조선후기 지방군제 연구』, 25쪽.

는 왕권강화를 위해 천민들로 구성된 '장용대'를 만들었다. 장용대에 소속된 천민들이 공을 세우면 양인으로 신분 상승할 기회를 주어 군역을 담당할 평민의 수를 늘리고 천민의 수를 줄이려 한 것이다. 그러나 1475년 성종 때 신권이 강화되는 분위기 속에 사대부 양반들의 반발로 천민들은 장용대에 편성되지 못하도록 했다. 양반들은 자기들의 농업생산 수단인 노비를 잃으면 신권이 약화될 것을 두려워했으며, 평민들은 천민들과 함께 군역에 편성되는 것을 꺼렸기 때문이었다.13

임진왜란이 일어나기에 앞서 1583년 이율곡은 북쪽 여진과 남쪽 왜구의 위협으로부터 국가를 보존하기 위해 '10만 양병(養兵)'을 주장했다. 그는 이를 통해 천민이 군공을 세우면 양민이 될 수 있도록 하게 해서 국방력을 강화하려고 했다. 그러나 이율곡이 속한 서인보다 더 보수적인 동인의 반대로 실현되지 못했다. 동인의 양반사대부들은 노비가 양민이 되면 소유한 노동력을 잃기 때문에 적극적으로 반대했다.14 이율곡의 제자 조헌은 이율곡처럼 국방을 강화할 것을 여러 번 상소했으나 이 때문에 미친 사람 취급을 받았고, 유배를 당하기도 했다.15

1592년에 임진왜란이 일어났을 때의 상황을 기록한 류성룡의 『징비록』에 따르면 신권론을 주장하면서 향촌사회를 지배한 양반들, 그리고 신하와 관리들은 전쟁이 발발하자 앞다투어 피난길에 올랐다. 명종 때 이정암(1541~1600)의 『사류재집』에 따르면 왜란 이전부터 과중한 부역과 수탈로 양반사대부들에 대한 민원이 극심했던 황해도 지역에서는 왜군이 부역을 감면하고 공사천민을 모두 면천하겠다는 내용의 방을 붙이자 백성들이 자진해서 무기를 버리고 다투어

---

13 이홍두, 『조선 시대 신분변동 연구』, 75~95쪽.

14 같은 책, 119, 150쪽.

15 광주출판 편집부 엮음, 『조선 철학사 연구』(광주출판, 1988), 154쪽.

왜첩을 받았다고 한다.16

임진왜란이 일어나기 1년 전인 1591년에 도요토미 히데요시는 조선에 승려 겐소(玄蘇)를 사신으로 보내어 '명나라를 정복하기 위해서 길을 내달라'고 요청했다. 이때 조선의 방위상태를 점검한 겐소는 일본군이 20일 내에 서울을 점령할 수 있다고 장담했다. 당시 옥천에 살던 서인 조헌이 도끼를 지고 서울에 와서 사흘 동안 대궐 문밖에서 일본 사신을 참수하고 전쟁에 대비하여 국방력을 강화할 것을 청했다. 그러나 조선 조정은 조헌의 도끼 상소는 물론이고 겐소의 방문조차 무시했다.17

선조는 1590년에 통신사로 일본에 갔다가 1591년에 돌아온 황윤길과 김성일의 상반된 보고를 받고 당시 집권당인 남인에 속한 김성일의 의견을 받아들여 일본이 침략할 가능성이 없다는 결론을 내렸다. 그리고 남부지방에 성을 쌓는 것을 비롯한 전쟁에 대한 방위태세를 중단시켰다. 선조는 도요토미 히데요시의 요구는 단지 위협에 불과하다고 해석하고 예로서 타이르는 방책을 생각했다고 한다.18 이후 선위사로 일본에 다녀온 오억령이 일본이 조선에서 길을 빌려 명나라를 공격(假道入明)하려는 것은 사실이라고 보고했는데도 조정은 이를 묵살하고 오히려 그를 파직했다.19

1592년 4월 13일에 20만 명의 병력으로 부산에 상륙한 일본군은 5월 2일에 서울을 점령했다. 향촌의 수령들은 모두 관직을 버리고 달아났고 성곽을 지키

16 신동준, 『조선의 왕과 신하, 부국강병을 논하다』, 332~333쪽.

17 하우봉, 『조선후기 실학자의 일본관 연구』, 73~94쪽; 이덕일, 『당쟁으로 보는 조선 역사』, 112쪽.

18 미야케 히데토시, 『근세일본과 조선통신사』, 조학윤 옮김(경인문화사, 1994), 48~49쪽; 신동준, 『조선의 왕과 신하, 부국강병을 논하다』, 332쪽.

19 신동준, 같은 책, 332쪽.

던 장수들은 제대로 싸우지도 못하고 패했다. 장수들은 급히 마을을 돌며 군사를 모았으나 이들은 훈련받지 않은 농민들이었다.[20]

2009년 현재 부산에서 서울에 이르는 고속도로의 길이는 416km이다. 지금부터 500여 년 전에는 길도 제대로 닦이지 않은 산길이었으므로 지금보다 훨씬 거리가 멀었고 험했을 것이다. 이러한 거리를 20여 일 만에 걸어서 이동했다는 것은 20만 병력이 하루에 20~30km씩 거침없이 행군했다고 추산할 수밖에 없다. 일본군이 부산에 상륙한 이후 본국에 보낸 보고에서는 '조선에 군인이 하나도 없다'고 했다고 한다.

왜적이 부산에 상륙한 사실은 4일이 지난 4월 17일에 조정에 알려졌다. 서울이 점령되기 이틀 전인 4월 30일 새벽에 선조 임금은 피난길에 올랐다. 임금의 뒤를 따르는 신하는 이항복과 몇 명뿐 이었으며, 임금의 호위 임무를 맡은 내금위 등 3,000 병사들은 모두 도망하여 피난길에 임금을 호위할 사람조차 없었다.[21] 서울을 지키던 유도대장과 한강을 지키던 장수는 싸우지도 않고 도망했기 때문에 일본군은 쉽게 서울을 점령했다.[22]

평양이 일본군에 점령당한 것은 6월 15일이었는데, 이때 명나라는 일본군이 아무리 강하다 할지라도 이렇게 빨리 평양까지 올 수 없다고 판단하여 조선이 일본군의 길잡이 노릇을 한다고 의심하기도 했다.[23]

한편, 이율곡과 함께 기호학파의 중심학자이며 서인당에 속했던 성혼은 1589년에 이조참판에 임명되었고 1593년에는 우참관에 임명되었다. 1623년

---

20 류성룡, 『징비록』, 54~68쪽.

21 이덕일, 『당쟁으로 보는 조선역사』, 117쪽; 류성룡, 『징비록』, 73쪽.

22 류성룡, 같은 책, 75~76쪽.

23 류성룡, 같은 책, 90, 111쪽; 허권수, 『조선 후기 남인과 서인의 학문적 대립』(법인문화사, 1993), 63쪽.

인조반정으로 집권한 서인은 이율곡과 성혼을 문묘에 종사할 것을 건의했는데, 이는 남인과 당쟁하는 계기가 되었다. 남인은 성혼의 문묘 종사에 반대했기 때문이다. 성혼은 임진왜란이 시작된 1592년에는 잠시 관직에서 물러나 서울 북쪽의 파주에 살고 있었다. 그는 선조 임금이 피난을 갈 때 임금의 수레가 파주를 지나가는데도 관직을 떠난 뒤에는 임금을 따라야 할 의무가 없다는 이유로 나와 보지도 않았다고 한다.24 어쨌든 이율곡과 성혼의 문묘 종사는 1680년(숙종 7)에 실현되었다가 1689년(숙종 15) 기사환국 때 취소되었고, 1694년 갑술환국(숙종 20) 때에 다시 실현되는 등 70여 년 동안 당쟁의 주요 쟁점이 되었다.25

한편, 수군의 경우 바다에서 복무하기 때문에 항시 생명에 위협이 있었고, 수군 만호(장수)들의 영리를 위한 고기잡이와 소금생산에 동원되기도 했으며, 성곽을 쌓는 고된 일에 동원되었으므로 매우 꺼려졌다. 조선 정부는 수군을 확보하기 위해서 평민인지 천민인지 신분이 분명하지 않은 사람이나 범죄를 저지른 사람들을 수군에 배치했다. 또한 과거시험에서 부정행위를 한 사람을 수군에 보내기로 했으나 이는 잘 지켜지지 않았다.26

임진왜란 때에 설치된 훈련도감과 속오군은 명나라의 『절강병법』에 따라서 화포 발사와 창 던지기를 중심으로 훈련했다. 저장성(浙江省, 절강성)은 중국 남부 해안 지역에 있기 때문에 왜구의 침입을 많이 당했다. 왜구들은 칼이나 창을 사용하는 접근전에 능했기 때문에 명나라 군대는 화포를 사용하여 접근전을 피했다. 명나라 군대가 조선에 파견되어 평양성을 탈환할 때 그 위력이 증명되었

---

24 허권수, 같은 책, 79~80, 103~107쪽.

25 이율곡과 성혼의 문묘 종사에 대해서는 허권수, 73~180쪽; 정만조, 『조선 시대 선비 연구』(집문당, 1997), 102쪽 참조.

26 방상현, 『조선 초기 수군제도』(민족문화사, 1991), 78~95쪽; 이성무, 『한국의 과거제도』(집문당, 1994), 223쪽.

으므로, 조선도『절강병법』을 도입해 훈련했다.27

사실, 이미 고려 말에 최무선이 화약을 발명하여 화포를 만들었고 이성계는 화포를 이용하여 왜구를 크게 물리치는 성과를 거두었다. 조선 초에는 1415년 (문종 1)에 신기전과 화차를 만들어서 북방지역에 배치했다. 신기전은 화살 100개를 쏠 수 있는 로켓포로서, 사정거리는 1km에 달했다. 그러나 최무선의 화약과 화포, 신기전과 화차는 임진왜란 때에는 사용되지 않았다. 이상세계만을 추구한 양반사대부들이 무기의 중요성을 인식하지 못했기 때문이다.

1590년 일본의 사신으로 조선에 왔던 요시토시는 조선의 사신 황윤길, 김성일과 함께 일본으로 떠나면서 공작새 두 마리와 조총, 창, 칼 등을 선조에게 바쳤다. 선조는 공작새는 날려보내라고 하고 조총은 군기시(軍器寺)에 보관하도록 했다. 이것이 조총이 처음 조선에 소개된 계기이다. 그러나 조선은 이를 연구하고 이용하려 하지 않았다.28

이익은 고려 말까지만 하더라도 화포 등 무기제조 기술이 일본에 뒤지지 않았는데, 임진왜란 때에 와서 무기를 소홀히 하여 전쟁에 패했다고 지적했다.29 그는 1748년 통신사의 역관으로 일본에 갔던 박상순이 일본에서 화총 두 자루를 사왔다는 소식에 사대부들은 관심을 보이면서도 이를 연구해보려 하지 않았다고 한탄했다.30

류성룡의『징비록』에 따르면 일본군이 평양성에 다다르자 평양성을 지키던 장수 윤두수와 김명원은 풍월루 연못에 화포를 던져버리고 성을 빠져나왔다고 한다.31 이런 행동을 한 정확한 이유는 알 수 없으나, 아마 화포에 쓸 화약이 없

---

27 차문섭,『조선 시대 군제 연구』, 163~167쪽; 서태원,『조선후기 지방군제 연구』, 33~34쪽.

28 류성룡,『징비록』, 27~28쪽.

29 하우봉,『조선후기 실학자의 일본관 연구』, 75쪽.

30 같은 책, 66쪽.

어서 그랬을 것이다. 임진왜란 직전 전국의 군비상황을 점검했던 보고에 따르면 있는 것은 고작 활과 화살, 창과 칼 정도이고 군이나 읍에는 문서상으로만 무기가 갖추어져 있을 뿐, 실제로 필요한 무기는 전혀 없는 상태였다.32

조선군이 서울을 수복했을 때에 때마침 군기시에서 일하던 공인 대풍손이 적에게 화약을 만들어주었다는 죄로 사형을 기다리고 있었다. 이때 류성룡이 죄를 면해주면서 대신 화약을 만들도록 했더니 감격하여 하루에도 수십 근씩 만들었다고 한다. 류성룡은 이를 각 부대에 나누어주고 총 쏘는 기술을 익히게 했다.33 조선군이 경주성을 탈환할 때에는 '비격진천뢰'라는 포탄을 사용했다. 비격진천뢰는 일종의 시한폭탄으로, 군기시에서 일하던 이장손이 만들었다.34 그러나 이것은 매우 예외적인 상황이었다. 양반사대부 대부분은 장공인들의 기술을 멸시했을 뿐 이들의 기술을 이용하거나 그 가치를 알지 못했다.

한편, 훈련도감과 속오군은 『절강병법』을 익히면서 조총 등 신무기를 가지게 되었으나 이에 쓰이는 화약과 총알을 만드는 납 등은 해당 지역 수령이 장만해야 했다. 수령들은 그 비용을 소속된 군인들에게 부담시켰으며, 이 기회를 이용하여 서울의 부상들은 양반사대부들과 결탁하여 무기를 생산·판매하여 이득을 취했다. 지방의 수령들은 이들로부터 무기를 구입할 수밖에 없었다.35

양란 이후 양반에게도 군역을 부담하게 하는 여러 조치가 취해졌는데, 1750년(영조 26)에 영조는 신료들의 반대를 무릅쓰고 균역법을 시행했다. 평민들이

---

31 류성룡, 『징비록』, 106쪽.

32 같은 책, 41~42쪽.

33 같은 책, 237쪽.

34 같은 책, 133~134쪽.

35 유승주, 「조선후기 광업사의 시기구분에 관한 일시론」, 조기준 엮음, 『조선후기 사회경제사 연구 입문』(민족문화사, 1991), 128~129쪽; 서태원, 『조선후기 지방군제 연구』, 73쪽.

부담하던 군포를 2필에서 1필로 줄이고, 재정의 부족분을 생선과 소금에 매기는 어염세, 논밭의 결수에 따라 매기는 결세, 배에 매기는 선세 등으로 채우도록 한 것이다. 균역법에서도 일단은 양반에게 군역을 대신하는 군포를 거두게 하지는 못했으나, 이로써 양반의 특권을 많이 약화시킬 수 있었다.

대원군 때에 와서야 「호포법」을 시행하여 양반들에게도 군포를 내게 했다. 1871년(고종 8)에 시행된 「호포법」은 신분의 귀천을 막론하고 민호의 크기에 따라 군포를 부과했다. 대원군이 양반사대부들의 정신적 기반인 서원을 철폐하도록 했던 것도 「호포법」과도 관련이 있었다. 향촌사회에서의 기반을 잃게 된 양반사대부들은 「호포법」에 강하게 반발했다.36

1894년(고종 31)에는 갑오개혁으로 신분계급이 없어지고 노비제도가 폐지되었다. 이로써 1290년에 받아들인 주자학을 통해 생겨난 양반계급은 해체되었다. 조선의 양반들은 500년 동안 특권만 누리려 했고 외적에 대항할 수 있는 국방개혁에는 반대했다.37 양반들은 조선에서 전쟁이 일어나면 피난할 수 있는 열 군데를 뽑아 '십승지'라 이름 붙이고 이상향으로 여겼는데,38 이는 지배층의 국방에 대한 의식 수준을 잘 보여준다. 양반들은 수신제가의 '예'와 '효' 수준에 충실하여 집안과 가족을 지키려고 했으나, 치국평천하의 '덕'과 '충' 수준에는 미치지 못했다. 이처럼 조선의 주자학은 초급단계에 있었다.

한국 사람들은 정부를 믿으려 하지 않는 반면, 일본 사람들은 정부를 믿고 잘 따른다는 말이 있다. 이것은 온갖 사회적 특권을 누린 조선의 양반사대부들이 국가가 위기를 당했을 때에 앞장서서 모범을 보이지 않고 의무를 저버리고 도

---

36 연갑수, 『대원군 집권기 부국강병책 연구』(서울대학교 출판부, 2001), 208, 238~239쪽.

37 부남철, 「정암 조광조와 사림의 도학정치사상」, 이재석 엮음, 『한국정치사상사』(집문당, 2002), 185쪽.

38 십승지는 풍기 금계촌, 안동 춘양면, 보은 속리산, 운봉 두류산, 예천 금당동, 공주 유구와 마곡, 영월 정동 상류, 무주 무풍동, 부안 변산, 성주 만수동의 10곳이다.

망했던 반면, 일본의 사무라이들은 목숨을 걸고 싸워 나라를 지킨 데서 비롯된 것일지도 모른다.

비록 임진왜란이 일어난 뒤에 전국에서 선비들이 주도하는 의병항쟁이 일어났고, 또 많은 전공을 세웠다고는 하지만 이것은 국가의 위기를 미리 대비하지 못한 선비들의 자기변명과 반성, 그리고 참회에 불과하다. 이것은 침략을 받고서야 대응하는 저항민족주의에 불과하다. 선비들이 의병에 앞장섰다고 하지만 의병의 대부분은 양반이 아닌 상민(평민)과 천민이었다.39

민족주의에는 국가와 민족의 자주성을 지키고 발전시켜 외국과의 경쟁에 대비하는 미래지향적인 의지가 있어야 한다. 그러나 조선의 민족주의는 아무런 대비 없이 지내다가 굴욕과 침략을 받고서야 가해자와 침략자를 원망하는 저항민족주의보다 더 수동적인 '왜 때려' 민족주의이다.

---

39 이흥두, 『조선 시대 신분변동 연구』; 서태원, 『조선 후기 지방군제 연구』, 23~104쪽; 차문석, 『조선 시대 군제 연구』, 158~228쪽.

10

경국대전 체제, 경제발전을 가로막다

　정도전은 1394년(태조 3)에 『조선경국전』을 지었으며 이것은 1397년(태조 6)에 발간된 『경제육전』의 서문이 되었다. 『조선경국전』과 『경제육전』은 1485년(성종 16)에 완성된 『경국대전』의 기초가 되었다.1 『경제육전』은 이미 발표된 조례들을 모아서 조준과 하륜이 편찬한 조선 최초의 성문법전이다. 『조선경국전』은 추상적인 구상을 『주례』의 규범에 따라 서술한 것이다.

　그런데 『경제육전』에도 여전히 부족한 점이 많아서 태종 때에 이의 수정법전으로 『속육전』이 편찬되었다. 세조 때에는 최항과 노사신에게 명하여 지금까지의 모든 법전을 종합하여 새로운 법전을 만들도록 했다. 그에 따라 1485년(성종 16)에 『경국대전』이 완성되었다. 조선의 법률은 한번 법전에 오르면 절대로 수정할 수 없다는 '조종성헌존중원칙'을 따라야 했는데, 수정이 불가피할 경우에는 별도의 등록에 넣도록 했다. 이에 수정할 수 없는 법전은 정전이라 하여 영세지법으로 구분하고, 수정한 법전은 등록이라 하여 일시지법으로 구분했다.2

1　윤훈표, 『경제육전과 육전체제의 성립』(혜안, 2007), 55, 167쪽.

임진왜란 때인 1593년(선조 26)에 조선에 지원군으로 온 명나라 장수들은『경국대전』을 보고 싶다고 청했으나 선조는 조선의 정보가 유출된다고 생각하고 이를 거절했다.3 이는『경국대전』이 정치제도, 군사제도, 사회제도, 신분제도, 가정의례 등 조선의 모든 분야를 망라하는 법이기 때문이다. 결국『경국대전』이 변하지 않는 한 조선 사회도 변하지 않는다. 이것이 바로 조선 사회의 정체와 고립을 초래한『경국대전』체제이다.

이처럼『경국대전』은 변하지 않는 영세지법으로 조선 사회를 지배했다. 이는 곧 성리학이 조선을 장악했다는 것을 의미한다. 그런데 역설적인 것은, 조선 주자학이 숭배하는 명나라에서는 왕권이 강화되면서 신권론을 주장하는 주자학의 권위가 약화되어 정치에서는 별다른 활약을 하지 못했다.

정도전은『조선경국전』에서 농업과 사회정책에 대해 다음과 같이 밝혔다.

선왕이 공·상세를 제정한 것은 말작(말업, 공·상업)을 억제하며, 본실(본업, 농업)에 돌아가게 하기 위한 것이었다. 우리나라에는 이전에 공·상에 관한 제도가 없어서 백성 가운데 게으르고 놀기를 좋아하는 자들이 모두 공·상에 종사했기 때문에 농사를 짓는 백성이 날로 줄어들었으며 말작이 발달하고 본실이 피폐했다. 이것은 불가불 염려하지 않을 수 없는 일이다. 그러므로 신은 공과 상에 대한 과세법을 자세히 열거하여 이 공·상세 편을 짓는다. ……『주례』에서는 총재로 하여금 상·공을 총괄적으로 다스리게 하여 …… 농사를 짓지 않고 놀고 있는 사람이 많아서 그 수를 정확히 파악하기 어려우나 경성(서울)에 사는 사람을 헤아려 보면 수십만 명에서 내려가지 않을 것이다. 또한 도망하여 중이

2 같은 책, 285, 292, 295~300쪽.

3 이재정,『조선출판주식회사』(안티쿠스, 2008), 159쪽.

된 자가 10만 명을 내려가지 않으며, 자제로서 놀고 있는 자, 서민으로 공역을 담당하고 있는 자, 수졸(군인)로서 변방에 나가 있는 자, 공장(기술장인), 상인, 무격(남녀 무당), 재인(악사, 잡기)과 화척(사냥꾼, 백정 등 천민) 따위를 합치면 이 또한 10만 명에서 내려가지 않을 것이다. 이들은 농사를 짓지 않을 뿐만 아니라 남에게 의지하여 먹고사는 사람이니, 가히 생산하는 사람은 적고 먹는 사람은 많다 하겠다. …… 우리가 해야 할 계책은 놀고 있는 땅을 개간하고, 놀고 있는 백성을 없애서 모두 농사에 돌아가게 하며, 백성의 농사일을 간소화하여 그들의 힘을 키워주고, 빈객의 접대와 제사의 격식을 통제하여 그 배용을 절약하는 것보다 나은 것이 없다. 이렇게 한 뒤에야 군량이 풍족해질 것이다.4

조선은 모든 백성을 농업에 종사하게 하려고 공업과 상업을 억제했다. 이것은 조선의 건국이념인 농본이상국가를 세우기 위함이었다. 따라서 공인과 상인은 관직에 나아가지 못했으며, 선비가 공·상업을 하는 것은 있을 수 없는 일이었다.5

정도전이 『조선경국전』에서 생각했던 이상국가는 20세기 공산주의 체제를 연상시킨다. 공산주의 국가에서는 인민에게 사유재산권이 없고 국가가 모든 재산권을 행사했는데, 정도전은 임금을 포함한 모든 백성의 사유재산을 허락하지 않고 『주례』에 따라서 관리의 우두머리인 총재가 이를 총괄적으로 다스리는 주나라식 원시 공산주의 이상사회를 꿈꾸었다.

인군(임금)은 광대한 토지와 인민을 전유한다. 그러므로 인민이 바치는 부는

4 정도전, 『조선경국전』, 한영우 옮김(병학사, 1986), 61~64쪽.
5 이장희, 『조선 시대 선비 연구』, 175~179쪽.

무엇이나 인군이 가질 수 있는 몫이 있고, 무릇 나라의 경비도 인군이 쓸 수 있는 몫이 있다. 따라서 인군은 사유재산을 가지지 않는다. …… 『주례』에서는 총재(관료의 우두머리)로 하여금 상공(왕실비용)을 총괄적으로 다스리게 하여 비록 인군이 사사로이 쓰는 것이라 할지라도 해당 관청의 경리와 관계를 맺도록 했다. …… 인군이 사사로이 쓰는 왕실비용을 상공이라 한다. …… 국가에서는 풍저창을 설치하여 무릇 제사, 빈객, 접대, 사냥, 상장, 및 흉년에 필요한 비용을 국용이라 한다. 국용에는 군자, 녹봉, 의창 등이 있다. …… 만사의 폐단은 사유재산에서 나오지 않는 것이 없다. …… 전하께서는 왕위에 오르기 전부터 의논을 헌책하여 이러한 사유재산을 모두 혁파하여 국가재산으로 귀속시킬 것을 요구했다. 당시의 집권자가 이것(사유재산)을 완강히 지키려 했기 때문에 전하의 뜻대로 이루어지지 아니했으나, 이로 인해 혁파된 것이 열이면 너덧이 더 되었다.6

백성과 인군에게 개인 재산이 없고, 다만 인군만이 국가 차원에서 재산권을 행사할 수 있다는 것은 19세기 말 카를 맑스의 『자본론』에 따라 러시아의 레닌이 1917년에 공산혁명으로 세운 소련의 이념에 비교된다. 맑스가 개인 재산을 부정하고 국가의 소멸을 주장했던 반면, 소련은 개인 재산은 부정했지만 권력과 재산권 행사는 국가 차원에서 시행하는 등 국가의 존재는 긍정했기 때문에 국가독점공산주의 또는 국가독점자본주의를 추구했다고 평가된다.

정도전이 모범으로 삼은 주나라는 대략 기원전 2000~3000년에 존재한 국가이다. 이 시기는 인류 역사에서 원시 공산사회가 국가형태를 갖추기 시작하면서 노예사회로 가는 시기이다. 노예사회에서는 모든 백성이 국가의 노예이

---

6 정도전, 『조선경국전』, 61~67쪽.

다. 사유재산은 없고 모든 권력과 재산은 집권자에게 집중되었다. 정도전은 개인 재산이 없는 일종의 공산주의 사회를 구상했다. 조선의 경제정책은 미래지향적인 발전정책이 아니라 정체되고 변화가 없는 복고주의적 답보정책이었다.

이런 경향은 예술 분야에서도 잘 드러나는데, 조선의 예술은 자연에 순응하면서 소형화(minimalism)되었다.7 조선 시대의 예술은 이상세계와 자연주의를 그린 산수화가 주를 이루었다. 대작은 찾아보기 어려웠으며, 사나운 호랑이를 자연주의적 평화사상에 끼워 맞춰 '까치호랑이'로 그려서 순한 고양이로 만들었다.

한편, 정도전은 공업과 상업정책에 대해 『조선경국전』을 통해 아래와 같이 말했다.

금, 은, 주옥은 백성의 생활에 도움을 주는 것이 아니므로 정치하는 데 급무가 될 수는 없다. …… 우리나라는 천조(명나라)를 섬기고 있어서 명절과 경사로운 때에 보내는 사신들은 반드시 금, 은을 가지고 가게 되어 있다. 따라서 금, 은, 주옥은 조상을 받들고, 중국에 사대의 예를 행함에 없어서는 안 된다. …… 동과 철은 그릇과 농기구를 만들기 때문에 백성의 생활에 매우 요긴하다. …… 고려 시대에는 금소(금광), 은소(은광)가 있어서 관에서 금과 은을 채취했다. 지금 우리나라에서는 철이 생산되는 곳에 철장관을 두고 인부를 모집하여 철을 제련·주조하고 있으며, 일반 백성이 철을 제련·주조하는 것에는 과세를 하지 않고 있다. 그러나 금소, 은소에서 금, 은을 채취하는 제도는 지금은 모두 폐지했다. 그러나 금과 은의 매장량은 일정한데 중국에 사대하는 시일은 제한이 없

---

7 김상준, 『유교의 예치이념과 조선』, 222~227 참조.

으니, 이것에 대한 채취법 또한 강구하지 않으면 안 될 것이다. …… 음식과 의복은 왕을 봉양하는 데 필요하고, 비분은 왕이 신민에게 물품을 사여하기 위한 것이며, 진보는 왕이 가지고 즐기는 노리개를 공급하기 위한 것이다. 이것은 모두 상공이라 한다. …… 고려 시대에는 요물고를 두어 왕실에 대한 식량조달을 관장하게 했고, 사선서로 하여금 각종 반찬을 장만하는 일을 맡게 했으며, 사혜서에서는 술과 단술을 조달하게 하고, 내부에서는 의복 재료를 취급하여 의복을 지어 바치게 했으며, 사설서에서는 장막과 요자리를 조달하여 설치하는 것을 관장했다. 이들 관서는 모두 조정의 관리가 일을 맡았고, 사헌부에서 수시로 일을 감독하여 물품의 남고 모자라는 수량을 조사했다. 가히 주나라 제도의 정신을 이어받았다고 할 만하다.8

또한 조선의 사회제도에 대해서 아래와 같이 말했다.

…… 그러므로 신(정도전)은 『대명률』의 총목을 참고하여 헌전의 여러 편을 지었으며 …… 6관(6전)의 종목 가운데 공전도 그 하나를 차지한다. …… 모든 공장인들의 일은 마땅히 검소함을 숭상하고, 사치와 방종을 경계해야 한다. …… 무릇 백공(공장인)의 일은 한 가지가 아니다. …… 궁원은 조정의 위엄을 높이고 명분을 바르게 하기 위한 것이다. 궁부는 관료가 거처하면서 직무를 수행하기 위한 것이다. 창고는 공부를 바치고 저장을 잘 해두기 위한 것이다. 성곽은 외적을 막아서 뜻하지 아니한 변란을 대비하기 위한 것이다. 종묘는 조상을 제사하기 위한 것이다. 병기는 간사한 도적을 방비하여 왕실을 지키기 위한 것이다 …… 백공(공장인)의 기술은 그것이 비록 비천한 것이라 하더라도 국가

---

8 정도전, 『조선경국전』, 60~62쪽.

의 이용 면에서 볼 때는 매우 긴요한 것으로, 그 어느 하나라도 내버려서는 안 된다. …… 갑옷, 투구, 칼, 창과 같은 병기나 솥, 가마, 세 발 달린 솥 따위 등, 만약 공급이 없다면 어떻게 쇠를 단련하여 물건을 만들어낼 수 있을까. 규, 벽, 와, 당과 같은 부서나 옥, 패, 경, 거와 같은 의복의 장식품들은 만약 옥공이 없다면 어떻게 …… 만약 돌을 다룰 줄 아는 석공이 없다면 어떻게 …… 만약 목재를 다룰 수 있는 목공이 없다면 …… 이 밖에 가죽 만드는 공장인, 기와 굽는 공장인, 실을 만드는 공장인, 그림을 그리는 공장인 등 모두 쓰임새가 진실한 것들로서 없어서는 안 될 것들이다.9

이처럼 정도전은 백성에게는 공업과 상업을 억제하여 사치스러운 생활을 못하게 했던 반면, 왕실과 통치수단을 위한 물품과 시설을 만드는 일은 오히려 장려했다. 물품을 만든 것은 장공인들이고(장공인제도) 물품을 조달한 것은 서울 종로 주변에 있었던 시장의 상인들이었다(시전제도). 중앙과 지방에서 뽑힌 기술직 장공인의 명단이 수록된 대장은 본 조, 본 관청, 본 도, 본 고을에 보관하도록 했다. 개인 노비는 장공인에 등록되지 않았으며, 장공인은 60살이 되어야 신역에서 면제된다.10 『경국대전』의 「공전」에 따르면 여러 고을에서 시골 아전 332명을 해마다 돌림차례로 서울에 올려보내고 본 조에서는 그들을 여러 관청에 배치하여 숯과 땔감을 대게 했다. 서울에 오는 시골 아전의 수는 각 도에 따라 달랐으며 이들의 작업량도 정해졌다. 이들의 일을 대신하는 값(대립가)은 한 달에 무명 5필이었다. 또한 살림집의 크기는 신분에 따라 60칸에서 10칸으로 제한했다.

---

9 정도전, 『조선경국전』, 103, 108~109쪽.
10 윤국일 옮김, 『경국대전』, 479쪽.

장공인은 중앙관청의 장공인(경공장)과 지방관청의 장공인(외공장)으로 나뉜다. 중앙관청의 장공인 2,841명은 129가지 분과로 분류되어 30개 중앙관청에 배정되었다. 배정인원 수는 관청의 특성에 따라 모두 달랐다. 지방관청의 장공인 3,652명은 27가지 분과로 분류되었는데, 전국 8도의 특성에 따라 종류별로 인원수를 달리 배정했다.11

『경국대전』에서 관청별, 지방별로 배정된 장공인 수는 조선 말까지 거의 변동이 없었으며, 이들은 본래 기술을 가진 사람들이 아니라 단순히 국역을 담당하는 상민들이었다. 그러므로 이들에게도 신역을 보조하는 봉족이 지정되어 있었다. 따라서 봉족이 비용을 제대로 내지 못하면 근무 중인 장공인은 도망했다.12 이처럼 장공인은 신분이 보장되지 않는 임시직이었기 때문에 전문기술이 계승·발달되지 못했다. 장공인들이 만드는 제품을 위한 원료와 재료는 각 관청에서 시전을 통해 구입하여 공급했고 생산된 물품은 해당 관청에 납품했다. 해당 관청에서는 이 물품을 다시 시전상인들을 통해서 구입했는데, 이처럼 관청에서는 물품생산을 위한 원료와 재료는 비싸게 사고, 만들어낸 물품은 싸게 팔았으므로 시전상인들은 막대한 이익을 챙길 수 있었다.13

그러나 시전상인의 최우선 임무는 왕실과 관청에서 필요한 물품을 공급하는 것이었으나 왕실의 묘지를 짓는 일을 비롯한 국가의 경조사에 동원되기도 했다. 이들은 관청의 수요에 따라 부과되는 임시부담금, 왕실과 관청의 수리를 위한 물품과 경비부담, 왕실의 관혼상제 및 매년 여러 차례 중국에 보내는 각종 사

---

11 중앙과 지방의 각 관청에 배정된 장공인의 종류와 인원수에 대해서는 윤국일 옮김, 『경국대전』, 480~524, 542~549쪽.

12 장공인의 인원수와 신분에 대해서는 송찬식, 『이조후기 수공업에 관한 연구』(서울대학교 출판부, 1998), 70~85쪽.

13 같은 책, 11, 31, 85~124쪽.

절의 물품조달을 맡았다.14 따라서 관청은 이들에게 물품을 팔 수 있는 독점권을 주었다. 물품을 팔아 생기는 이익은 이들의 부역에 대한 대가였다. 즉, 시전 상인들은 상업에 종사한 것이 아니라, 왕실과 관청에 물품을 조달하고 심부름하는 기관으로서의 역할을 했을 뿐이다.

조선의 장공인은 단순한 노역자에 지나지 않아 기술은 전수되지 않았고, 더 좋은 기술을 개발하지도 못했다. 또한 세계역사에서 사회발전의 중심 역할을 했던 상인계층은 자유로운 활동을 하지 못하고 왕실과 관청의 통제하에 있었다. 한편, 기술을 가진 장공인들은 시전상인의 통제를 받았다. 이런 각종 통제하에 조선의 산업과 경제는 발전하지 못하고 정체되었다.

고려 역시 개국하면서부터 개경(개성)에 관청의 물품을 조달하는 시장으로 시전을 설치했는데, 조선 시대와는 달리 그리고 개경 이외에도 서경(평양), 동경(경주), 남경(서울) 등 대도시를 중심으로 활발한 교역이 이루어졌다. 또 시전 이외에도 장시가 설치된 곳에 신분의 높낮이에 관계없이 점포를 설치할 수 있도록 했다.15

고려의 뒤를 이은 조선은 1394년(태조 3)에 수도를 개성에서 한양으로 옮기는 와중에 관청의 사무용품이나 관리들의 생활필수품을 공급하기 위해서 종로 거리에 시전을 만들었다. 이때 개성에 있던 시전상인과 부상들을 강제로 이주시켰다.16

---

14 유원동, 「조선후기 상업사 연구현황」, 조기준 엮음, 『조선후기 사회경제사 연구 입문』(민족문화사, 1991), 81쪽.

15 이정수, 『조선의 화폐와 화폐량』(경북대학교 출판부, 2006).

16 김대길, 『시장을 열지 못하게 하라』(가람기획, 2000), 74쪽.

11

상품유통 경제를 막아라

　조선 초기에는 기술직에 대한 차별이 없었으므로 그에 종사하는 사람들이 많이 있었다. 이들은 역관, 의원, 천문관, 산학, 회계학, 화원 등으로 활동했는데, 4색 당파의 어느 쪽에도 가담하지 않았다는 뜻에서 중인이라고 불렸다. 한편으로는 서울의 중심지인 시전 근방에 살았기 때문에 중인이라는 이름이 생겼다는 설도 전한다.1

　조선 초기에는 각종 기술학문을 국가정책으로 장려하여 기술학을 공부하는 선비들이 많았다. 태조 때는 6학을, 태종 때에는 10학을, 세조 때에는 7학을 설치하여 기술학을 가르치도록 했다. 그러나 영남 사림파의 시조인 김종직이 세조의 기술학 장려정책을 비판하며 나섰고, 특히 유교를 숭상했던 성종 때에 와서는 사림파들이 정계에 많이 진출하여 군신론을 강조하는 등 주자학적 세계관이 더욱 강요되면서, 사대부 이외에 기술직에 종사하던 중인은 양반과 상민의 중간계층으로 밀려났다.

---

1 한영우, 『조선 시대 신분사 연구』, 69, 184쪽.

상민들이 국역으로 종사한 장공인직은 더욱 큰 차별을 받았다. 부역을 나온 장공인들은 과학·산업기술을 공부하거나 전수받은 전문기술자가 아니라, 억지로 그 업종에 종사하게 된 노동자들이었다. 따라서 이들은 장공인 직책을 기피했고 직업에 대해서 긍지를 가지지도 못했다. 더군다나 문자를 읽을 수 있는 사람도 거의 없었다. 따라서 이들이 남긴 기록물도 없다. 이들은 현장경험과 입으로 전해오는 구전자료에 전적으로 의존했다.2

장공인들은 원칙적으로 봉족들이 부담하는 군포와 급료로 받는 쌀로 생활했으나 이것으로는 부족했다. 고향에 있는 봉족들이 제대로 군포를 내지 못하고 도망하면 마을에 사는 친척과 마을사람들도 연쇄적으로 도망했기 때문에 장공인들도 도망할 수밖에 없었다. 따라서 장공인들은 생활고를 해결하기 위해서 할당된 납품량보다 조금 더 많이 제품을 만들어 시장에 내다 팔기도 했다. 그러나 시장 독점권을 허가받은 시전상인들은 금난전권을 활용하여 장공인들의 판매행위를 억압했다.

따라서 장공인들은 시전상인들에게 예속되었다. 이들은 사회정치적 배경과 자본이 없었으므로 자영업자로 독립할 수 없었다. 한편, 왕실의 세력가들이나 관리들이 할당 생산량보다 더 많은 일감을 강제로 떠맡기기도 했는데, 장공인들은 그 부담을 감당하지 못하고 도망했다.3 이처럼 조선에서는 사회적 멸시와 경제적 부담 때문에 아무도 장공인이 되려고 하지 않았다. 그 결과 상품생산과 이를 위한 기술은 발전하지 못했다.

농업이상국가를 건국이념으로 했던 조선은 무본억말정책으로 시장을 열지 못하도록 했다. 서울의 중심지역인 종로에 시전을 허용했지만, 이것은 왕실과

2 권병탁, 『한국경제사』(박영사, 1992), 171쪽
3 송찬식, 『이조 후기 수공업에 관한 연구』, 127, 173쪽; 김대길, 『시장을 열지 못하게 하라』, 75~76쪽; 권병탁, 『한국경제사』, 91, 107쪽.

관리들의 생활필수품을 공급하는 오늘날의 조달청 역할이었다. 시전상인들은 이와 동시에 백성들이 상행위를 함으로써 자기들의 상업독점권을 해칠 수 있는 잡상인을 금지하는 금난전권을 가졌다. 상업을 못 하게 했던 근본적인 이유는 농민들이 농업을 포기하고 상인이 되는 것을 막으려는 의도에서 비롯된 것이다. 그러나 가장 근본적인 이유는 주자학적 가치를 지키기 위함이었다. 주자학이 보는 농업과 상업의 특성은 다음과 같다. 첫째, 농업은 사회의 부를 창조하는데 반해 말업인 상업은 무용한 사치품을 생산하여 농업이 창조한 부를 축내는 떠돌이에 불과하므로 상인이 많으면 사회는 빈곤을 면하지 못한다. 둘째, 농업인은 성품이 순박하여 국가의 통제에 쉽게 순종하지만 상업인은 그렇지 않다. 셋째, 농업인은 정착하기 때문에 통치하기 쉽지만 상업인은 이동하기 때문에 그렇지 못하다. 넷째, 상업인은 농민이 애써 생산한 부를 실질적으로 흡수하여 농업인의 경제적 안정을 파괴한다는 것이다.4

그러나 농촌사회의 생산량이 늘어나 남는 생산품을 교환할 필요가 생겨났고, 특히 인구의 증가로 교환경제의 중심 역할을 하는 시장의 형성을 억제할 수 없었다. 조선의 인구는 건국 초 555만 명에서 세종 때인 1440년에 672만 명, 중종 때인 1519년에는 1,047만 명, 선조 때 임진왜란 직전인 1591년에는 1,400만 명에 달했으며, 서울의 인구도 세종 때에 11만 명이 되었다.5

조선 시대는 전반적으로 세계 기후 변화의 소빙기에 해당되는 시기이다. 소빙기는 길게는 1450년부터 400년 동안, 짧게는 1500년부터 250년 동안이었으며, 가장 심했을 때가 17세기였다. 이 기간에는 비가 내리지 않아서 극심한 흉

---

4 박평식, 『조선전기 상업사연구』(지식산업사, 1999), 55쪽; 김대길, 『시장을 열지 못하게 하라』, 121~125쪽.

5 박평식, 같은 책, 113, 252쪽. 이에 대해 한영우는 조선 초에 550만, 1590년경에는 960만 명으로 추정했다.

년이 계속되었으며, 백성들은 기근으로 목숨을 잃었다. 조선에는 519년 동안 419번의 기근이 발생했는데, 이는 1~2년에 한 번꼴이라고 할 수 있다. 특히 경신대기근(1670~1671)과 을병대기근(1695~1696) 때는 각각 100만, 200만 명이 굶어 죽었다.6

서울을 제외한 지방에 시장이 처음 열린 것은 1470년(성종 1)에 흉년이 들었을 때에 전라도 나주 지방에서였다. 이 지역의 백성들은 흉년으로 먹을 것이 없어 스스로 모여 시장을 이루고 가진 것을 교환하면서 살아갔다. 이들은 여기저기 옮겨다니면서 행상을 하기도 했다. 나주목은 이를 허용해달라고 요청했으나 호조는 금지시켰다.7

지역주민에 의해서 자생한 시장은 호조의 금지에 아랑곳하지 않고 계속 생겨났다. 인구 증가와 잉여농산물 발생으로, 그리고 기후변화로 자주 닥치는 흉년과 배고픔 때문에라도 계속 시장을 금지할 수는 없었다. 특히 왜란과 호란으로집과 농토를 잃고 떠도는 백성들은 자연스럽게 적당한 장소에 모여 시장을 이루었다. 이와 더불어 왜란과 호란 때에 전국 각 지방으로 피난 갔던 서울의 시전상인들이 서울에 돌아오지 않고 지방에서 경제활동을 하는 경우가 많았다. 조정에서는 관청 조달품에 지장이 있다고 돌아올 것을 요청했으나, 이들은 계속지방에 머물러 있으면서 각 지방의 상권을 연결·확대하는 역할을 했다. 특히 고려 시대부터 있었던 개성상인들은 각 지역에 송방을 개설하여 전국의 시장을 연결했다.8

---

6 김덕진, 『대기근, 조선을 뒤덮다』(푸른역사, 2008), 22, 34, 191, 313쪽.

7 이재하, 『한국의 시장』(민음사, 1992), 70쪽; 김대길, 『시장을 열지 못하게 하라』, 11쪽; 박평식, 『조선전기 상업사연구』, 159쪽; 권병탁, 『한국경제사』, 51쪽.

8 박평식, 『조선전기 상업사연구』, 122, 214쪽; 이재하, 『한국의 시장』, 75~76쪽; 교원대학교역사교육과교수진, 『아틀라스 한국사』, 130쪽; 김대길, 『시장을 열지 못하게 하라』,

백성들이 부담하는 세금 중에는 지역의 특산물을 공물로 바치는 '공납'이 있었다. 공납은 명목상 지역특산물을 바치는 것이지만 실제로는 지역과 관계없는 물품도 많았다. 이 경우 해당 지역의 주민들은 다른 지역의 특산물을 비싼 값에 사서 공납하는 일이 많았다. 자기 지역의 특산물이라도 생산할 능력이나 시간이 없을 때는 비싼 값에 사서 공납했다. 이러한 불합리한 제도를 이용하여 상인들은 왕실 권력자나 양반사대부들과 연결하여 주민들의 공물을 대신 내주고 연말에 추수가 끝나면 엄청난 이익을 보태어 받아냈다. 심지어 자신들의 이익을 위해 주민들이 직접 공납을 하지 못하도록 방해했다.

주민들이 공납을 못하도록 방해한다는 뜻에서 이들을 '방납(防納)'업자라고 했다. 이들은 세력가들과 결탁하여 전국을 다니면서 모리행위를 했는데, 적게는 4~5배, 많게는 10배까지 이익을 얻었다. 그러나 그 결과로 농민들은 집과 농토를 잃고 떠돌이가 되는 일이 많았다.9

왜란과 호란으로 국토는 황폐화되고, 농민들은 떠돌이가 되었으며, 방납업자들의 횡포로 국가재정은 극심한 곤경에 처했다. 국가는 농업 이외의 새로운 분야에서 세금을 거둬들여야 했고, 그에 따라 말업이라고 무시한 공업과 상업을 진흥시켜야 했다. 왜란과 호란을 치르면서 전국의 농토는 3분의 1 정도로 줄었으며 그중에서도 면세받는 농토가 40%나 되었다.10

무본억말정책은 농업을 장려하면서 동시에 말업인 공업과 상업으로 농업을 보완한다는 '무본보말(務本補末)정책'으로 바뀌고, 시장과 상인에 대한 탄압은 완화되었다.11

183, 189~194쪽.

9 김대길, 『시장을 열지 못하게 하라』, 203쪽; 한우근, 『기인제 연구』(일지사, 1992), 164~173쪽.
10 교원대학교 역사교육과교수진, 『아틀라스 한국사』, 122쪽.
11 백승철, 『조선후기 상업사연구』(혜안, 2000), 217~257쪽.

또한, 재정수입을 늘리고 농민의 부담을 덜어주기 위해서 지역의 특산물을 직접 공납하는 것을 폐지하고 쌀, 삼베·무명, 동전으로 내도록 하는「대동법」을 시행했다. 각 납세품목은 '대동미', '대동포', '대동전'이라고 했다. 대동미의 경우 밭 1결에 12말을 내도록 했다.「대동법」은 1608년(선조 41)에 반포되었으나 서울의 세력가들과 결탁한 방납업자들, 그리고 양반 지주들의 반대로 전국적으로 시행되지 못했다.「대동법」은 1608년에 경기도, 1623년에 강원도, 1651년에 충청도, 1658년에 전라도, 1677년에 경상도에 이어 1708년에 황해도에 시행되었으나 평안도와 함경도는 제외되었다. 1608년에 처음 시행된「대동법」이 1708년에 평안도와 함경도를 제외한 전국에 시행되기까지 100년이 걸렸다.

「대동법」의 시행으로 중앙관청은 필요한 물품을 지방의 특산물로 받지 않고 시전상인들에게서 직접 사들였기 때문에 방납업자들과 시전상인들은 전국을 돌아다니며 지역 특산품을 사서 공납했다. 이 과정에서 시장이 활성화되면서 농민과 수공업자들은 시장에 팔기 위한 상품을 만들게 되었다. 1650년(효종 1)에는 금속화폐인 상평통보를 김육의 건의로 주조했으며, 1678년(숙종 4)에는 상평통보를 조선의 공식 화폐로 결정했다. 1700년대 초에는 산골지역에까지 시장이 들어섰고, 1770년대에는 전국적으로 정기시장이 자리를 잡았다. 이와 함께 전국의 교통망도 발달했다.12

「대동법」이 전국적으로 시행되고 시장이 활성화되면서, 조선 건국 이후 300년 동안 계속되었던 무본억말정책의 변화와 함께 정체사회 조선은 새로운 활력을 찾았다. 시장을 통한 공업과 상업의 발달은 주자학에 얽매인 신분제도를 변화시키기 시작했다. 이러한 조선 사회의 변화는 두 번의 왜란과 두 번의 호란이 직접적인 계기였다. 국가가 주도해서 능동적으로 정책을 전환한 것이 아니라

---

12 이재하,『한국의 시장』, 76~78쪽.

백성과 사회의 압력에 의해서 수동적으로 전환한 것이다. 여기에는 국가와 백성의 빈곤을 외면한 채 주자학에만 의존했던 지배 이데올로기에 대한 비판의 의미가 담겨 있었다.

사회를 변화시키는 힘은 상품생산과 유통시장에서 나온다. 그러나 조선에는 농산물 이외의 상품이나 교환수단은 없었다. 조선은 동전을 만드는 재료인 금과 은의 채굴을 금지했다. 명나라가 너무 많은 금과 은을 조공으로 바치라고 요구할까 봐 우려했기 때문이었다. 1429년(세종 11)에 금광과 은광을 포함한 모든 광산 채굴을 금지했다.13

그러나 왜란과 호란을 겪은 후 북벌정책을 실행하기 위한 무기와 화약을 만들고자 1651년(효종 2)에 광산을 허가하고, 그 대신 '별장제(別將制)'를 도입하여 이를 관리하고 세금을 거두어들이게 했다. 별장제는 사실상 국가가 운영하는 관영광산 제도였다. 별장들은 서울에 사는 왕실이나 대신들의 세력가들로서 광산업과는 관계가 없는 사람들이었다. 이들은 상인과 결탁하여 총생산량의 3분의 2 정도를 가져갔다.14 별장들의 부정부패와 횡포를 막기 위해서 1775년(영조 51)에는 별장제를 없애고 그 지역의 수령이 광산을 관리하고 세금을 거두는 제도로 바꾸었다.15

중앙이나 지방관청에 고용된 광산 장공인은 일정한 급료를 받았지만, 광산에 동원된 광군은 군인으로서 군 복무 중인 부역 농민들이었으므로 광산에 대해서는 전혀 모르는 단순노동자들이었다. 이들 광군 이외에도 왜란과 호란 이후 늘어난 떠돌이 유랑민들이 농촌을 떠나 광산에 모여들었다. 이들 유랑민은 생활 터전도 없고 호적에도 들어 있지 않았다. 이들은 특히 금·은·동 광산에 많이 모

---

13 유홍열, 『한국사 대사전』(교육출판공사, 1979), 157, 1344쪽.

14 유승주, 「조선후기 광업사의 시기구분에 관한 일시론」, 142~148쪽.

15 같은 글, 154쪽.

여들었으며, 그와 동시에 도적이 많이 생기는 등 민폐가 발생했다. 여기에 지방 토호와 서울 세력가들의 횡포까지 심하여 1786년(정조 10)에는 광맥이 풍부한 몇 곳만 남겨두고 모든 광산의 개발을 금지했다.16

한편, 1503년(연산군 9)에는 함경도 단천광산에서 일하는 양인 김감불과 천민 김검동이 연광석을 사용하여 은을 제련하고 분리하는 방법(단천연은법)을 발명했으나17 조선의 광산금지정책으로 채광·제련 기술은 발전하지 못했다. 1650년(효종 1)에는 김육의 건의로 상평통보를 유통시켰으나 광산이 금지되어 재료인 동·은·주석 등을 중국과 일본에서 수입했다. 따라서 동전이 충분히 공급되지 못했고, 제대로 사용되지도 않았다.18 결국, 조선 말에 이르기까지 유통시장의 주요 교환수단은 쌀과 포목이었다.

19세기에 들어 조선과 청나라의 무역은 활발하게 진행되었다. 대원군이 군비 재원을 마련하기 위해서 관세수입에 의존했던 것이 가장 큰 원인이었다. 청나라에서 들어오는 수입품은 대부분 사치스러운 서양 옷감인 서양목(당목)이었다. 그러나 조선에는 서양목에 대한 교환수단이 홍삼 이외에는 없었다. 서양목 수입도 서양 문물에 반대하는 주자학 위정척사파의 반대로 금지되었기 때문에 정부의 관세수입도 줄었다. 따라서 대원군의 군비증강 계획은 재원 부족으로 타격을 입었다.19 다만, 홍삼의 국제무역 결제수단으로서 기능이 막힘에 따라 홍삼 밀무역은 더욱 활발하게 이루어졌다.20

16 같은 글, 147~148, 160~168쪽.

17 리태영, 『조선광업사(2)』(백산자료원, 1998), 116쪽; 정상운, 『한국의 과학사』(세종대왕 기념사업회, 2000), 223쪽.

18 이정수, 『조선의 화폐와 화폐량』(경북대학교 출판부, 2006), 153~158쪽.

19 연갑수, 『대원군 집권기 부국강병정책연구』(서울대학교 출판부, 2001), 239~264쪽.

20 오성, 『조선후기 상인연구』(일조각, 1994), 58쪽.

조선은 임진왜란까지 200년 동안 계속된 주자학 쇄국정책으로 동아시아의 모퉁이에서 중국 삼대의 자연주의 나르시시즘에 빠져 바깥세상을 모르고 살았다. 이에 대한 반성인 북학과 실학으로 새로운 방향을 찾으려 했으나 주자학의 틀을 벗어나지 못했고 별다른 영향도 끼치지 못했다.

조선은 18세기에 와서야 시장 활성화와 상품유통경제를 새롭게 시작하려고 했으나, 이때에는 이미 유럽의 제국주의 세력들이 동아시아에 완전히 진출한 상태였다. 조선의 상품유통경제는 제대로 성숙하기도 전에 주변의 세력들에게 지배당하게 되었다. 정책을 시행하는 데에는 적당한 때가 있다. 조선은 그러한 때를 알지 못하고 자연주의적 고립상태에 있다가 지배당하고 나서 '왜 때려' 민족주의를 외치고 있었다.

12

조선에는 상품과 상인이 없었다

유럽이 세계로 뻗어 나가게 된 계기는 1492년 콜럼버스의 항해이다. 아시아 대륙 쪽으로는 1498년 포르투갈의 탐험가 바스쿠 다 가마가 아프리카 남쪽 희망봉을 돌아서 인도에 도착하면서 시작되었다. 1493년 3월 탐험에서 돌아온 콜럼버스는 새로운 땅의 발견을 스페인 국왕, 포르투갈 국왕, 교황 알렉산더 6세에게 보고했다. 이에 포르투갈 국왕은 콜럼버스가 탐험한 지역이 포르투갈이 지금까지 탐험했던 지역에 포함된다고 주장하며 스페인과 맞섰다. 1493년 5월에 교황은 이를 중재하는 「인테르 카에테라 교서(Bull Inter Caetera)」를 발표했다. 포르투갈이 탐험했던 서부 아프리카의 아조레스와 케이프 베르데에서 서쪽으로 100리그(1리그는 약 3마일) 떨어진 지점을 북극에서 남극까지 선을 그어서 (38°W) 그 동쪽에서 발견되었거나 앞으로 발견될 섬 또는 대륙은 포르투갈이 탐험하고 교역하거나 식민지로 삼을 권리를 가지며, 그 서쪽은 스페인이 그러한 권리를 가지도록 했다. 그런데 스페인 출신인 교황 알렉산더 6세는 스페인의 요구에 따라 스페인에 유리하게 교서를 작성했다.[1]

교황의 교서에 불만을 품은 포르투갈은 1494년 6월에 스페인과의 합의를 통해「인테르 카에테라 교서」를 조정하여 경계선을 케이프 베르데 군도에서 서쪽으로 370리그 더 이동하기로 하는(46°37W) 토데실라스 협정(Treaty of Tordesillas)을 맺었다. 이 경계선의 범위에는 브라질이 포함되는데, 그 때문에 오늘날 중남미의 모든 나라는 스페인 말을 쓰지만, 브라질만이 포르투갈 말을 쓰고 있다.

스페인은 새로 발견한 아메리카를 경영하는 일에 집중했던 반면 포르투갈은 아프리카와 아시아 각 지역을 연결하는 무역거점 마련에 열중했다. 아시아 대륙 탐험은 1498년에 바스쿠 다가마가 아프리카 남쪽 희망봉을 돌아 인도에 도착하면서 시작되었다. 포르투갈은 해안 지역에 군사요새와 무역거점을 건설하여 세계를 한 바퀴 도는 바닷길을 연결하려고 했다. 그에 따라 1507년 아프리카 동쪽 해안에 모잠비크 항구를 건설하고, 1510년에는 아시아 무역의 사령부로 인도의 고아를 점령했다. 1511년에는 동남아시아의 믈라카를 점령하고, 1515년에는 국제 향료무역의 중심인 페르시아 만의 호르무즈에 기지를 확보했다.

한편 포르투갈은 1543년에 일본에 도착했는데, 타이완에 출몰하는 왜구들을 물리쳐준 보답으로 유럽 세력으로는 처음으로 1557년 중국의 마카오에 정착하는 것을 허락받았다.

스페인은 남아메리카 대륙을 거쳐서 1572년에 필리핀에 도착했으며, 영국은 1600년에 아시아 경영의 중심지로 인도에 '동인도회사'를 건설했다. 1602년에는 네덜란드도 동인도회사를 세워 아시아 경영에 참여했는데, 1619년에는 인도네시아의 바타비아에 동인도회사를 세워 향료를 재배했다.

유럽 국가들은 1492년 콜럼버스 항해 이후 세계 각 지역에 진출하려 했으나 경제적으로는 아랍, 인도, 중국에 미치지 못했다.2 유럽 국가들은 문화적·경제

---

1 J. H. 페리, 『약탈의 역사』, 김주식 옮김(신서원, 1998), 88쪽.

2 고바야시 다카시, 『상업의 세계사』, 이진복 옮김(황금가지, 2004), 119~206쪽.

적으로 수준이 앞선 아시아 지역에서 주로 비단, 도자기, 향신료 등 소비재를 수입했다. 육류를 주식으로 하는 유럽 사람들에게는 육류를 저장·보관·요리하기 위해 향신료가 필요했다. 이에 스페인과 포르투갈은 아메리카 지역에서 얻은 금과 은으로 아시아의 사치품을 수입했다.3

스페인이 남아메리카에서 빼앗은 금과 은은 오히려 스페인 물가를 오르게 하고, 또한 공업생산품을 금을 지불하고 외국에서 수입했으므로 국내 산업은 약화되었다. 그에 따라 상대적으로 주변 국가들의 경제는 강화되었다. 또한 스페인은 막대한 군사력을 유지하느라 세금을 많이 매겼다. 이는 스페인 제국이 쇠퇴하는 원인이 되었다.4 1630년경 스페인의 식민지였던 네덜란드에서는 거품 경제 때문에 튤립 뿌리 하나가 2,500~5,000굴덴까지 값이 나갔는데 이것은 백마 두 마리가 끄는 마차 한 대와 맞먹는 값이었다고 한다.5 17세기 들어서 네덜란드 경제가 스페인을 앞섰다. 스페인은 제국을 유지하는 데 국력을 쏟았지만 네덜란드 경제는 거품이 생길 정도로 호황을 누린 것이다.

아시아 지역의 사치품 수입에 열중하던 유럽 국가들은 1750년경 영국에서 산업혁명이 일어난 이후 공업 생산품을 대거 만들어내기 시작했다. 그에 따라 잉여생산품이 발생했는데, 유럽 국가들은 잉여생산품 판매를 위한 시장을 확보하기 위해서 해안 지역에서 내륙으로 파고들기 시작했다. 이른바 식민지 제국주의 시대로 접어든 것이다.

유럽 국가들은 아시아 지역에서 시장을 넓히기 위해서 경쟁했다. 지금까지 아시아 무역에서 독점적인 지위에 있던 포르투갈은 새롭게 진출하는 산업화된

---

3 이성형, 『콜럼버스가 서쪽으로 간 까닭은?』(까치, 2003), 145~176쪽.

4 김학은, 『돈의 역사』(학민사, 1994,) 166쪽; Louis, Snyder, *The Making of Modern Man*(Princeton, 1967), p. 37.

5 글라우스 뮐러, 『돈은 어떻게 세계를 지배하는가』, 들불 편집부 옮김(들불, 1988), 226쪽.

세력들에 밀리기 시작했다. 네덜란드는 아시아 무역을 위한 바닷길을 확보하기 위해서 말레이시아 반도와 수마트라 섬 사이의 길목인 믈라카를 포르투갈로부터 빼앗고 인도네시아 지역을 아시아 경영의 중심지로 삼았다. 동인도회사 설립 이후 영국은 세력을 인도까지 확대시켰고, 이를 다시 중국으로 연장하려고 했다. 영국은 중국 양쯔 강 남쪽을 인도 시장과 연결하여 영국의 세력권으로 만들려고 했다. 이 과정에서 영국은 남쪽으로 내려오는 러시아 세력과 페르시아 만, 그리고 아프가니스탄에서 충돌했다.6 프랑스는 17세기 말에 인도차이나 반도에 침입하여 1787년 베트남을 식민지로 만들고 이후 세력권을 중국 남부로 확대시키려 했다. 이것은 영국의 세력권 계획과 중복되었으므로 서로 충돌하는 원인이 되었다.

한편, 명나라는 1371년 해금정책을 발표했으나 1557년 마카오에 포르투갈 상인들을 머물게 허락했고, 1567년에는 해금정책을 폐지했다. 그러나 해금정책 폐지 이후에도 중화 세계질서관에 따라 서양 국가를 야만이라 평가하여 수도 베이징을 비롯한 내륙에는 들어오지도 못하게 했다. 유럽 국가들은 남쪽 해안 지역인 광둥성에서 중국 정부의 허가를 받은 중개상인 '공행'을 통해서만 무역할 수 있었다. 유럽 국가들은 이들 공행의 횡포에 불만이 많았다. 그에 대한 영국의 불만이 1840년 아편전쟁의 한 원인이 되기도 했다.7

영국은 중국에서 비단, 차, 도자기 등 사치품을 수입했다. 영국은 중국의 북부와 내륙 지역으로 시장을 확대하기 위해서 1793년 국왕 조지 3세가 매카트니 사절단을 처음으로 베이징에 파견했다. 영국은 무역항을 늘리고 공행의 무역독

---

6 김진식, 『인도에 대한 영국 제국주의정책의 한 연구』(지식산업사, 1990), 72~114쪽; 마사다 미노루, 『동인도회사』, 이하준 옮김(파피에, 2001) 두루 참조.

7 하오옌핑, 『동양과 서양, 전통과 근대를 잇는 상인 매판』, 이화승 옮김(씨앗을 뿌리는 사람들, 2002) 두루 참조.

점을 폐지할 것을 요구했다. 이에 대해서 청나라의 건륭제는 다음과 같이 대답했다.

중국에는 산물이 풍부하여 국내에 없는 것이 없다. 또한 중국에서 생산되는 차, 도자기, 비단 등은 서양국가의 필수품이므로 광동에서 무역을 허락하여 필수품을 공급해줌으로써 천조의 은혜를 베풀 따름이다.8

일본은 명나라와 무역관계를 원했으나 명나라가 이를 허락하지 않았으므로 중국 해안 지역에서 해적행위를 했다.9 일본의 왜구와 상인들은 동남아시아 지역에 진출하여 베트남, 캄보디아, 말레이시아, 보르네오, 말루쿠제도, 필리핀 등에 일본의 상관과 거주지를 확보했다.10

이런 와중에 조선은 건국과 동시에 주자학의 나라로 숭배하는 명나라를 본받아 해금정책과 사대교린정책을 실시하고 쇄국했다. 그러나 명나라가 해금정책을 포기했는데도 조선의 해금정책은 변함이 없었다. 고려 시대에는 고려 상인들이 동남아시아 지역까지 상권을 넓혔으나11 조선이 건국하면서 쇄국정책을 폈기 때문에 동남아시아 지역과의 교류와 정보는 끊어졌다. 조선 시대에도 상인들이 이 지역에 머물러 있었다면 조선이 서양 문명과 만나는 시기도 빨랐을 것이고, 그에 따라 개화기의 혼란도 줄일 수 있었을 것이다.

동남아시아에 진출한 포르투갈 상인과 이 지역에 진출하고 있던 일본 상인과의 교류가 이루어지는 가운데, 1543년 유럽 상인으로는 처음으로 포르투갈 상

---

8 쓰노야마 사가에, 『녹차 문화, 홍차 문화』, 서은미 옮김(예문서원, 2001), 109쪽.
9 윤성인, 『명대 왜구의 연구』(경인문화사, 2007) 두루 참조.
10 변태섭, 『고등학교 역사부도』(금성출판사, 2000), 82쪽.
11 교원대학교역사교육과교수진, 『아틀라스 한국사』, 78~79쪽.

인이 폭풍우 때문에 우연히 일본에 도착하게 되었다. 포르투갈 상인들은 규슈의 남쪽에 있는 섬, 다네가시마에 도착했다. 이들은 길이 1m 정도 되는 총을 가지고 있었는데 이것을 다네가시마의 도주가 두 자루를 사들여서 가신들에게 화약제조법을 익히게 하고 도공에게 총을 제조하게 했다. 그 후에 사카이 상인들이 총을 대량으로 생산하여 널리 퍼지게 되었다.[12] 포르투갈 상인들이 전한 조총은 지방 다이묘들의 싸움이 계속되는 전국 시대를 마감하고 일본이 통일되는 데 중요한 전환점을 만들어주었다. 조총을 가장 유효하게 사용한 전쟁은 1575년 오다 노부나가가 승리한 나가시노 전투였다.

그 후 예수회(Sorietas Jesus, 또는 Jesuit) 창립자 중 한 사람인 자비에르(Francisco Xavier)가 1549년 다네가시마가 속해 있는 사쓰마의 가고시마에 도착했다. 그는 동남아시아에 있는 일본 상인의 안내로 일본에 와서 기독교 포교활동을 하려고 했다. 사쓰마 영주는 포르투갈 상인들을 불러들여서 무역으로 이익을 얻으려는 목적에서 자비에르를 받아들였다. 그러나 자비에르의 포교는 성공하지 못했다. 그는 1551년 인도를 거쳐 중국으로 갔다가 1552년에 병으로 죽었다.

예수회는 1534년 종교개혁에 반대하여 기독교 교황을 옹호하는 선교단체이다. 스페인 사람 로욜라(Ignatius de Loyola)가 자비에르 등 7명의 동료와 함께 세운 교단으로서 순교하는 것을 두려워하지 않는 군대식 조직이었다. 예수회의 비기독교 지역 선교 방법은 우선 그 지역 군주의 자제들을 교육시키는 학교의 교사나 교수로 활동하면서 서서히 기독교로 개종시키는 것이었다. 따라서 예수회 선교사들은 기독교 신학은 물론이고 인문학, 과학기술, 수학, 천문학 등 다양한 분야에 대한 전문지식을 가져야 했다. 이것은 르네상스 시대 전인교육의 전통이었다. 예수회는 선교활동 초기에 이교도의 문화를 어느 정도는 인정하고

---

12 박경희, 『연표와 사진으로 보는 일본사』(일빛, 1999), 228쪽.

현지 사정에 적응하려고 했다.

마테오 리치(Matteo Ricci)는 예수회 선교사로 1582년 중국 마카오에 도착하여 처음에는 불교 승려 옷을 입고, 중국의 말과 글을 배우고 나서는 중국 내륙으로 들어가기 위해서 유학자의 옷으로 갈아입었다. 그는 1585년의 한 편지에서, "나는 중국 사람이 되었다. 이제는 옷이나 얼굴 모습, 인사법 등 겉모습은 완전히 중국 사람이 되었다"라고 썼을 정도였다.13 리치는 유교의 인격신인 상제와 기독교의 천주는 같다는 『천주실의』라는 책을 쓰기도 했다. 중국은 예수회 선교사들이 전하는 지구의, 해시계, 자명종, 시계, 세계지도 등 서양의 과학기술은 받기는 했지만 선교는 허용하지 않았다.

지금까지 서술한 내용을 바탕으로 기독교가 중국에 전해진 역사를 정리하면 크게 세 시기로 나눌 수 있다. 첫째는 1514년에서 1581년에 이르는 선교 실패의 시기이다. 이 시기에는 예수회의 자비에르, 발리냐뇨(Valignano), 루기에리(Ruggieri) 등이 활약했다. 이들은 광동성 광저우를 떠나지 못했다. 둘째는 1581년에서 1723년에 이르는 선교의 성공 시기이다. 이 시기에 활동한 선교사는 마테오 리치, 아담 샬(Adam Schall), 베르비에스트(Verbiest), 가빌롱(Gerbillon), 부베(Bouvet) 등이 있다. 이들은 포르투갈 상인과의 관계를 정리하고 중국 내륙으로 들어갈 수는 있었으나 기대했던 만큼의 선교 효과는 거두지 못했다. 셋째는 1723년에서 1785년까지로 구세페(Guseppe), 브누아(Benoit) 등이 활약했다. 이 시기는 선교활동이 쇠퇴하는 시기이다.

그러나 예수회의 활약은 결실을 보지 못했다. 결국, 교황 클레멘스 14세가 1773년 이교도의 풍습과 제도를 따르는 예수회를 해체하라고 명령하는 교서를 발표하기에 이른다. 1785년 이후에는 프랑스 외방선교회가 중국에 진출했다.

---

13 박한제, 『아틀라스 중국사』, 144쪽.

이때부터는 중국과 교황청 간 갈등이 심해졌다.14

조선의 소현세자(1612~1645)가 중국에서 아담 샬을 만나 서양의 과학기술에 관한 책들을 가지고 왔던 시기는 예수회의 활동이 활발했던 시기였으며, 이승훈이 조선 사람으로는 처음으로 1784년 중국에서 기독교 영세를 받았던 시기는 프랑스 외방선교회가 활동하던 시기였다. 프랑스 외방선교회는 이교도의 풍습과 제도를 무시했기 때문에 이승훈 이후에 조선에 전해지는 기독교는 조선 사회와 갈등이 생길 수밖에 없었다. 여기에 주자학 원리주의와 이질적인 것을 받아들이지 못하는 경직성이 복합되어, 소현세자가 가지고 온 서양 문물은 외면당하고 말았다.

한편, 일본에서는 자비에르 이후 어려움을 겪으면서도 선교활동이 지속되었다. 일부 다이묘는 기독교를 보호하거나 직접 신자가 되기도 했다. 규슈 서북부 다이묘 중에는 기독교 신자가 많았다. 임진왜란 때에 조선에 출병했던 고니시 유키나가(小西行長)도 기독교 신자였다. 예수회는 일본의 전통을 어느 정도 인정했기 때문에 일본 사회에서 자리 잡을 수가 있었다. 그러나 뒤늦게 일본에 진출한 네덜란드 상인들이 필리핀에 진출한 스페인과 동남아시아에 진출한 포르투갈이 일본을 점령하려는 계획을 가지고 있다는 소문을 퍼뜨렸다. 이로써 일본은 1612년에 기독교 포교를 금지하고 교회를 파괴하는 등 탄압했다. 일본은 같은 해에 해금령을 발표하고 쇄국정책을 단행했다.15 이처럼 일본이 기독교를 받아들일 수 있었던 것은 이 시기가 지역사회의 제도와 풍속을 존중하는 예수회의 선교 시기였기 때문이다.

세계역사를 살펴보면, 시대에 따라 그 시대를 구분 짓는 특징과 시대정신이

---

14 주겸지,『중국이 만든 유럽의 근대』, 전홍식 옮김(청계, 2003), 72~118쪽.

15 박경희,『연표와 사진으로 보는 일본사』, 230~231쪽.

있다. 유럽 역사를 예로 들면, 중세에서 15세기에 이르는 교황과 기독교 교회의 권위를 나타내는 장중하고 엄숙한 고딕(Gothic) 시대를 지나, 16세기에서 18세기 초에 이르는 약 300년 동안은 바로크(Baroque) 시대이고, 18세기 후반에는 로코코(Rococo) 시대가 왔다. 16세기에 들어 유럽은 아메리카 등 식민지에서 들어오는 상업적 이익을 바탕으로 호화로운 생활을 했다. 자유로운 가운데 여러 민족의 색채가 보이는 화려하고 알록달록한 예술시대이다. 특히 상업의 발달로 신흥부자들을 위한 화려하고 사치스러운 예술작품과 상품이 시장에 많이 나왔다. 교회나 귀족의 궁정은 호화로운 가구와 예술작품으로 장식했다. 로코코 시대에는 바로크 시대의 민족풍을 벗어나서 인간의 해방을 뜻하는 쾌락과 가볍고 여성적이고 아기자기한 예술이 유행했다. 이 시기에는 사교모임을 가지는 살롱 (Salon) 문화와 더불어 차와 커피를 마시는 풍습이 유행했다.16

바로크·로코코 시대의 유럽 국가들은 사치품을 찾아서 아랍, 인도와 중국 지역에서 무역에 열을 올렸다. 아시아에는 유럽이 원하는 다양하고 화려한 색채를 가진 상품과 향신료 등 기호품이 많이 있었다. 유럽 상인들은 사치품만 아니라 동양의 사상, 철학 등을 가지고 가서 유럽의 철학사상을 더욱 다양하게 발전시키기도 했다.17

상인들은 상품이 있는 곳을 찾아다니기 마련이다. 그러나 조선에는 유럽의 요구를 만족시켜줄 만한 화려한 상품 − 비단, 도자기, 향신료 등 − 이 없었다. 조선의 무역 상품으로는 쌀, 인삼, 무명천 등이 전부였다. 이것들은 유럽의 유행상품과는 거리가 멀었다. 더군다나 조선에는 상품시장이 없었기 때문에 새로운

---

16 쓰노야마 사가에, 『녹차 문화와 홍차 문화』 두루 참조.
17 주겸지, 『중국이 만든 유럽의 근대』, 207~397쪽; 이성형, 『콜럼버스가 서쪽으로 간 까닭은?』, 145~308쪽; J. J. 클라크, 『동양은 어떻게 서양을 계몽했는가』, 장세룡 옮김(우물이 있는 집, 2004) 두루 참조.

기술이나 상품이 개발되지 않았다. 도자기를 예로 들면, 비록 예술적으로 우수한 조선백자가 있었다 할지라도 유럽 시장이 요구하는 화려하고 사치스러운 것에는 미치지 못했다. 조선 시대에 백자가 유행한 데에는 ① 화려한 고려청자의 기술이 전해지지 못했거나, ② 조선에 들어서 사치스러움을 금지하는 주자학 원리주의에 따라 고려청자를 자연주의 흰색으로 단순화했거나, ③ 백의민족의 전통에 따라 흰색으로 변했거나 등의 원인이 작용했을 가능성이 있다. 백의민족의 전통이 언제부터 시작되었는지는 알 수 없지만 『위지』, 「동이전」에 부여에서는 흰옷을 즐겨 입었다고 쓰여 있다고 한다. 조선 말인 1895년 갑오개혁 때에 관리들의 옷은 검은색을 입도록 했으나 민간에서는 유행하지 않았다. 결국 1906년에 흰옷이 법으로 금지되기에 이르렀다.[18]

조선은 명나라에 대한 사대, 그리고 일본에 대한 교린이라는 원칙에 따라 매우 제한적인 대외무역을 했다. 사대무역으로는 책문후시, 중강개시, 중강후시가 있었다.

책문후시는 조선과 청나라 사신이 지나는 곳인 압록강의 북쪽 책문에서 사신을 따라 오가는 관리와 역관들을 통해서 이루어졌다. 조선에서는 명주, 모시, 인삼, 금, 은, 종이, 소가죽 등을 팔았고 청나라로부터는 비단, 보석류, 약재, 서적, 문방구, 신발류 등을 샀다. 역관들은 사신의 수행원으로 청나라에 갈 때 인삼 80근씩을 가지고 가서 여행경비에 보태 쓰도록 했다. 이것이 역관들의 무역자금이었다.[19] 역관들은 이 돈으로 돌아올 때에 왕실이나 고관들을 위한 비단 등 사

---

18 유홍렬, 『한국사 대사전』(교육출판공사, 1979), 560쪽. 고려청자가 조선백자로 변하는 과정 및 조선의 예술에 대한 내용은 문소영, 『못난 조선: 16~18세기 조선·일본 비교』(전략과 문화, 2010), 38~117쪽 참조. 특히 왜 조선백자가 고립의 흔적인지는 47~58쪽에서 설명했다. 백의민족에서 대해서는 ① 3년 상복을 계속 입었다는 설, ② 염색기술이 발달하지 못했다는 설, ③ 염색 재료가 부족했다는 설 등을 제시했다(47~48쪽).

치품을 사왔다. 역관들은 이중으로 이익을 남겼다. 책문후시는 이러한 기회를 이용하는 밀무역이 성행했기 때문에 1787년 철폐되었다가 1795년에 다시 열리게 되었다.20

중강개시는 평안북도 의주 근방의 압록강에서 매년 2월 15일과 8월 15일 두 번 열렸다. 임진왜란 중에 류성룡의 건의로 군량과 말을 조달할 목적으로 명나라에 요청하여 개설되었다. 중강개시를 통해 얻은 식량은 전쟁으로 굶주린 백성들의 허기를 달래는 데 도움이 되었다. 이때 조선의 주요 수출품은 인삼이었다. 인삼무역은 100배 이익이 났다고 한다.21

중강개시가 공무역의 성격으로 일 년에 두 번 열렸던 반면, 중강후시는 밀(사)무역의 성격이었다. 시간이 흐르면서 열리는 횟수도 늘어나 밀무역의 부작용이 있어 1700년(숙종 26)에 폐지되었다.

교린무역으로는 두만강 지역의 경원·회령에서 여진과 벌인 북관개시가 있었고, 염포(울산)·부산포(동래)·제포(창원)의 삼포에서는 일본과 무역이 이루어졌다.

북관개시는 만주지역에서 여진족과의 교린무역이므로 사대무역인 책문개시와 중강개시에 비해 비중이나 규모가 작았다. 북관개시는 회령에서 1638년부터 일 년에 한 번씩, 경원에서는 1646년부터 2년에 한 번씩 열렸다. 여진에서는 말, 소, 쌀, 가죽, 구리, 노새, 개 등을, 조선에서는 종이, 대자리, 해삼, 다시마, 쌀, 말, 소, 돼지 등을 가져와 거래했다. 북관개시는 1882년까지 열렸다.22

일본과의 무역은 왜구들의 약탈을 방지하기 위해 한 것으로 일본 측의 요구에 따라 강제로 이루어졌다. 조선은 1419년(세종 1) 왜구들의 소굴을 소탕하기

---

19 이덕일, 『조선 최대갑부 역관』(김영사, 2006), 104쪽.

20 김대길, 『시장을 열지 못하게 하라』, 181쪽.

21 박평식, 『조선전기 상업사 연구』, 216쪽.

22 김대길, 『시장을 열지 못하게 하라』, 181~182쪽.

위해 쓰시마를 정벌한 이후 일본과의 무역을 전면 금지했으나, 1423년 남부 해안 지역의 삼포에서만 제한적으로 허용했다. 그러나 1510년 삼포왜란 이후 그 규모는 축소되었다. 일본은 중국에 조공을 바치면서 허가를 받은 배만 오갈 수 있는 감합무역으로 이익을 얻으려 했으나 중국은 1523년 이를 폐지했다. 그러므로 조선은 두 나라 사이에서 중계무역을 했다. 조선이 일본으로부터 수입하는 물건은 은, 구리, 후추, 물소뿔 등이었다. 구리는 1678년(숙종 4)에 시작되는 상평통보의 주조에 필요했으며, 물소뿔은 활을 만드는 재료였다. 일본에 수출하는 물품은 중국에서 수입한 비단, 무명천, 인삼, 마른 해삼, 쌀 등이었다.

일본과의 무역에서는 조공무역이나 허가를 받은 공무역보다는 밀(사)무역의 비중이 훨씬 컸는데,23 이 과정에서 고려 시대에 국제무역을 통해서 형성된 개성상인들의 역할이 컸다. 일본과의 공무역에서는 책문개시·중강개시처럼 역관들이 상인으로 활동하여 이익을 얻었다.

조선의 무역상품 중 가장 중요한 것은 인삼이었다. 일본에서 수입하는 물품에 대한 지불수단도 인삼이었다. 영조 때에는 조선에서 생산되는 인삼의 10분의 8~9가 일본으로 들어갔다고 한다.24

조선 시대에는 이런 식으로 소규모 무역 활동이 벌어졌으나 결국 개인 간의 무역은 허용하지 않는 쇄국정책을 고수했다. 그에 따라 무역상품을 개발할 동기가 생기지 않았고, 국내시장도 없었기 때문에 상품유통을 통한 상품과 기술 개발도 없었다. 국제무역과 국내시장이 없었기 때문에 이를 담당해야 할 상인도 생겨나지 않았다.

19세기 조선에는 보부상이 있긴 했다. 그러나 허리에 물품을 매고 다니는

23 다시로 가쓰이, 『왜관』, 정성일 옮김(논형, 2005), 107~152쪽.
24 김대길, 『시장을 열지 못하게 하라』, 104쪽.

'보상'과 등에 물건을 지고 다니는 '부상'을 합하여 보부상이라 했던 것에서 알수 있듯이, 조선에는 제대로 된 길이 없어 제대로 된 상품유통이 이뤄지기 어려웠다. 보부상은 교통이 불편하고 교통수단이 없었던 시대의 떠돌이 상인들이었다. 이들은 제대로 된 상인이라기보다는 오늘날의 보따리 장사에 가까운 존재였다.25

조선에는 상품과 상인이 없었다는 주장에 대한 가장 확실한 증거는 직업 상인이 아닌 사신들의 수행원으로 중국과 일본을 오간 역관들이 밀(사)무역을 통해 유일한 상품인 인삼을 팔아서 얻은 부수입으로 갑부들이 되었다는 것이다.26 조선은 고려 시대에 활약한 개성상인 같은 거상을 키우지 못했다.

25 이창식, 『한국의 보부상』(밀알, 2001) 두루 참조.
26 이덕일, 『조선 최대갑부역관』 두루 참조.

13

군자, 소인, 그리고 경연
중심을 잡지 못한 조선

907년에 당나라가 멸망하고 혼란과 분열의 오대십국 시대를 지나 960년 송나라가 다시 중국을 통일했다. 이 시기를 중국 역사에서는 '당송 변혁기'라고 하는데, 강남지역의 농업 발달과 함께 상업이 발달하고 인구가 늘어나는 등 많은 변화가 생겼다. 이런 다양한 정치적·사회적 변화를 바탕으로 왕안석이 주도하는 개혁이 단행되었다. 이들 개혁파를 '신법당'이라 하고, 이에 반대한 사마광 등의 세력을 '구법당'이라 했다. 신법당은 관료제와 중앙집권을 위한 정치개혁을 주장했던 반면, 사마광의 구법당은 향촌사회 지주층의 정치적 역할에 중점을 두었다.

왕안석의 개혁에 반대했던 구양수(1007~1072)는 사회다양성의 변화에 따라서 정치집단의 다양성도 바뀌어야 한다고 주장하면서, '붕당론'을 통해 공공의 이익을 실현하려는 사람을 '군자'라 하고 이들의 집단을 군자당 또는 진붕이라 했다. 반대로 개인의 이익을 일삼는 사람을 '소인'이라 하고 이들의 집단을 소인당 또는 위붕이라 했다. 주자(1130~1200)는 구양수의 붕당론에 찬성하면서 "지금은 붕당이 있는 것을 염려할 것이 아니다. 그 붕당이 군자당이라면 승상

(재상)도 그 당에 들기를 주저하지 말 뿐만 아니라, 한 걸음 더 나아가 인군(임금)도 그 당에 속하도록 승상이 이끌어야 한다"라고 했다.1

같은 송대의 학자 소강철은 정치적으로 잘 다스려지는 시기의 국가는 60%의 군자와 40%의 소인으로 구성되어 있다고 주장하면서, 군자는 소인을 제어할 수 있으므로 군자가 잘만 하면 소인의 존재는 국정 운영에 큰 지장이 없다고 했다. 한편, 정이천은 한 개인이 60~70% 정도의 군자가 되었다면 쓸 만한 사람이라고 했다.2

조선의 사화와 당쟁은 군자와 소인, 군자당과 소인당, 왕권론과 신권론의 다툼으로, 주자학의 이분법 논리와 흑백 논리를 원리원칙대로 정치와 사회현실에 적용했기 때문에 생겨난 결과이다. 사화와 당쟁은 15세기 후반 주자학을 공부한 영남 사림파가 정계에 진출하면서 시작되었다.

영남 사림파는 구양수와 주자의 붕당론에 근거하여 왕의 친인척과 훈구세력을 소인당이라고 비판했다. 이는 곧 사화와 당쟁의 원인이 되었다. 구양수와 주자의 붕당론은 강남지역의 발전에 따라 발생한 사회다양성에 기반을 둔 정치집단화 또는 붕당을 주장한 것이다. 그런데 아직 그런 다양성이 발생하지 않은 상태에서 무리하게 정치집단화부터 실현하려고 했기 때문에 사화와 당쟁이 발생한 것이다.

고려 말에 신진사대부가 나타났기 때문에 붕당을 만들 수 있는 요건이 생성되었다고는 하지만,3 농촌 중소지주층의 토지소유에서 아직 다양성이 정착되지 못했을 뿐만 아니라, 이것이 공업이나 상업 등 사회 전반의 다양성으로 확대되지 않았다. 농업을 장려하고 공·상업을 억제하는 조선의 무본억말정책은 고

---

1 이태진, 『조선 유교사회사론』, 146쪽.

2 박광용, 『영조와 정조의 나라』(푸른역사, 1998), 179쪽.

3 이태진, 『조선 유교사회사론』, 161~165쪽.

려 말에 시작된 사회다양성의 존재 가능성을 차단해버렸다. 조선의 붕당은 송나라와는 달리 사회다양성이 없는 정치다양성이었다. 거기에는 이유가 있다. 구양수의 붕당은 사회다양성을 배경으로 생겨난 것으로, 주자가 태어나기 이전에 성립된 것이다. 그런데 주자의 붕당은 흑백논리의 이분법적 붕당이었다. 조선이 받아들인 붕당론은 구양수가 주장한 공존의 붕당론이 아닌 주자의 이분법적 붕당론이었던 것이다.

중요한 점은 중국의 주자학은 시간이 지나면서 영향력이 약화되었다는 사실이다. 남송을 이어 1368년에 세워진 명나라 초기에는 주자학이 통치철학으로서 주도적 지위를 가졌으나 중앙집권이 강화되면서 영향력이 약화되었다. 명나라 태조는 1380년에 승상(재상)제도를 폐지하며 중앙집권을 강화하고 지방을 직접 통치했다.4 이후 중국에는 주자학 이외에 많은 통치철학과 사회·정치철학이 공존하여 다원사회를 유지했다. 이처럼 중국은 땅이 넓고 다양한 사회집단이 있었기 때문에 하나의 통치철학이 주도할 수 없었다. 그러나 조선은 땅이 좁아 이의 주자학이 독점적 통치철학이 될 수 있었고, 그 때문에 조선 사회는 문약해지고 말았다.

주자학 독점체제가 500년 동안 계속되면서 조선의 정치와 사회는 경직·정체되고 말았다. 왜란과 호란을 제외하고는 이민족의 대규모 침략을 받지 않고 오랫동안 평화를 누린 조선에서는 상업과 시장의 발달이 지주세력을 압도할 수준으로 발전하지 못했다. 그 때문에 500년 동안 하나의 사상이 주도할 수 있었던 것이다.5

영조 때의 실학자 홍대용은 조선의 잘못된 학문풍토는 주자학을 받아들인 것

4 심규호, 『연표와 사진으로 보는 중국사』(일빛, 2002), 299쪽.
5 한영우, 『조선 시대 신분사 연구』, 226쪽.

이 아니라 주자학만을 받아들인 것이라고 비판했다.6 조선의 진정한 잘못은 정신적이고 형이상학적인 이의 주자학만을 고집하고, 물질적이고 형이하학적인 기의 주자학을 배척한 것이다. 주자학은 본래 '태극(太極)'의 음양 원리에 따라 이와 기의 공존을 강조했다. 그러나 조선의 주자학은 인간의 욕망을 반영하는 기를 군자답지 못하다고 멀리했다. 따라서 조선의 주자학은 온전한 주자학이 아니라 반쪽 주자학이었다.

인간이 사는 세상은 물질적인 욕망이 지배하는 기의 세계이다. 그러나 조선의 통치철학은 인간세상과 동떨어진 이의 금욕주의에만 집중했기 때문에 현실을 파악하지 못했고 국내·외의 변화를 알지 못했다. 주자학은 변하지 않는 이와 변하는 기의 조화이다. 이것은『주역』의 '음양이원론'을 응용한 것이다. 이는 천성이 아직 발하지 않은(미발) 상태로, 4단의 변하지 않는 원리와 원칙이다. 기는 천성이 이미 나타나고 표현된(기발) 것이며 7정으로 인간세상에 나타나는데, 그것이 바로 사회현상이며 사회다양성이다.

주자학의 금욕주의에 따르면 인간은 세상의 사회현상이고 욕심인 기의 세계에 휩쓸리지 말고 마음을 수양하여 본래의 모습인 이의 세계에 이르도록 노력해야 한다. 이의 세계에 속하는 성인·군자가 되기 위해서는 독서를 통해 배우고 수양하여 사물의 이치를 파악하는 격물(格物)에 이르고 나서 지식을 넓히고 완성하는 치지(致知)에 도달해야 한다고 했다. 한편, 인간세상은 기의 세계이며 7정의 세계이다. 주자학이 통치철학의 역할을 하려면 세상을 다스릴 수 있는 기와 7정의 세계도 함께 포함해야 한다. 이처럼 주자학은 본래 태극의 음과 양처럼 이와 기가 함께 조화를 이뤄야 한다고 주장하는 학문이다. 그러나 조선의 주

---

6 김문용, 「홍대용의 실학적 학문관과 그 탈성리학적 성격」, 홍원식, 엮음,『실학사상과 근대성』(예문서원, 1998), 71쪽.

자학은 이와 기가 균형을 이루지 못한 반쪽 주자학이었다.

조선의 주자학은 사물의 이치를 파악하는 격물의 단계에 머물러 다음 단계인 7정과 기를 포용하고 세상을 아우르는 치지의 통치철학 단계에 이르지 못했다. 즉, 조선은 주자학 초기 단계인 수양철학에 머물러 있었다. 수양철학이 세상만사를 다루는 통치철학의 역할을 한 것이다. 이것이 바로 사화와 당쟁의 근본 원인이었다. 모든 학문이나 종교생활에서 수양하는 초기 단계에서는 원리원칙을 강조하고 이것에 합당하게 행동하게 하는 명분을 찾게 된다. 조선의 사화와 당쟁은 원리원칙, 명분, 소인과 군자가 원인이었다. 이것에 집착한 나머지 조선의 위정자들은 사회현실과 주변의 변화에는 관심을 두지 않았다. 이것이 조선이 정체되고 쇄국한 근본 원인이었다. 이는 기본적으로 주자학이 명나라에서 수입한 것이기 때문이다. 남의 것을 받아들이기만 하면 항상 그것을 뒤따라가기만을 하는 초기 단계에 머문다. 조선은 남의 것을 받아들이기만 했을 뿐, 자신만의 것을 지키거나 찾으려 하지 않았다. 본래 있었던 전통 사상도 주자학의 원리와 명분에 맞지 않는다고 배척하고 없애버렸다.

조선 말의 역사학자 이건창(1853~1898)은 『당의통략』에서 조선 당쟁의 원인을 다음 여덟 가지로 보았다. 바로 도학(주자학)이 지나치게 중한 것, 명분과 의리가 지나치게 엄한 것, 문사가 지나치게 번잡한 것, 옥사와 형벌이 지나친 것, 대각(臺閣, 사헌부, 사간원을 아울러 이르는 말)이 너무 높은 것, 관직이 너무 많은 것, 문벌이 너무 성대한 것, 나라가 태평해진 지가 너무 오래된 것이다.[7] 또한 이건창은 명분과 의리가 지나치게 엄한 것에 대해 다음과 같이 말하며 통렬하게 비판했다.

---

7 이건창, 『당의통략』, 이덕일 옮김(자유문고, 1998), 176쪽.

지금은 온 천하 사람들이 모두 명분과 의리가 어떠한 것인지 잘 알지도 못하면서 유독 혼자 잘 아는 것처럼 떠든다. 이것은 반드시 그 나라의 어지러움이 춘추 시대와 같으므로 그 사람의 어진 것도 공자같이 된 연후에야 가능할 것인데 이들은 그 근처에도 가지 못하면서 스스로 성인이라 하여 한 세상을 속이려는 것이다. …… 진실로 한때 한 가지 일만 고집해서 남을 강제하는 것으로 명분을 삼거나 구부리게 하는 것으로 의리를 삼지 말고 자신을 막고 남을 제어하는 것을 반드시 이기는 술수를 구해야 한다. …… 예로부터 붕당의 다툼은 스스로 군자라 일컫고 배척하는 사람은 소인으로 여겼는데, 뒷날 의론을 숭상하는 자들은 오히려 이를 병으로 여겼다. 지금은 이보다 더해서 소인으로 지목하는 것으로 만족하지 못하고 그 근본이 오랑캐의 부류라고 말한다. …… 그러므로 명분과 의리라는 말을 빌려서 모두 세상을 어지럽힌 역적으로 몰고 나서야 유쾌하게 여기니 이 또한 불인이 심한 것이며 작용자(장사지낼 때 같이 묻는 인형)로 삼는 것보다 심한 것이다. …… 나는 확고히 말하지만 옳고 그름과 그것의 정도를 분별하는 것에는 명언과 정론이 없다는 것이다. 내가 확고하게 말하는 뜻은 그것이 지극히 크고, 지극히 오래며, 지극히 말하기 어렵다는 것이다.8

조선의 사화와 당쟁은 군자와 소인, 군자당과 소인당, 왕권론과 신권론을 주자학의 이분법과 흑백논리를 원리원칙대로 정치와 사회현실에 적용했기 때문에 생겨난 결과였다.

사화는 영남 사림파의 시조 김종직이 정계에 진출하면서 시작되었다. 무오(1498), 갑자(1504), 기묘(1519), 을사(1545)의 4대 사화는 1575년 동·서 분당이 생기기 이전에 훈구파와 사림파의 대립이었다.

---

8 같은 책, 381~382, 396쪽

당쟁의 시초인 동·서 분당은 1575년(선조 8)에 사림파 김효원이 이조 전랑에 등용되는 것을 둘러싸고 벌어졌다. 동인에는 영남 출신 학자와 관료가 많았고 서인에는 경기 지역 출신 학자와 관료들이 많았다. 동인은 이퇴계의 학풍을 이어받아 '이기이원론'을 강조했으며 서인은 이율곡의 학풍을 이어받아 '주기론적 이기이원론'을 주장했다.

그런데 1589년(선조 22) 정여립 사건을 계기로 동인이 무너지고 서인이 권력을 잡은 이후 서인의 우두머리 정철이 세자책봉을 둘러싸고 갈등을 일으키다가 유배되어 다시 동인이 정권을 잡는 사건이 벌어졌다.9 이때 동인 중에서도 서인에 대해서 엄중한 처분을 주장한 사람들을 북인이라 했고, 온건한 처분을 주장한 사람들을 남인이라 했다. 이 남북 분당은 1591년(선조 23)에 일어난 일인데, 바로 다음 해인 1592년에 임진왜란이 일어났다.

한편, 주자학을 통치 이데올로기로 삼으려 한 사람들은 자기가 소속된 학파 또는 당파의 중심인물을 문묘 종사하여 학풍을 자랑하려 했다. 문묘 종사 역시 당쟁의 한 원인이 되었다. 1517년(중종 12) 영남 사림파 조광조는 정몽주와 김굉필을 문묘에 종사하려 했으나 정몽주만 종사에 성공했다. 이것이 최초의 문묘 종사였다. 조광조는 요순 이상사회를 실현하는 수단으로 문묘 종사를 이용하려 했다.10

1570년(선조 3)에는 영남 사림파가 김굉필, 정여창, 이언적, 조광조 4현의 문묘 종사를 시도했으나 실패했다. 1604년(선조 37)에는 영남 사림파가 4현에 이퇴계를 포함한 5현의 종사를 시도했으나 실패했다가 1611년(광해군 3)이 되어서야 대북 정권에 의해 승인되었다.

---

9 정여립 사건에 대해서는 신성일, 『조선을 뒤흔든 최대 역모사건』(다산초당, 2007) 두루 참조.
10 기묘사화에 대해서는 이종호, 『정암 조광조』(일지사, 1999) 두루 참조.

1622년(인조 1)에 인조반정으로 정권을 잡은 서인은 정신적 지주인 이율곡과 성혼을 문묘 종사하려 했으나, 남인들은 이율곡이 한때 불교에 귀의하여 승려가 되었다는 것과 임진왜란 때에 선조가 피난길에 올라 파주를 지나갈 때 성혼은 그곳에 살면서도 선조를 모른 척했다는 이유로 이에 반대했다. 1681년(숙종 7)에는 서인 정권이 이율곡과 성혼의 문묘 종사에 성공했으나, 1689년(숙종 15) 기사환국으로 집권한 남인이 이를 취소했으며, 1694년(숙종 20)에 집권한 서인이 결국 이율곡과 성혼의 문묘 종사를 성공시켰다. 이율곡과 성혼의 문묘 종사를 둘러싼 당쟁은 성균관 유생들까지 서인계와 동인계로 나뉘게 하는 등, 70년 동안 치열하게 전개되었다.11 서인의 중심인물이며 이율곡과 성혼의 문묘 종사에 적극적이었던 송시열(1607~1689)은 82살의 나이에 제주도에 유배되었다가 사약을 받고 세상을 떠났는데, 1694년 갑술환국으로 서인 정권이 들어서자 그 역시 문묘 종사되었다.

　한편, 사대부와 관료들의 형이상학적 논쟁에 대한 집착은 과거 논쟁에서 무조건 이기기 위한 논리와 방법을 찾는 데 골몰했다고 전해지는 고대 그리스의 소피스트(Sophist)를 연상시킨다. 그러나 소피스트들은 사고에 제한을 받지 않았으므로 자유롭게 새로운 철학이나 사회과학의 논리를 만들어 낼 수 있었다. 반면 조선 선비들의 형이상학 논쟁은 '이'의 세계에 갇혀 있었기 때문에 새로운 방향을 찾아내지 못했다.

　조선의 논쟁은 인간수양이 되었는지를 판단하는 기준인 '예'의 여부를 중심으로 벌어졌다. 사대부와 관료들은 갈등관계 속에서 서로를 군자와 소인으로 구분하는 등 인신공격 위주로 논쟁을 벌였다. 주자학에 따르면 논쟁에서는 서로 예의를 지켜야 하지만, 조선 사대부들은 무조건적인 승리를 위해 도리어 예

---

11 이덕일, 『당쟁으로 보는 조선역사』, 206~230쪽.

의를 어겼다. 예의가 완성되었던 중국 3대의 이상사회를 꿈꾸었던 조선 주자학자들의 논쟁 방식으로는 결코 이상사회에 도달할 수는 없었다. 예의를 지키지 않으면서 서로를 소인이라고 비난하는 행태에서 사화와 당쟁의 발생했다.

당쟁의 또 다른 원인 중의 하나는 왕권이 너무 약했다는 데 있다. 국정을 담당하는 관료와 당파는 국가의 모든 일을 자기 뜻대로 처리하기 위해 왕권이 강화되는 것을 막았다. 이것이 왕권론과 신권론의 대립이었다. 두 논리의 대립양상은 명나라와 후금(청나라) 사이에서 균형외교를 펼치고 왕권을 강화하려던 광해군이 1623년 인조반정으로 물러나게 되는 상황을 통해 확인할 수 있다. 광해군은 왕의 칭호조차 받지 못하고 세자 때의 칭호인 대군의 이름으로 역사에 기록되었다.[12] 당파들은 왕세자 결정에서부터 서로 대립했다. 거기서 주도권을 잡은 세력은 다음 왕을 완벽하게 통제할 수 있게 되는 것이다. 왕권 외척인 안동 김씨 가문은 신권을 강화하기 위해서 강화도에 유배되어 농사를 짓고 살던 청년을 왕으로 삼았다. 바로 조선 25대 왕 철종이다. 이처럼 조선 말기의 왕권은 완전히 신권에 제압당했다.

신권 강화의 명분은 자신의 수양을 먼저 하고 나서 사람을 다스려야 한다는 '수기치인'과 임금도 사대부와 마찬가지로 교양과 도를 익혀야 한다는 '왕도정치'에서 비롯되었다. 정도전은 『조선경국전』「치전」에서 "국정운영의 중심기관인 육전은 총재(재상)가 담당한다. …… 총재는 위로는 군부(임금)를 받들고 밑으로는 백관을 통솔하며 만민을 다스리는 자이니 그 직책이 매우 크다. …… 주례에 따라 국가 비용을 총재가 총괄한다"라고 했다.[13] 이는 실질적인 국정 운영의 주체가 신하들이라는 것을 천명한 것이다.

---

12 한명기, 『광해군』(역사비평사, 2000) 두루 참조.

13 정도전, 『조선경국전』, 44, 61~63쪽; 윤훈표, 『경제육전과 육전체제의 성립』, 142~145쪽.

신권을 강화하고 수기치인과 왕도정치를 실현시킬 수단은 '경연'이었다. 구양수가 붕당론으로 주장한 것에 더하여 주자는 승상(정승)도 그 붕당에 가입하는 것을 두려워하지 말아야 하고 군주도 그 붕당에 가입하도록 승상이 이끌어야 한다고 했던 것에서 경연이 비롯되었다. 경연은 왕에게 경서를 강론하는 것인데, 하루에 아침, 점심, 저녁 세 번 하는 것을 원칙으로 했으나, 저녁 이후 늦은 밤까지 하루에 네 번 하는 경우도 있었다. 경연에서 왕이 신하들과 자주 만나고 오랜 시간을 보내며 서로 토론하고 의견을 나누었기 때문에 자연히 정치문제와 인물평가가 이루어졌다.14

임금을 포함한 신하들은 수기치인을 위해서 인성을 토론의 대상으로 삼았으므로, 경연은 인성평가의 장으로 변했다. 경연에서는 임금도 신하를 스승으로 삼아야 했으며 임금의 말과 몸가짐조차도 검토와 비판의 대상이 되었다. 이것은 임금도 수양논쟁의 대상이 되었음을 의미한다.15 따라서 경연은 사림에게는 신권을 강화하는 수단이었으며 임금에게는 구속과 기피의 대상이었다. 중국에서 경연과 신권론은 남송 이후 자취를 감추고 말았으나, 조선에서는 주자학이 유일한 통치철학이었으므로 경연은 붕당정치 및 사림파의 성장과 함께 전성기를 맞았다.16 즉, 조선의 당쟁은 경연과 맥을 같이 한다. 한편, 조선의 제9대 왕 성종(재위 1469~1494)이 경연에 가장 열성이었는데, 일 년 동안 경연에 참석한 횟수가 역대 최다이다. 신하들의 도움으로 왕위에 오른 제11대 중종(재위 1506~1544)과 제16대 인조(재위 1623~1649)도 경연에 자주 참석했다.17 이때는

---

14 윤국일 옮김, 『경국대전』, 42, 43~44, 528쪽.

15 송영일, 『조선 시대 경연과 제왕교육』(문음사, 2001); 김준석, 『한국 중세 유교정치사상론 (1)』, 210~211쪽.

16 이태진, 「조선 왕조의 유교정치와 왕권」, 동양사학회 엮음, 『동아시아의 왕권』(도서출판 한울, 1993), 110쪽.

왕권이 신권보다 약했기 때문에 당쟁도 심했다.

경연장에서 벌어지는 토론에서는 국가정책인 공론과 당파들의 당론이 거의 구별되지 않았는데, 이때 신하들 차원에서 정책(공론)을 합의하기 어려우면 올바른 당론을 가진 군자당을 가려내는 것은 임금이 해야 할 일이었다. 이 과정에서 임금이 균형을 잡지 못하면 당쟁으로 발전했다.18 그 때문에 임금이 군자와 소인을 구별하여 정책결정(공론)의 균형을 잡을 수 있도록 주자의 가르침을 가장 잘 보여준다는 『주자대전』을 1518년(중종 13)에 수입했다. 이는 1189년 남송에서 『주자대전』이 나온 지 300년 이상 지난 후였다. 『주자대전』은 1543년 (중종 32)에 인쇄하여 보급했다.19

제14대 선조(재위 1567~1608)는 올바른 당론을 선택하여 정책을 결정하기 위해서 스스로 주도당에 이끌려 갔다. 선조는 이율곡과 성혼을 숭상하여 "이율곡은 진실로 순한 자이다. 당이 있는 것이 걱정스러운 것이 아니라 당이 적은 것이 걱정스러우니 내가 주자의 설에 따라서 율곡, 성혼의 당에 들고자 한다"라며 붕당에 적극적이었으며,20 제19대 숙종(재위 1674~1720)은 주도하는 붕당을 번갈아 바꾸는 방법으로 당파들의 시비를 가려서 정책결정을 했다.21

제21대 영조(재위 1724~1776)는 요순 시대의 성군이 되어 선정을 베풀기 위해 재위 52년 동안 3,400회나 경연에 참석했고, 신하들에게는 당파를 초월하도록 하는 탕평책을 썼다. 영조는 성군 정치를 위해서는 임금의 수양이 우선해야

---

17 송영일, 『조선 시대 경연과 제왕교육』, 319쪽.

18 최성환, 「영조대 탕평정치에서 신임의리와 국시문제」, 정옥자 엮음, 『조선 시대 문화사 (상)』, 237쪽; 김석준, 『한국 중세 유교정치사상사론(1)』, 210쪽.

19 김문식, 「조선본 주자대전의 간행과 활용」, 정옥자 엮음, 『조선 시대 문화사(상)』, 101, 108쪽.

20 이태진, 『조선 유교사회사론』, 187쪽.

21 최성환, 「영조대 탕평정치에서 신임의리와 국시문제」, 238쪽.

한다는 이유로 세자와 세손에게 『가례』와 『소학』을 교육하도록 했다. 『가례』는 효의 근본이고 『소학』은 수신제가치국평천하의 근본이 된다는 이유였다.22

제22대 정조(재위 1777~1800)는 당쟁을 피하려고 재위 24년 동안 5년이 지나서는 경연에 전혀 참석하지 않았다. 정조는 즉위 원년에 명나라 영락제의 문연각을 본떠 규장각을 세웠는데, 왕립도서관이자 교육기관인 규장각을 통해 당쟁의 근원인 경연을 멀리하고 당파에 속하지 않는 학자들을 양성하려 했다.23

영조와 정조가 당파를 초월하여 국정을 운영한 결과, 당파 사이의 갈등은 약화되었다. 그러나 당쟁의 원인인 신권론의 약화와 동시에 신권론의 또 다른 형태인 '재상권론'이 등장했다. 수기치인을 위해서는 무엇보다 독서를 통해서 배우고 성인이 된 군주가 이상 정치를 실현하는 것이 가장 좋지만, 실제로 그러한 성인 군주가 나타날 가능성은 거의 없으므로 양반사대부 중에서 주공 같은 성현을 맞아들여 그에게 정치(세도)를 맡기자는 것이 재상권론의 내용이었다.24 이는 정도전이 『조선경국전』의 「치전」에서 국정운영은 훌륭한 총재가 관장해야 한다고 말한 것과 상통하는 것이다.25

그러나 국왕으로부터 정권을 위임받아 나라를 다스린다는 것은 실제로는 일당독재를 의미하는 것이었다. 정조 때 홍국영의 집안이 당파를 제압한 이래 세도정치가 시작되었는데, 1800년에 정조가 죽고 12살 된 순조가 왕위에 오르자 처가인 안동 김씨 김조순 집안이 세도정치를 했다.26

이후 순조의 아들 익종의 처가인 조만영 집안이 1827년부터 4년 동안 세도

22 이정민, 「영조의 소학교육 강화와 지향」, 정옥자 엮음, 『조선 시대 문화사(상)』.

23 이태진, 「조선 왕조의 유교정치와 왕권」, 동양사학회 엮음, 『동아사상의 왕권』, 112~115쪽.

24 김준석, 『한국 중세 유교정치사상가(1)』, 211쪽.

25 정도전, 『조선경국전』, 62쪽.

26 김병기, 『조선 명가 안동 김씨』(김영사, 2007) 두루 참조.

정치를 했으며, 제25대 철종(재위 1849~1868)의 처가인 안동 김씨 김문근 집안
과 제26대 고종(재위 1893~1907)의 처가인 여흥 민씨 집안의 세도정치가 이어
졌다.

14

이의 세계 조선과 기의 세계 일본

　세계는 철학자와 사상가들의 생각에 따라서 여러 가지 모습으로 나타나고 여러 갈래로 나뉘기도 한다. 세계는 그대로 있음에도 이를 보는 관점에 따라 다르게 보이기 때문에 이를 둘러싼 논쟁과 갈등이 생겨난다. 중국에서는 과거 북송의 주돈이(1017~1073)가 『태극도설』에서 무극(태극)을 움직이지 않는(정) 음과 움직이는(동) 양으로 나누었고, 이 설을 이어받은 남송의 주희(주자)가 우주의 질서인 태극의 음과 양을 사회질서인 이와 기로 표현했다.

　이는 우주에 존재하는 하나뿐인 질서이자 변하지 않는 원칙으로, 형이상학적 이상론이다. 이의 사회는 권위적이고 획일성의 성격을 가진다. 따라서 이는 인간의 본성을 아직 나타나지 않은(미발) 4단(측은지심, 수오지심, 사양지심, 시비지심)으로 파악했다.

　기는 우주의 원리인 이에서 현상으로 나타난(기발) 7정(喜怒哀懼愛惡慾)인 즐거움(희), 노여움(노), 슬픔(애), 두려움(구), 사랑(애), 악함(오), 욕심(욕)으로, 변화하는 다양성을 의미하는 형이하학적 개념이다. 이는 보편성의 원리며 기는 특수성의 원리이다.[1]

조선은 500년 동안 이의 세계였다. 따라서 외부세계의 변화에 관심을 두지 않았으며, 사회 변화에 대한 적응력이 부족한 문약한 사회였다. 따라서 조선 사회는 정체될 수밖에 없었다. 반면, 일본은 원리원칙에 집착하지 않고 항상 이해관계에 따라 움직이는 기의 세계였다.

일본은 임진왜란 등을 일으켜 조선에서 물질적 이익을 얻으려고 물리적 노력을 했던 반면, 조선은 정신적 우수성만 생각하고 물리적 대응은 제대로 하지 못했다. 이처럼 조선은 수동적이고 일본은 능동적이었다.

일본의 역사는 전쟁의 역사이다. 1603년 도쿠가와 막부가 서기까지 분국 사이에 전쟁이 계속되었다. 전쟁은 주자학의 관점에서 보면 기의 세계에 속한 것이다. 명분과 원리원칙을 앞세우는 이는 전쟁에 도움이 되지 않는다. 무사들은 전쟁에서 이기기 위해 수단과 방법을 가리지 않는다. 더 많은 물자와 더 좋은 기술로 만든 무기를 가지려고 한다.

일본은 서양과의 첫 만남에서 서양 문물의 우수성을 알고 이를 받아들여 이용했다. 1543년 규수 남쪽에 있는 섬, 다네가시마에 폭풍우를 피하려는 포르투갈 배가 상륙했다. 이 배에는 1m 길이의 총이 있었는데, 도주 다네가시마 도키타카는 총 두 자루를 사들였다. 그는 가신들에게 화약을 만드는 법을 익히게 하고 칼 만드는 장인 긴베 기요사다에게는 총을 만들게 했다. 이 총은 섬의 이름을 따 '다네가시마'라고 불렀다. 당시 자유무역 도시였던 사카이의 상인들이 총을 만들어 전국에 팔았는데, 이 총으로 무장한 오다 노부나가는 1575년 나가시노 전투에서 기마병 중심으로 편성되었던 다케다 군대를 이겨 전국 시대의 종말을 고했다.2

---

1 하기락, 『조선철학의 체계적 전개』(신명, 1993), 231쪽.

2 박경희, 『연표와 사진으로 보는 일본사』, 228~230쪽.

일본이 조총의 중요성을 알고 즉시 이를 이용했던 반면, 조선은 1748년 통신사의 역관으로 갔던 박상순이 일본에서 조총 두 자루를 사왔다는 소식에 비상한 관심을 보이면서도 연구하려 하지 않았다고 조선 말의 실학자 이익이 비판했다.3 좋은 무기와 장비를 가지려는 일본의 사회풍토는 과학기술이 발달하는 배경이 되었다. 조선과 일본이 역사에서 오랫동안 갈등을 빚었던 원인 중 하나는 조선이 형이상학의 원리주의 가치를 주장하는 선비가 다스리는 이와 문(文)의 사회였던 반면, 일본은 형이하학의 물질과 현실주의를 앞세우는 무사들이 지배하는 기와 무(武)의 사회였다는 데 있다.4

조·일 관계에서 일본이 실용주의를 택했다면, 조선은 주자학적 원리와 명분에 따랐다. 조선은 사대교린이라는 대외정책의 원칙에 따라서 예를 중요하게 여겼다. 1590년 일본에 파견된 통신사의 주요 임무는 일본이 조선을 침략할 것인지를 탐지하는 것이었다. 통신사의 구성은 정사에 서인당의 황윤길, 부사에 당시 집권당이었던 동인당의 김성일, 서장관에 허성이었다. 황윤길은 도요토미 히데요시를 만나고 돌아오는 길인 사카이에서 도요토미의 답서를 받았다. 일본이 명나라에 침입할 것이니 조선이 앞장설 것을 명령한다는 내용이었다. 부사 김성일은 분개하여 다시 쓸 것을 요구했으나 받아들여지지 않았다.

귀국 보고하는 어전회의에서 황윤길은 도요토미의 눈동자가 예리하고 빛나니 침입할 것이라고 했고, 김성일은 도요토미의 눈은 쥐와 같으니 겁낼 필요가 없고 침입하려는 의도를 찾지 못했다고 말했으며, 허성은 반드시 침입한다고 했다. 이들은 국가의 중대한 사항을 논의하는 회의에서도 군자와 소인의 구별이라는 인물론으로 국제정치 상황을 평가했다. 집권당은 부사 김성일의 보고를

---

3 하우봉, 『조선 후기 실학자의 일본관 연구』, 66쪽.

4 호사카 유지, 『조선 선비와 일본 사무라이』(김영사, 2007); 한준석, 『문의 문화와 무의 문화』 (다나, 1991).

채택했다. 이에 따라 선조는 남부 해안 지역의 방위 명령까지도 철회했다. 명나라를 침공하겠다는 답서도 단지 위협에 불과하다고 해석하고 일본의 군사적 위협을 예로서 타이르는 방안을 생각했다.5

역사적으로 일본은 한국, 중국 등 동아시아 국가들과 이해관계에 따라서 교류와 갈등을 함께하는 이중성을 가진다. 지금도 일본의 아시아정책은 이중성을 가진다. 일본은 대륙에서 선진문화를 받아들이고 경제적 이득을 얻으면서도 정치적·군사적으로는 항상 도전하고 경쟁하려 했다. '천자'를 중심으로 하는 중국과 '천황'을 중심으로 하는 일본은 서로 하늘의 높이를 양보하지 않으려 했다.

유명한 예로 쇼토쿠 태자(574~622)가 수나라에 보낸 친서가 있다. 아스카 시대(592~710)에 쇼토쿠 태자는 중국의 문화와 제도를 받아들이려고 수나라(581~618)에 600년부터 614년까지 다섯 차례 견수사를 파견했다. 견수사에는 학생과 승려들이 포함되어 있었다. 이들은 20~30년 동안 유학하면서 중국을 배우고 돌아와 일본의 개혁을 이끌었다. 일본은 607년 중국과 정식 외교관계를 맺었다. 이때 쇼토쿠 태자가 수나라 양제에게 보내는 국서 첫머리에는 "해가 뜨는 나라의 천자가 해가 지는 나라의 천자에게 글을 보내노니……"라고 서술하여 일본이 중국과 대등하다는 것을 강조했다.6

중국에서 수나라가 멸망하고 당나라(618~907)가 세워지자 630년부터 9세기 말까지 15차례 견당사를 파견했다. 견당사는 500~600명 정도 규모였다. 이렇게 중국의 문화와 제도를 받아들인 일본은 603년에 관료제도로 관위 12계를 만들고 604년에는 헌법 17조를 만들어서 통치제도를 개혁하여 아스카 문화를 꽃피웠다. 한편, 일본은 견수사와 견당사를 통해 조공무역의 이득도 함께 얻을 수

---

5 미야케 히데토시, 『근세 일본과 조선통신사』, 48~49쪽; 신동준, 『조선의 왕과 신하, 부국
   강병을 논하다』, 332쪽.

6 가쿠 고조, 『이야기로 배우는 일본의 역사』, 양억관 옮김(고려원, 1995), 45쪽.

있었다.7

　견수사와 견당사는 1867년 메이지 유신 이후 유럽의 제도와 문화를 배우기 위해서 1871년 11월부터 1년 9개월 동안 유럽 12개국을 돌아보았던 이와쿠라 사절단으로 이어진다. 이와쿠라 사절단은 전문직 관료 50여 명과 유학생 49명으로 구성되었으며 이들은 유럽에서 일본의 개화와 현대화를 위한 지식을 가지고 왔다.8

　무로마치 시대(1336~1573)에 명나라(1368~1644)는 주변 국가에 대한 책봉 체제를 강화하고 조공무역만을 허용했다. 명나라는 일본에 중국 해안을 침범하는 왜구의 근절과 조공을 요구했다. 무로마치 막부의 3대 쇼군 아시카가 요시미쓰는 1401년 명나라의 책봉을 받아들이고 중국에 조공을 바쳤다. 아시카가는 왜구의 약탈과 밀무역 행위를 억압하고 조공무역과 함께 1404년부터는 '감합무역'도 독점했다. 감합무역은 나라 사이에 합의된 징표를 가진 배가 상대국의 항구에 도착하여 징표를 대조함으로써 무역을 하는 무역허가 제도였다. 조공무역과 감합무역으로 얻은 이익으로 무로마치 막부는 유력한 번국들을 압도하고 권력기반을 쌓았다. 그렇지만 왜구들의 활동은 계속되었다.9

　명나라와 무역관계가 열리면서 사카이와 하카타는 무역항으로 번창했고 상인들은 명, 조선, 류큐, 동남아시아를 무대로 활약했다. 사카이와 하카타는 자유무역도시이자 치외법권 지역이어서 이곳에 들어가려면 사무라이들도 무장을 해제해야 했다. 이들 상인의 경제력에 위협을 느낀 오다 노부나가는 1568년 사

---

7 박경희, 『연표와 사진으로 보는 일본사』, 33, 37쪽.

8 이와쿠라 사절단의 인원수와 이름, 여행일정 등에 대해서는 다나카 아키라, 『메이지 유신과 서양문명: 이와쿠라 사절단은 무엇을 보았는가』, 현명철 옮김(소화, 2006); 다나카 아키라, 『소일본주의: 일본의 근대를 다시 읽는다』, 강진아 옮김(소화, 2002) 두루 참조.

9 다나카 아키라, 같은 책, 187~189쪽; 윤성익, 『명대 왜구의 연구』(경인문화사, 2007), 167쪽.

카이와 하카타를 직할시로 만들었고, 도요토미 히데요시는 이들 자유도시를 해체했다. 사카이는 오늘날의 오사카 지방이며 하카타는 후쿠오카 지방이다.10

전국 시대(1467~1568)에 다이묘들은 무기와 전쟁비용을 얻기 위해 상공업자들을 자기 지역으로 불러들였다. 260여 명에 이르는 다이묘들은 재정수입을 늘리기 위해서 '일국일품' 또는 '일촌일품'이라는 명목으로 지방의 특색을 살린 특산품을 생산하게 하는 전매제도를 시행했다. 1543년에 일본에 전해진 포르투갈 총을 대량생산하여 전국에 전파한 것은 사카이 상인들이었다. 에도 시대(1603~1867)에는 상인들이 다이묘들에게 돈을 빌려주는 대부업에도 진출했고, 19세기 근대화를 맞아서는 은행업으로 전환하기도 했다.11

일본의 번국들은 경제적 능력을 기반으로 군사력을 강화하여, 때로는 막부까지도 위협했다. 이에 막부는 조공무역과 감합무역을 독점하여 번국을 억압했다. 막부의 통제에서 벗어난 번국들, 특히 대륙에 가까운 번국들은 동남아시아, 중국, 한반도에서 해적행위를 하여 이익을 얻으려 했다. 즉, 중앙권력인 막부의 권력이 강할 때는 왜구 활동이 약화되었다.

주자학의 관점에 보면 왜구는 극단적인 물질적 욕심, 즉 기에서 비롯된 것이다. 조선 선비들은 기에 충실한 일본을 야만으로 간주했다. 조선 주자학자들은 일본인을 교활하며 이익만 좇고, 싸움을 좋아하고 무기만 익히며, 속임수와 거짓말만 일삼는다고 평했다.12

일본은 무사사회로서 막부와 번국은 주종관계에 있으면서도 서로 경쟁관계

---

10 가와이 아쓰시, 『하룻밤에 읽는 일본사』, 원지연 옮김(중앙 M&B, 2003), 148~149쪽.

11 황인영, 『일본사 여행』(일본 문화 연구센터, 1995), 39쪽; 황인영, 『일본 쪼개보기』(한국경제신문사, 1996), 98~99쪽; 박경희, 『연표와 사진으로 보는 일본사』, 228쪽; 아사오 나오히로, 『일본 근대사의 자립』, 최정환 옮김(경북대학교출판부, 1993), 194~202쪽.

12 하우봉, 『조선 후기 실학자의 일본관 연구』, 19~20, 41, 163, 172, 202쪽.

에 있었다. 분국의 다이묘들은 경제적 이익을 최대한 늘려 경쟁에서 이기려 했다. 일본은 섬나라이기 때문에 외부 세계와는 고립되어 있었으며 식량과 물자가 부족하여 주변 국가에 비해 경제나 문화에서 후진성을 면하지 못했다. 일본은 아시아 대륙에서 떨어져 있는 섬나라라는 지리적 위치 때문에 독자적인 세계관을 가지게 되었고, 그에 따라 대륙의 중심세력이며 중심문화였던 중화문명에 흡수되지 않고 독자성을 유지할 수가 있었다. 일본의 문화적 열등의식은 분국 간 전쟁을 통한 경쟁의식과 복합되어 왜구의 국외 침략이라는 형태로 나타났다.13 고대부터 한반도, 중국, 동남아시아 등에서 전쟁에 필요한 물자와 군인을 확보하기 위해서 약탈을 하고 사람들, 특히 기술자들을 잡아갔는데, 이는 물자약탈인 동시에 문화약탈 행위였다.14

아시아 대륙의 문명사회를 파괴한 왜구 활동은 8~10세기에 걸쳐 유럽 대륙의 해안 지역과 내륙지방에 침입하여 기독교 문명을 파괴하고 다녔던 바이킹의 약탈행위와 비교되기도 한다.

한반도에서 왜구 활동은 신라 시대부터 시작된 것으로 보인다. 기록에 따르면 신라의 30대 문무왕(재위 661~681)은 죽어서도 왜구의 약탈행위를 막겠다는 생각으로 자기의 무덤을 경주 앞바다에 수중묘로 만들라는 유언을 남겼다. 고려 말에는 왜구가 수도인 개경 근처까지 침입했다. 이들의 침입에 대항하여 1376년 최영이 홍산에서, 1380년에는 최무선이 금강 입구의 진포에서, 1380년에는 이성계가 지리산의 황산에서 왜구를 물리쳤으나 이들의 약탈은 그치지 않았다.15

---

13 Bernard Silberman, *Japanese Character and Culture*(Arizona, 1962), p. 338; 김우현, 『세계정치질서』, 192쪽; 이영, 『잊혀진 전쟁, 왜구』(에피스테메, 2007), 저자 후기.

14 이현종, 『조선전기 대일교섭사 연구』(서울, 1964), 9쪽.

15 이영, 『잊혀진 전쟁, 왜구』.

세종은 1419년에 이종무로 하여금 왜구 활동의 근거지인 쓰시마를 정벌하게 하고, 이들을 무마하기 위해 쓰시마 도주의 간청을 받아들여 부산포·제포(창원)·염포(울산)의 삼포를 개항하여 상거래를 허락했다. 그에 따라 왜구의 약탈행위는 약화되었다. 왜구들이 약탈자에서 장사꾼으로 바뀌었기 때문이다. 삼포에는 쓰시마 사람을 포함한 일본 사람들이 가족을 데리고 와 살면서 무역과 어업에 종사했다. 1441년(세종 23)에는 쓰시마 어선이 거제도에 와서 고기를 잡아도 좋다는 허락을 받았다. 이때부터 삼포에 와 있는 일본 사람들을 상업을 통해서 이익을 낸다는 의미로 '흥리왜인'이라 하고, 일본 상선을 '흥리선'이라고 했다.16

쓰시마는 쌀 2만 섬 규모의 경제력을 가진 조그만 번국이었으나 땅이 척박하여 식량이 부족했다. 그러나 왜구의 약탈행위와 밀무역 및 중계무역으로 실제로는 10만 섬 규모의 번국이 되었다.17 이는 조선과 외교 및 무역을 담당하는 번으로서의 명목으로 얻어낸 것이다. 쓰시마는 조선과의 국교 재개에 대한 공으로 본토의 히젠에서 2,800섬을 추가로 받았다. 그러나 18세기 초 쓰시마에서 조선과의 외교 문서를 다루는 역관으로 있으면서 무역 업무를 맡은 아메노모리 호슈가 "쓰시마의 경제는 소라껍데기와 같다"라고 했던 것처럼, 쓰시마의 경제 사정은 그다지 좋지 않았다.18 실제로 쓰시마에는 쌀 이외의 잡곡을 다 합쳐도 수천 섬에 불과했다.

쓰시마 도주는 1443년(세종 25) 계해약조에 따라 해마다 조선으로부터 쌀과 콩 200섬을 하사받았으며, 일 년에 50척까지 무역선을 파견할 수 있었다. 이의

---

16 이훈, 『대마도, 역사를 따라 걷다』(역사공간, 2005), 48쪽; 무라이 쇼스케, 『중세 왜인의 세계』, 이영 옮김(소화, 1998), 47쪽.

17 다시로 가즈이, 『왜관』, 정성일 옮김(논형, 2005), 28, 110쪽; 강항, 『간양록』(서해문집, 2005), 70쪽.

18 나가오 히시로, 『조선통신사 이야기』, 유종현 옮김(도서출판 한울, 2005), 105쪽.

세계에 몰입되어 있던 조선이 삼포를 개항한 것은 기의 세계에 몰입되어 있는 일본 오랑캐를 길들이려는 것으로, 이익을 얻기 위한 것이 아니었다. 삼포에 왜관을 허락했던 이유는 일본과의 밀무역을 통해 금지된 물건을 입수하거나 군사기밀을 누설하는 등의 행위를 방지하고 이익을 추구하다 불화를 일으키는 것을 막으려는 것이었다.19 경제적인 관점에서의 동기는 전혀 없었다.

쓰시마는 조선 무역을 독점하고 일본 본토에는 하카타 항에 무역거점을 두었다. 쓰시마는 조선 왜관(삼포)-쓰시마-하카타로 연결되는 무역로를 확보하고, 중계무역을 통해 이익을 얻었다. 일본은 쓰시마를 통해서 조선에 더 많은 상품을 교역할 것을 요구했으며, 조선은 이에 대해 오랑캐를 무마하는 차원에서 대응했다. 일본은 상품교역 이외에도 대장경 등의 불교서적을 달라고 요구했다. 당시 쓰시마에는 외교문서를 다룰 수 있는 관리가 없었기 때문에, 한문을 읽고 쓸 수 있는 승려 두 명을 교토에서 쓰시마에 매년 파견하고 '조선수문직'이라는 직책을 주어서 외교문서를 다루도록 했다. 이들에게는 조선 사절이 일본을 방문할 때 에도까지 왕복하는 길을 수행하는 임무가 주어졌다.20 일본이 조선과의 외교 교섭 때 불교서적이나 대장경 등을 요구한 것은 승려가 외교 담당자였다는 데서 비롯된 것으로 추측된다.

15세기 말 삼포에 살고 있었던 일본인은 3,000명 이상이었다. 이들은 주로 상업과 어업에 종사했는데, 밀무역과 밀렵으로 부자가 되는 사람들도 생겨났다. 이들은 토지와 재산을 담보로 한 고리대금업을 하기도 했다. 일본 상인들은 왜관의 통제구역을 벗어나서 활동하기도 했다.21 이런 상황 속에서 일본 사람들은 부자가 되고 조선사람들은 점점 가난해졌다.

---

19 무라이 쇼스케, 『중세 왜인의 세계』, 147쪽.
20 나가오 히시로, 『조선통신사 이야기』, 85쪽.
21 무라이 쇼스케, 『중세 왜인의 세계』, 136~145쪽.

이에 불법으로 체류하는 일본 사람도 늘어났다. 이들 불법체류자는 왜관 주변으로 거주 지역을 넓혔는데, 지방 관리들과 점점 갈등을 빚게 되었다. 이러한 것들이 불씨가 되어서 1510년에 삼포에 있는 일본 사람들이 난을 일으켰다(삼포왜란). 폭동을 일으킨 사람들과 이해관계를 같이 하는 쓰시마 도주는 지원병까지 파병했으나, 결국 폭도들은 조선 관군에 쫓겨서 쓰시마로 도망했다. 1512년 쓰시마 도주의 요구로 임신약조가 체결되어 개항소는 제포(창원) 한 곳으로 축소되고 무역선은 50척에서 25척으로 줄었다. 무역 규모와 이익이 줄어든 쓰시마 도주는 재차 개항을 요청했고, 1521년에 부산포가 허락되어 왜관은 제포와 부산포 두 곳이 되었다. 그러나 1544년에 다시 일어난 왜란으로 제포 왜관은 폐쇄되고 부산포 왜관 한 곳만 남게 되었다. 1557년의 정사약조에서는 무역선 30척으로 규정했다.22

정식교역량이 줄어들면서 밀무역은 더욱 성행했고, 삼포에 사는 일본 사람 중에는 해적행위를 하는 사람들도 많았다. 조공무역을 통해서 이익을 얻기 위해서 외교문서를 위조한 가짜 외교사절도 자주 나타났다.23

일본이 이처럼 조선과의 무역에 열을 올린 까닭은 전쟁을 수행하기 위해 끊임없는 물자보급이 필요했기 때문이다. 일본은 조선에 많은 물품교류를 요구했던 반면, 조선은 현상유지, 혹은 교류의 축소를 원했다. 전쟁이란 영토 넓히기 경쟁이다. 일본에서는 영토를 두고 분국들 사이에 끊임없는 전쟁이 벌어졌고, 그에 따라 항상 새로운 영토를 탐냈다. 이러한 욕심이 침략전쟁으로 나타난 것이다. 반면, 조선은 주변에 있는 영토를 중화사상에 따라 관리하는 데 머물렀고 일본의 도발에는 교린정책으로만 대응했다. 조선 선비들은 영토를 관리하기 번

---

22 다시로 가즈이, 『왜관』, 25~30쪽.

23 무라이 쇼스케, 『중세 왜인의 세계』, 173~186쪽; 이훈, 『대마도, 역사를 따라 걷다』, 55~56쪽; 나카오 히로시, 『조선통신사 이야기』, 73~90쪽.

거로운 것으로 여겼다. 예를 들어, 태종은 쓰시마에 대해 "쓰시마는 섬으로 본래 조선 땅이다. 다만 궁벽하게 막혀 있고 누추하므로 왜놈이 거주하게 두었더니 개같이 도적질하고 쥐같이 훔치는 버릇을 가지기 시작했다"라며 영토에 대한 적극성을 보이지 않았다.24

세종은 1419년 왜구들의 본거지인 쓰시마를 정벌했다. 세종은 쓰시마 도주에게 보내는 고유문(告由文)에서 "쓰시마는 섬으로 경상도의 계림에 예속되었던 조선 땅이다. …… 다만 그 땅이 매우 작고 또 바다 가운데 있어서 왕래함이 막혀서 백성들이 살지 않았을 뿐이다. 이에 왜놈으로 나라에서 쫓겨나 갈 곳이 없는 사람들이 몰려와 모여 살며 소굴을 이루었다. 만약 빨리 깨닫고 모두 항복하면 도주에게 좋은 벼슬과 두터운 몫을 나누어주겠다. 이를 받아들이든가 그렇지 않으면 일본 본국으로 돌아가라. 이에 따르지 않으면 다시 정벌하겠다"라고 했다.25 이것은 쓰시마에 대해 바다 가운데 있는 섬으로 관리하기 불편하고 번거로웠기 때문에 굳이 실질 지배하지 않는 '공도정책(空島政策)'을 썼음을 보여준다.

조선은 울릉도에 대해서도 공도정책을 썼다. 고려 시대에는 최충헌 무신정권 때에 백성을 울릉도에 이주시켰으나 풍랑이 심하여 육지와 연락이 불편했다. 고려 말과 조선 초에 울릉도로 도망하는 유랑민이 많아져서 1416년(태종 16)과 1417년 두 차례에 걸쳐 안무사를 파견하여 이들을 쫓아내고 1438년(세종 20)에는 만호(장수)를 파견하여 72명을 잡아오게 하여 울릉도는 빈 섬이 되었다. 그러자 일본 어부들이 울릉도에 자주 침입했는데, 광해군 때에는 동래부사와 쓰시마 도주 사이에 섬의 영유권 문제로 분쟁이 생기기도 했다.26

---

24 하우봉, 『조선 시대 한국인의 일본인식』, 82쪽.

25 같은 책, 83~86쪽.

26 유홍열, 『한국사대사전』(교육출판공사, 1979), 949쪽.

한편 쓰시마 도주는 세종의 고유문에 대해 쓰시마가 본래 말을 키우는 조선의 목마지였다면서 "우리 섬으로 하여금 귀국 영토의 안에 있는 주와 군의 예에 따라서 주의 명칭을 정하여 주고 관직도장으로 신인을 주신다면 마땅히 신하의 도리를 지키어 시키는 대로 따르겠습니다"라는 대답으로 조선에 귀속되기를 원했다. 그러나 일본 막부의 개입으로 쓰시마의 조선 귀속은 이루어지지 못했다. 조선은 쓰시마를 정벌했던 것은 왜구를 진압하는 것이 목적이었고 영토지배가 목적이 아니었기 때문에 쓰시마 도주가 신하가 되어서 변경을 지킨다는, 즉 화이관계라는 명분과 종속관계에 만족했다.

세종은 1420년에 쓰시마 도주에게 "쓰시마는 경상도에 예속되었으니 모든 보고나 문의할 일이 있으면 반드시 경상도의 관찰사에게 통보하여 그를 통해서 보고하도록 하고 직접 본조(한양의 조정)에 올라오지 말도록 할 것이요, 겸하여 요청한 인장과 하사하는 물품을 돌아가는 사신에게 부쳐 보낸다"라는 답신을 보냈다.27

세조는 1461년 쓰시마 도주에게 내린 교서에서 "경의 조부들이 대대로 남쪽 변방을 지켜서 조선의 변방이 되었는데 지금 경이 조부들의 뜻을 이어서 더욱 공경하고 게으지 아니하며 거듭 사람을 보내어 작명(관직)을 받기를 청하니, 내가 그 정성을 가상히 여겨 특별히 숭정대부 판중추원사 대마주 병마절제사를 제수한다"라고 했다.28

쓰시마는 경제적 이익을 얻기 위해서 조선과 일본 양쪽에 복속되어 조공을 바쳤는데, 임진왜란 때는 출병한 20만 명의 일본군 중에서 쓰시마 출신이 5,000명이나 종군하여 조선 침략의 길잡이가 되었다.29

---

27 하우봉, 『조선 시대 한국인의 일본인식』, 83쪽; 이훈, 『대마도, 역사를 따라 걷다』, 180쪽.

28 하우봉, 『조선 시대 한국인의 일본인식』, 87쪽

29 이훈, 『대마도, 역사를 따라 걷다』, 59쪽.

임진왜란은 지정학적 관점에서 보면 중국과 조선의 대륙 세력과 일본의 해양 세력 간 전쟁이었으며, 철학사상으로 보면 이와 기의 충돌이었다. 임진왜란의 표면적 목표는 조선이 길을 내고 앞장서면 명을 정복하는 것이었으므로, 조선은 일본과 명이라는 고래 사이에 낀 새우와 같은 처지였다. 1597년 벌인 정유재란은 한반도 남부를 합병하려는 시도였다. 일본은 1596년 명나라와 평화협상 과정에서 평양 이남을 일본에 할양하라고 요구하기도 했다.30 이런 상황에서 조선은 협상과정에 참석도 못하고 아무런 영향을 미치지 못했다. 중국과 일본이 조선의 운명을 좌우한 것이다.

도요토미 히데요시가 임진왜란을 일으킨 동기와 목표는 크게 세 가지로 볼 수 있다. 첫째는 국외에서 영토를 확보하여 부하들에게 나누어주어 통일과정에서 생긴 불만을 진정시키는 것이고, 둘째는 아시아 대륙과 무역관계를 복구하고 독점하여 다이묘들을 다스리는 것이고, 셋째는 대아시아 제국을 건설하는 것이었다. 그는 중국, 일본, 조선, 인도, 페르시아 등과 남아시아 쪽의 류큐, 타이완, 필리핀 등의 섬까지 아우르는 대아시아 제국을 건설하려 했다. 그는 대아시아 제국의 첫 단계로 중국, 한반도와 그 주변의 섬들을 정복하려 했다. 도요토미 히데요시는 1590~1591년 류큐, 인도, 필리핀에 보내는 고유문에서 자신이 세계 유일의 지배자가 되겠다고 했다. 그는 조선이 일본에 조공을 바치는 복속 국가가 되어서 중국을 정복하는 일에 협력할 것을 요구했다.31

도요토미 히데요시의 중국 정벌 계획은 1592년 5월 말 이전에 조선의 서울

30 Kuno Yoshi, *Japanese Expansion on the Asiatic Continent 1*(Kennikat Press, 1967), p. 160, 166, 171.

31 같은 책, p. 143~144; 최소자, 「명말 중국적 세계질서의 변화」, 오금성 엮음, 『명말 청초 사회의 조명』(도서출판 한울, 1990), 223~224쪽; 김우현, 『세계정치질서』, 196쪽; 이훈, 『대마도, 역사를 따라 걷다』, 58쪽.

을 점령하고, 1592년 말 이전에 중국의 수도 베이징을 점령하고, 1593년에 쇼
군의 막부를 베이징으로 옮기고, 1594년에는 일본 천황을 교토에서 베이징으
로 옮겨 새로 건설되는 대아시아 제국의 지배자가 되게 하고, 도요토미 히데요
시 자신은 다음 단계인 인도와 아시아 국가들을 정복하기 위해서 중국 남부의
닝보(寧波)에 머무르는 것이었다.32

도요토미 히데요시가 1598년에 병사함으로써 왜란은 종결되었고, 대아시아
제국 구상도 실현되지 못했다. 그러나 그의 계획이 실패했기 때문에 오늘날의
일본이 존재할 수 있었다. 만일 일본의 계획이 성공하여 중국을 군사적으로 정
복했다고 해도, 일본은 넓은 중국을 통치할 철학이 없었기 때문에 중국의 통치
철학을 사용했을 것이다. 또한 중국의 많은 인구를 다스리려면 중국 사람들을
중요한 관직에 그대로 두어야 했을 것이고, 그에 따라 시간이 지나면서 일본은
중국 속에서 소멸되었을 것이다. 중국에 침입한 몽골족, 만주족 등 많은 민족도
중국을 군사적으로 정복했으나 통치수단과 통치철학에서 중국 문화를 벗어나
지 못했기 때문에 동화되어 소멸되고 말았다.33

한편, 몽골족의 원나라는 1274년과 1281년 두 번에 걸쳐서 일본을 침략했으
나 태풍을 만나서 실패했다. 이것은 중국에서 일본과 소통하는 통로를 만들려
했던 것이다. 반대로, 도요토미 히데요시 중국 정벌 계획은 일본이 스스로 아시
아 대륙과 연결하는 길을 만들려고 한 것이다. 어느 쪽이 주체가 되었든 간에 이
통로가 형성되었다면, 대륙문화가 일본에 유입되어 오히려 일본 문화를 소멸시
키고 일본의 존재마저 역사 속에서 지워버렸을 가능성도 있었다. 이러한 관점

---

32 Kuno Yoshi, *Japanese Expansion on the Asiatic Continent 1*, p. 147; 김우현, 『세계정치질서』,
197쪽; 황인영, 『일본 쪼개보기』, 63~64쪽; 무라이 쇼스케, 『중세 왜인의 세계』, 237쪽.

33 일본동아연구소, 『이민족의 중국 통치사』, 서병국 옮김(대륙연구소, 1991); 김우현, 『세계
정치질서』, 199쪽.

으로 보면 일본은 자신을 저지한 조선과 이순신 장군에게 감사해야 한다.

도요토미 히데요시에 이어 쇼군이 된 도쿠가와 이에야스는 도요토미 히데요시의 군사적인 계획을 경제적인 측면에서 이루려고 했다. 그는 무역을 확대하여 일본을 아시아 경제, 더 나아가 세계 경제의 중심지로 만들려고 했다. 이를 위해 일본은 첫 단계로 1609년에 조선과 기유약조를 맺었다. 기유약조에서 일본은 조선과 일 년에 한 번씩 부산포를 통해 무역하도록 허락받았다. 일본은 조선을 통해 중국과 무역을 재개하려고 했다. 평화적이고 경제적인 수단으로 중국을 정복하기 위해서 조선을 디딤돌로 이용하려 한 것이다.

이는 중국이 인도를 포함한 아시아 지역과 더불어 유럽 여러 나라까지 포괄하는, 그야말로 아시아 무역의 중심이었기 때문이다. 즉, 중국과 무역관계를 맺으면 세계 모든 나라와 무역할 수 있었다. 그러나 중국은 일본과 일체의 교류를 거부했다. 그에 따라 일본은 인도, 말레이 반도, 시암, 안남, 자바, 수마트라, 필리핀, 보르네오 등 동남아시아와 무역관계를 맺었다.34

도요토미 히데요시는 일본 통일 과정에서 무역상인들로부터 많은 경제적 도움을 받았다. 따라서 무역 상인들의 발언권이 막강했는데, 이들은 조선과 중국에 진출하도록 도요토미 히데요시에게 건의했다. 임진왜란 때에 일본군 제1진의 지휘를 맡았던 고니시 유키나가는 쓰시마 도주의 딸과 결혼했는데, 그의 아버지는 대표적인 무역 상인이었다. 그는 아우구스티노라는 세례명을 받은 기독교 신자이기도 했다.35

1600년경에 유럽 국가들이 무력으로 아시아 지역에 진출했기 때문에, 결국 일본은 1639년에 쇄국정책을 발표하고 모든 국외진출을 포기했는데, 쇄국정책

---

34 Kuno Yoshi, *Japanese Expansion on the Asiatic Continent 2*, p. 3~20, p. 22~25.
35 황인영, 『일본 쪼개보기』, 63쪽; 이훈, 『대마도, 역사를 따라 걷다』, 59쪽.

중에도 나가사키 항을 개방하여 네덜란드, 중국과는 무역관계를 유지하면서 새로운 문화와 기술을 받아들이려고 노력했다.

도요토미 히데요시에서 도쿠가와 이에야스로 이어지는 세계제국 계획은 일본이 제2차 세계대전 중 군사적인 수단으로 대동아공영권을 건설하려다가 실패하자 전쟁 후 경제적 수단을 통해 동남아시아에 제2의 대동아공영권을 만든 것과 같은 맥락으로 볼 수 있다.

한편, 도요토미 히데요시는 종전의 대가로 평양 이남을 요구했는데, 이는 서기 200년에 일본의 진구(神功)황후가 임나(가야)를 비롯한 한반도 남부를 점령했다는 신화를 실현하려는 것이었다. 진구황후 신화는 임나일본부설과 정한론의 근거가 되기도 했다. 오늘날에도 일본은 아시아 대륙, 즉 중국에 대항하기 위해 한반도 분단 고정화 정책을 펴고 있다. 일본은 아직도 한반도 남부에 관심을 가지고 있는 것이다.36

---

36 김우현, 『세계정치질서』, 199쪽.

15

일본의 습합문화
모방문화와 일본화

한반도에서는 외부에서 훌륭한 문화가 들어오면 그대로 받아들이는 반면, 토속문화는 무시하는 경향이 있어 문화의 전통이 세워지지 못했다. 정리된 체계를 갖추지 못한 토속문화는 외부문화와의 경쟁에서 뒤처지면서 자취를 감추게 되었다.

고구려는 372년에 불교를 받아들이고, 375년에는 국가종교로 삼았다. 고려 때 안향과 백이정이 1290년과 1298년에 주자학을 받아들인 이후 불교를 국교로 삼은 고려가 무너지고 1392년에 주자학을 국교로 하는 조선이 들어섰다. 19세기 후반 조선에 기독교가 전파된 이후 100여 년 동안 한국은 아시아 지역에서 기독교 신자 인구비율이 가장 높은 열성적인 기독교 사회를 이루었다.

한반도 문화는 여러 가지가 공존하지 못하고 한 가지가 다른 모든 것을 무시하고 없애버리는 '싹쓸이 문화'의 특징을 가진다. 이것은 흑백논리의 이분법을 연상시키는데, 오늘날 한국 사회도 타협이 없는 흑백논리를 앞세우는 경향이 있다.

중국에 불교가 전해진 것은 춘추전국 시대 때였다. 불교가 자리를 잡는 과정은 순탄하지 않았는데, 토속신앙인 유교와 도교의 저항이 거세어 한때는 불교가 금지되기도 했다.1 당나라의 현장(삼장법사, 600~664)은 645년부터 18년 동안 인도 등을 여행하면서 산스크리트 문자로 된 불경을 가지고 돌아왔다. 현장과 그의 제자들은 산스크리트 불경을 한문으로 번역했는데, 이 과정에서 불교가 중국화되었다. 번역하면 원문의 뜻은 옮기는 사람의 뜻에 따라 바뀌기 마련이다. 오늘날 동아시아에 퍼진 불교는 한문 불교이자 중국화된 불교이다. 중국문화의 특성은 온갖 외부문물과 문화를 받아들이면서도 이를 중국화한다는 데 있는데, 이를 '된장독 문화'라고 하기도 한다.2

그런데, 이 중국된 불교를 받아들인 일본은 상대적으로 중국의 영향을 덜 받았다. 일본의 무사들은 전쟁의 승리를 위해 선진 기술과 문물을 받아들였지만 철학사상이나 정치이념에는 관심이 없었기 때문이다. 일본은 실용주의 사회이자 외부에서 새로운 문화를 받아들이더라도 자기 것을 지키면서 새로운 것을 더하여 발전시키는 습합(習合)문화 사회이다.3 새로 받아들인 문화는 시간이 지나면서 겉모습은 그대로지만, 내용은 토속문화에 습합되어 일본화된다. 현재 일본에는 외부에서 들어온 많은 종교가 있지만, 토속종교인 '신도(神道)'를 제외한 다른 종교는 별다른 영향력을 발휘하지 못하고 있다. 일본 사람들은 신도를 현실사회의 생활수단, 즉 생활의 일부로 보기 때문이다.4

아스카 시대에 쇼토쿠 태자는 조공무역을 통해서 물자와 문화를 받아들이려

1 소운, 『하룻밤에 읽는 불교』(랜덤하우스 중앙, 2006), 72~74쪽.

2 백양, 『추악한 중국인』, 정순영 옮김(문조사, 1988); 백양·손관한, 『병든 중국인: 중국의 된
   장독 문화와 노혼병』, 박춘호 옮김(문학사상사, 1989).

3 박경희, 『연표와 사진으로 보는 일본사』, 94쪽.

4 아마 도시마로, 『일본인은 왜 종교가 없다고 말하는가』, 정형 옮김(예문서원. 2000), 54, 57,
   59, 61쪽.

고 607년에 처음으로 중국 수나라와 국교를 맺었다. 그러나 그의 중국에 대한 태도는 "해 뜨는 나라의 천자가 해 지는 나라의 천자에게 글을 보내노니……"라고 국서에 쓴 것에서 알 수 있듯이 매우 자주적이었다. 일본은 견수사와 견당사를 파견하여 불교와 유교를 받아들여, 이를 바탕으로 관료제도와 헌법 17조를 만들었다.5

불교를 받아들일 때도 이런 자주적인 태도를 보였다. 일본은 불교를 신도와 융합하는 과정에서 자기에게 편리한 쪽으로 해석하여 '습합(褶合)'시켰다. '신·불(神佛)' 습합을 위한 논리는 '본지수적설(本地垂迹説)'과 '반본지수적설(反本地垂迹説)'이었다. 본지수적설은 헤이안 시대(794~1192)에 제기된 것으로, 부처가 일본 사람들을 구제하기 위해 신도의 신으로 변신하여 일본에 나타났다는 주장이다(신불 습합). 그러므로 지금까지 신도를 믿은 것은 불교의 부처를 숭배한 것이므로 신도와 불교를 모두 믿는 것은 모순되지 않는다는 것이다. 이에 반해 반본지수적설은 가마쿠라 시대(1185~1333)에 제기된 것으로, 일본의 신은 세계를 지배하는 위대한 존재이며 불교는 일본의 신이 외국에 나타난 임시적인 모습이라는 주장이다. 무로마치 시대(1336~1573)에는 신불 습합에 유교사상을 더하여 유교는 가지와 잎이고 불교는 꽃과 열매이며 이것을 밑받침하는 뿌리가 신도라고 주장하는 '유일신도'로 탈바꿈했다.6

일본에서 유교는 사회제도를 개혁하는 역할을 했고 불교는 건축이나 예술분야에서 중요한 역할을 했다. 유교는 무사사회에서 주군에게 봉사하는 마음가짐인 인·의·예·지·신을 갖추는 데 도움을 주었고7 불교는 신도가 종교의 모습을 갖추는 데 도움을 주었다.

---

5 나가오 다케시, 『일본 사상 이야기 40』, 박규태 옮김(예문서원, 2002), 36~42쪽.

6 같은 책, 52~57쪽.

7 아마 도시마로, 『일본인은 왜 종교가 없다고 말하는가』, 50쪽.

신도는 본래 산, 바위, 나무 등 자연을 숭배하는 종교였다. 신도의 신은 모습이 보이지 않는 비상한 능력을 가진 존재였는데, 그런 신도의 신이 불교와 습합되면서 거울, 도검, 종이나 헝겊을 잘라 나뭇가지에 끼워 늘어뜨린 어폐 등으로 변모했다. 이로써 신도는 처음으로 인격신의 모습을 가지게 되었다. 이러한 '인격신 사상'에 따라 오다 노부나가와 도요토미 히데요시는 신이 되려고 노력했다.8 오늘날에도 신도의 신은 불교의 불상이나 기독교의 십자가처럼 인간과 가까이 있지 않고 제단의 깊숙한 곳에 놓여 있어 보이지 않는다.

정유재란이 시작된 1597년에 전라도 남원에서 군량미 보급에 힘쓰던 종사관 강항(1567~1618)은 남원이 함락되자 군사를 모아 의병활동을 했으나 결국 포로가 되어 일본으로 끌려갔다. 퇴계학파였던 강항은 승려인 후지와라 세이카(1561~1619)에게 이퇴계의 주자학을 가르쳤다. 후지와라 세이카는 일본 주자학의 시조가 되었으며 그의 제자 하야시 라잔(1583~1657)은 도쿠가와 이에야스 이후 4대에 걸쳐서 쇼군의 시감원을 지냈다. 도쿠가와 막부(1603~1867)는 통일국가를 유지하기 위해서 강력한 중앙집권이 필요했다. 주자학은 일본의 새로운 통치제도를 만드는 학문으로 이용되었다.9 하야시 라잔은 신도와 유교는 같다는 '신유일치론'을 주장하여 유교를 신도에 습합시키고 주자학을 일본의 실정과 필요에 맞게 변형시켰다.10 라잔은 천황이 중국 오나라 태백의 후손이

---

8 신불 습합 과정에 대하여는, 박규태, 『아마테라스에서 모노노케 히메까지: 종교로 읽는 일본인의 마음』(책세상, 2001), 41~50쪽; 무라오카 쓰네쓰구, 『일본 신도사』, 박규태 옮김(예문서원, 1998), 74~80, 110쪽; 나가오 다케시, 『일본사상 이야기 40』, 52~57쪽; 김대정, 『일본인의 삶과 종교』(제이엔씨, 2007), 307~311쪽; 고영자, 『일본의 중세 무가시대』(탱자, 2001), 280~281쪽; 황인영, 『일본 쪼개보기』, 146~148쪽, 고이케 나가유기, 『종교를 알아야 일본을 안다』, 이장경 옮김(철학과 현실사, 1997), 16쪽.

9 와타나베 히로시, 『주자학과 근세 일본 사회』, 박홍규 옮김(예문서원, 2007); 아베 요시오, 『퇴계와 일본유학』, 김석근 옮김(전통과 현대, 1998).

라고 주장하면서 천황을 신으로 만들었다.11 또한 일본을 신국, 신도는 왕도라고 주장했다.12

후지와라 세이카, 하야시 라잔 등 일본의 주자학자들은 우주의 본성인 '이'와 그것이 현상으로 나타난 것이 '기'라는 이기론을 형이하학인 인간관계에 적용하여 신도와 천황은 이이며 하늘(天)이므로 백성은 천황에게 충성해야 한다고 해석했다.13

일본의 신도와 천황은 19세기 메이지 유신을 전후해서 유럽의 기독교가 들어오면서 또다시 시련과 습합 과정을 가진다. 기독교의 절대신이 천황의 신성함을 위태롭게 할 수 있었기 때문이다. 일본 천황은 신의 자손이며 살아있는 신(현인신)이라고 주장하며 기독교를 습합하여 신도를 변형시키는 한편 기독교를 탄압했다.14 1870년에는 신도와 불교를 분리하는 '신불분리령'을 공표하여 불교를 금지하고 신도를 국교로 한다는 '대교선포의 조칙'을 내려서 조상신과 천황만을 숭배하도록 했다.15 일본이 제2차 세계대전에서 패한 뒤 천황은 직접 자신은 신이 아니라고 선언해야만 했다.16

---

10 박경희, 『연표와 사진으로 보는 일본사』, 265쪽.

11 와타나베 히로시, 『주자학과 근세 일본 사회』, 70~71쪽; 무라오카 쓰네쓰구, 『일본신도사』, 110쪽.

12 무라오카 쓰네쓰구, 같은 책, 118~119쪽.

13 한국 일본학회, 『일본사상의 이해』(시사일어사, 2002), 15~27쪽; 와타나베 히로시, 『주자학과 근세 일본 사회』, 77쪽.

14 고이케 나가유기, 『종교를 알아야 일본을 안다』, 12쪽; 무라카미 시게요시, 『천황과 천황제』, 장진한 옮김(한원, 1989), 183~185쪽.

15 박경희, 『연표와 사진으로 보는 일본사』, 384쪽.

16 고이케 나가유기, 『종교를 알아야 일본을 안다』, 12~13쪽; 아마 도시마로, 『일본인은 왜 종교가 없다고 말하는가』, 85~88쪽, 김태정, 『일본인의 삶과 종교』, 361~383쪽.

중화사상은 중국을 지리적·문화적 중심으로 여기는 것이다. 일본은 중화사상을 받아들이는 와중에 지리에 대한 사상은 그대로 받아들였으나, 문화에 대한 사상은 일본 인종의 우월함을 주장하는 인종주의 사상으로 바꾸었다.17 이에 따르면 세계는 아시아, 유럽, 아프리카로 구분되는데, 그중에서 아시아가 가장 뛰어나다. 아시아에는 중국이 가운데 있고 서쪽에는 인도와 서아시아가 있으며 동쪽에는 일본이 있다. 여기서 일본이 있는 동쪽은 태양이 처음으로 떠오르는, 양기가 최초로 발생하는 곳이므로 가장 중요하다는 것이다.18

퇴계 주자학을 공부했던 아카자키 안사이(1618~1682)는 "청나라를 중국이나 중화로 부르는 것을 반대한다. 각 나라의 입장에서 자신이 있는 곳이 중국이고, 그 외에는 야만이라고 할 것이다. 만약 중국이 일본을 복종시키기 위해서 전쟁을 일으켜 요제, 순제, 문제, 무제 등의 황제들이 대장이 되어 쳐들어와도 돌, 불, 화살로 맞서서 이를 쳐부수는 것이 옳은 일이다. 예의와 덕으로 복종시키려 해도 신하가 되지 않는 것이 좋다. 이것이 춘추의 도이며 천하의 도라 하겠다"라고 했다.19 여기서 일본이 생각하는 천하는 일본을 중심으로 그 주변에는 조선, 류큐, 중국, 네덜란드가 있으며 그 경계 밖에는 러시아, 영국, 미국이 있는 것이었다.20

본래 일본에는 북쪽 홋카이도에 아이누족, 동북지방에 에미시족, 남쪽으로는 류큐의 쿠마소족 등이 거주하고 있었다. 천황은 나라 시대(710~794)에 에미시

---

17 현대 일본연구회, 『국권론과 민권론』, 31쪽; 김우현, 『세계정치질서』, 144~154, 200~202쪽.

18 한국 일본학회, 『일본사상의 이해』, 66~67쪽; 현대 일본연구회, 『국권론과 민권론』, 30~32쪽.

19 현대 일본연구회, 『국권론과 민권론』, 31쪽.

20 Hidemi Suganami, "Japan's Entry into International Society" in Hedley Bull and Adam Watson, *The Expansion of International Society*(Oxford University Press, 1984), p. 190.

족과 아이누족의 땅인 동북지방을 정벌하는 지휘관의 칭호를 오랑캐를 정복한다는 의미로 '정이대장군(征夷大將軍)'이라고 붙였다. 이후 가마쿠라 막부(1185~1333)의 창시자 미나모토 요리토모가 정이대장군에 임명되었는데, 그는 '정이대장군'이라는 칭호를 줄여서 '쇼군(장군)'이라고 바꾸고 초대 쇼군이 되었다. 이로써 무사들이 전국을 지배하는 막부의 시대가 시작되었다.21

'정이대장군', '쇼군', '막부'라는 칭호와 명칭은 명백히 중화주의의 문화계층 구조를 받아들여 일본의 실정에 맞게 인종계층 구조로 바꾼 것이다. 일본 무사계급은 화이사상에 따라 문명과 야만, 중심과 주변을 구분하여 중심이 주변을 침략하는 것을 정당화했다. 이는 일본이 유럽의 근대문명을 빨리 받아들이고 유럽 세력들과 함께 아시아 대륙에 침략전쟁을 펼친 사상적 바탕이었다. 유럽의 기독교 문명도 문명과 야만을 구분하는 세계관에 따라 전쟁을 통해서 세력을 확대했는데, 같은 세계관을 가진 일본은 재빨리 유럽 문화에 적응할 수가 있었던 것이다.

이처럼 이퇴계 주자학을 받아들인 일본은 중심과 주변을 구별하는 일본식 중화질서를 만들었다. 일본은 주변 국가를 통상국가와 통신국가로 나누었는데, 중국과 네덜란드는 일본과 대등한 관계를 맺은 통상국가이며 조선과 류큐는 일본과 불평등관계를 맺은 통신국가였다.22 통상국가와는 나가사키를 통해 일본 본토와 직접 무역하도록 하고, 통신국가인 조선은 쓰시마, 류큐는 규슈 남쪽 사쓰마, 아이누족과 에미시족은 마쓰마에를 통해 무역하도록 차별을 두었다.23

21 박경희, 『연표와 사진으로 보는 일본사』, 126, 133쪽; 고영자, 『일본의 중세 무가시대』, 71쪽.
22 현대 일본 연구회, 『국권론과 민권론』, 34쪽; 박경희, 『연표와 사진으로 보는 일본사』, 279쪽; 하우봉, 『조선 시대 한국인의 일본인식』, 157쪽; 손승철, 『조선 시대 한·일 관계사 연구』(지성의 샘, 1994), 248~251쪽; Hidemi Suganami, "Japan's Entry into International Society", p. 186.

일본은 중국·네덜란드와의 무역을 통해 경제이익을 얻으려 했으며, 특히 네덜란드를 통해서는 유럽의 문화와 과학기술을 받아들이려 했다. 그러나 1637년에 기독교 신자들이 중심이 되어 반란을 일으킨 '시마바라의 난'으로 유럽 세력에 위협을 느낀 도쿠가와 막부는 기독교를 탄압했고, 1639년에는 쇄국정책을 발표하게 되었다. 그러나 네덜란드는 나가사키를 통해 무역을 지속하도록 허락했다. 막부는 나가사키 앞바다를 메워 약 4,000평 넓이의 인공섬 '데지마'를 만들어 네덜란드 상인들을 머물게 하고 출입을 통제했다. 네덜란드는 1년에 은 55관을 내고 섬을 임대했다. 데지마의 책임자인 상관장(商館長)은 '카피탄(capitão)'이라고 했는데, 임기는 1년이었다. 네덜란드는 데지마에서 일본 무역을 독점하면서 막대한 이익을 얻었다. 새로 부임하는 카피탄에게는 1년에 한 번씩 막부의 수도인 에도에 직접 가서 쇼군을 만나고 「네덜란드 풍설서」라는 국외 정보 보고서를 제출해야 하는 의무가 주어졌다.

이 보고서는 산업혁명, 나폴레옹의 활약, 유럽 국가들의 식민지 활동, 코페르니쿠스 지동설 등 세계정세를 파악할 수 있는 귀중한 자료를 주었다. 이 자료는 막부의 관계자만이 볼 수 있는 극비문서였다.24 이처럼 네덜란드(和蘭) 상인들로부터 서양 학문(서학)을 배웠기 때문에 일본에서는 서학을 '란가쿠(蘭學)'라고 했다. 란가쿠 중에서 의학에 관한 연구가 가장 활발했으며 그 밖에 화학, 물리학, 천문학, 식물학, 지리학 등이 연구되었다. 란가쿠를 통해서 일본에 알려진 서양 사정은 메이지 유신의 기초가 되었다.25

23 스즈키 히데오·요시이 아키라,『한국, 일본 두 나라 역사이야기』, 전국역사교사모임 옮김(역사넷, 2004), 130쪽; 야마사토 스미에,『한·일 관계사의 재조명』, 손승철 옮김(이론과실천, 1993), 107쪽.

24 황인영,『일본 쪼개보기』. 156~159쪽 .

25 황인영,『일본사 여행』(일본 문화 연구센터, 1995), 126~127쪽; 아사오 나오히로,『일본

한편, 조선에서 통신사라는 이름으로 일본에 사신이 파견된 것은 1429년(세종 11)으로, 무로마치 막부의 아시카가 요시노리의 습직을 축하하기 위해서였다. 이때 '통신(通信)'은 두 나라 사이의 우의와 친목을 돈독히 하고 신의를 통한다는 의미였다. 조선 초기에는 행선지, 목적, 편성, 예물 등에 따라 사절단의 명칭도 보빙사, 회례사, 회례관, 통신관, 통신사, 경차관 등으로 달라졌다. 임진왜란 이후 1604년에서 1624년까지 강화교섭을 위해 막부에 네 차례 사절단이 파견되었는데 이때에는 적을 탐색한다는 의미로 탐적사 또는 답례와 포로 송환을 위한 회답 겸 쇄환사라고 했다. 일본은 조선과 주고받는 국서에서 명나라의 책봉을 받지 않았다는 이유로 명나라 연호를 쓰지 않고, 간지를 쓰거나 일본 연호를 썼다. 한편, 조선 역시 명나라의 쇠락 이후 청나라 연호를 쓰지 않고 간지를 썼다.

조선이 일본과 대등한 외교형식을 갖추고 통신사라는 이름을 정례화한 것은 1636년부터였다. 그 후 1811년까지 막부에 보내는 아홉 번의 통신사가 있었고 쓰시마 도주가 참근교대를 마치고 에도에서 돌아왔거나 도주가 죽고 후계자가 습직한 경우에 조선 예조참의가 쓰시마 도주에게 문위행을 보냈는데, 이는 1860년까지 53번 있었다.26

그런데 일본은 조선의 통신사를 일본식 화이사상에 따라 조공사로 격하했다.27 국서를 보내는 주체가 조선은 국왕이었던 반면 일본은 막부의 쇼군이었으며, 통신사는 항상 일본의 요청에 따라 막부의 쇼군이 탄생하거나 습직할 때마다 파견된 반면, 일본에서는 조선 국왕의 즉위에 축하사절을 보내지 않았

근세사의 자립』, 최정환 옮김(경북대학교 출판부, 1993), 206~207쪽.

26 송승철, 『조선 시대 한·일 관계사 연구』, 217~220쪽.

27 미야케 히데토시, 『근세일본과 조선통신사』, 조학윤 옮김(경인문화사, 1994), 158쪽; 야마사토 스미에, 『한일 관계사의 재조명』, 손승철 옮김(이론과 실천, 1993), 118쪽.

다.28 또한 통신사는 에도 북쪽 닛코에 있는 도쿠가와 이에야스의 묘지인 도쇼구를 참배해야 했다. 그러나 조선은 이런 차별에 아랑곳하지 않았다. 다만 학문의 우수함을 보여줌으로써 조선 문화의 우수성과 선진국으로서의 자부심을 보여주고, 유교적 예의질서를 확립하여 교린정책을 펼치려 노력했을 뿐이다.29

이에 대해 이익과 안정복은 국서에서 조선국왕의 상대가 일본의 쇼군이 되는 것은 불평등하다고 비판했다. 특히 이익은 통신사 파견을 일본의 요청이 있을 때까지 기다리지 말고 3년마다 정기적으로 상호방문하자고 제안했다.30

19세기에 접어들면서 유럽 세력은 앞다투어 아시아 지역을 침략해 식민지로 만들었다. 1848년에 태평양 서부 연안 캘리포니아를 확보한 미국은 중국과 무역을 확대하고, 북태평양에서 조업하는 고래잡이 배의 연료와 식량을 보급하는 기항지이자 피난처 역할을 기대하여 일본을 개국시키기로 했다. 즉, 아시아에 대한 미국의 가장 큰 관심은 중국과의 무역이었으며 일본은 중국으로 가는 징검다리 역할이었다. 오늘날 국제정치에서도 일본은 미국이 중국으로 가는 징검다리 또는 보조수단으로 역할을 하고 있다.31 미국은 가급적 무력을 사용하지 않고 일본을 개방시켜서 환심을 사려 했다.

미국은 일본을 개항시키려고 동인도 함대 사령관 페리(Matthew Perry, 1794~1858)를 파견했다. 페리는 1853년에 배 네 척으로 에도(도쿄) 만에 들어가서 통상을 요구했으나 일본이 이를 거부하자 내년에 다시 오겠다는 말을 남기고 돌

---

28 「조선통신사, 한국사학회 학술회의: 한국, 일본 학자 서로 엇갈린 해석」, ≪동아일보≫, 1991년 5월 21일 자.

29 나카오 히로시, 『조선통신사 이야기』, 83~90쪽.

30 하우봉, 『조선후기 실학자의 일본관 연구』, 64, 68, 88~90, 109, 126쪽; 하우봉, 『조선 시대 한국인의 일본인식』, 230쪽; 나카오 히로시, 『조선통신사 이야기』, 99~100쪽.

31 김우현, 『세계정치질서』, 68~75, 116~124쪽; 김우현, 『동아시아 정치질서』(도서출판 한울, 2005), 196~210쪽.

아갔다. 페리 제독은 일본에 가기에 앞서 3만 달러의 연구비를 받고 8개월 동안 일본 사정에 대해서 연구했으며 함대의 배치도 직접 구성했다.32 그는 미국 정부로부터 두 가지 훈령을 받았다. 하나는 일본 열도를 탐험하고 수로를 측량하는 등 정보를 수집하는 것이었고, 둘째는 조난된 선원의 인도적 대우, 통상관계 수립, 기항지와 저탄장을 얻어내기 위해 평화적으로 교섭하라는 것이었다.

러시아의 함대사령관 푸티아틴(E. V. Putiatin)은 1854년 1월에 일본을 개방하기 위해 미국과 공동행동을 제안했다. 페리는 이를 거부하고 예정보다 빠른 1854년 2월 13일에 함대 9척을 이끌고 에도 만에 도착했다. 일본은 당연히 회담을 꺼렸고, 이에 함대의 모든 배는 워싱턴 대통령의 생일을 기념하여 축포를 21발씩 쏘았다. 이것은 일본에 대한 심리적 압박이었다. 이때 에도 시민들은 화약 냄새에 공포를 느끼고 코를 막고 다녔다고 한다. 미군 함대의 선원들은 요코하마에 상륙하여 현대적 군대열병식으로 군사력을 자랑했다. 이에 일본은 스모 선수들을 동원하여 힘쓰기 시합을 해서 미국 선원들을 제압했다고 한다.33

1854년 3월 31일에 서명한 가나가와조약에서 일본은 시모다와 하코다테 두 개 항구를 개방하고, 표류선원을 구조하고 미국에 인도한다는 조항과 함께 최혜국 조항을 포함했다. 1857년 6월 17일에 맺은 시모다조약 또는 미·일 수호통상조약에서는 시모다, 하코다테 이외에 가나가와, 나가사키, 니가타, 효고, 에도, 오사카도 추가로 개방했으며, 이 지역에 거주하는 미국인은 미국의 영사재판을 받는다는 치외법권 조항을 추가했다. 미·일 수호통상조약은 막부의 실권자 이이 나오스케가 결정한 것으로, 1859년 2월 초에야 천황의 허가를 받았다.34 이이 나오스케는 1860년 3월에 미토 번의 사무라이들에게 죽임을 당했다

---

32 김경창, 『동양외교사』(집문당, 1982), 72쪽.

33 Morison Samuel Eliot, *Old Bruin: Commodore Matthew Calbraith Perry*(Boston, 1967), pp. 357~378.

(사쿠라다몬 사건). 치외법권 조항을 포함하는 불평등조약을 천황의 허가 없이 맺었다는 이유였다. 사쿠라다몬 사건 이후 일본에서는 외국인 배척과 조약의 책임을 물어서 막부를 타도하자는 '존왕양이 운동'이 활발하게 전개되었다.

일본은 개방과정에서 서양의 문물과 제도가 우수하다는 것을 알게 되어 중국 문화와 마찬가지로 서양 문화를 일본 문화에 습합하고, 더 나아가서는 일본 문화를 서양화시키려고 노력했다. 19세기 일본의 현대화 과정은 다분히 서양화 과정이기도 했다. 일본은 존왕양이 운동과 함께 서양의 문물을 배우기 위해서 1860년부터 유학생과 시찰단을 유럽과 미국에 파견했다.35 한편, 서양 책들을 번역하는 작업도 활발히 이루어졌는데, 이 과정에서 서양의 사회과학 용어를 일본의 사회사정에 맞게 번역하려고 노력했다.36

미·일 수호통상조약 이후 일본은 막부를 타도하고 천황 정권을 세우자는 세력과 막부 정권을 유지하자는 세력으로 나누어졌다. 1864년 1차 조슈 정벌과 1866년 2차 조슈 정벌 등 정치세력 간 충돌과 민란이 이어졌다. 2차 조슈 정벌에서 천황 정권을 세우려는 세력인 사쓰마와 조슈의 동맹군이 승리하여 도쿠가와 막부의 제15대 쇼군 도쿠가와 요시노부가 1867년에 국가통치권(大政)을 천황에게 반환하는 '대정봉환'이 이루어졌다. 천황이 국가통치권을 가짐으로써 메이지 시대(1868~1912)가 시작되었다.

대정봉환이 이루어졌어도 여전히 영주가 토지(版)와 인민(籍)을 지배하고 있

---

34 이용구, 『세계외교사』(서울대학교 출판부, 2001), 230~232쪽.

35 마리우스 잰슨, 『일본과 세계의 만남』, 장화경 옮김(소화, 1999); 박영재, 『19세기 일본의 근대화』(서울대학교 출판부, 1996); W. G. Beasley, *Japan Encounter the Barbarian: Japanese Travelers in America and Europe*(Yale University Press, 1995).

36 마루야마 마사오·가토 슈이치, 『번역과 일본의 근대』, 임성모 옮김(이산, 2001); 야나부 아키라, 『번역어 성립과정』, 서혜영 옮김(일빛, 2003).

었다. 그에 따라 정부의 지배력을 강화하기 위해서 1869년 사쓰마, 조슈, 도사, 히젠의 네 번이 토지와 인민을 천황에게 반환했고(판적봉환) 대부분의 번이 그에 따랐다. 번은 중앙정부의 명령을 집행하는 지방 행정 구역이 되었고 274명의 영주는 그대로 지방장관으로 임명되었다. 1871년에는 전국에 있는 261개의 번을 폐지하고 3부 302현을 설치하는 '폐번치현'의 행정개혁을 단행했다.37

새로 구성된 일본 정부는 막부 시대에 맺은 불평등조약을 개정하고 미국과 유럽의 문물과 제도를 조사하기 위해서 1871년에 우대신 이와쿠라 도모미를 전권대사로 하는 사절단을 파견했다. 이와쿠라 사절단은 기도 다카요시, 오쿠보 도시미치, 이토 히로부미 등 정부관료와 수행원 50여 명, 5명의 여학생을 포함한 49명의 유학생과 현지에서 합류한 사람들을 포함하여 모두 107명이었다. 사절단장 이와쿠라 도모미가 47살, 기도 다카요시가 39살, 오쿠보 도시미치가 33살, 이토 히로부미가 31살로 평균나이는 32살이었고 18살 소년도 있었다. 사절단은 목표했던 불평등조약 개정은 이루지 못했으나 문물과 제도는 몇 개의 조사팀으로 나누어 착실히 조사했다. 사절단은 1871년 12월 23일 요코하마를 출발하여 미국, 영국, 프랑스, 독일, 러시아 등 12개 나라를 1년 10개월 동안 시찰했다. 돌아오는 길에는 수에즈, 사우디아라비아의 아덴, 인도의 실론, 싱가포르, 사이공, 홍콩, 상하이를 방문했다. 돌아오는 길은 사절단에게는 서양과 동양을 비교하는 기회가 되었다. 사절단을 본래 10개월 동안 14개국을 방문할 예정이었으며 조사팀이 맡은 국가에 따라 귀국 날짜는 조금씩 차이가 있다. 사절단은 100권으로 된 보고서「특명 전권대사 구미 회람실기」를 제출했다. 보고서를 쓴 사람은 33살에 대사 수행원으로 사절단에 포함된 구메 구니타게였다.38

---

37 박경희, 『연표와 사진으로 보는 일본사』, 383~385쪽.

38 사절단의 명단과 방문일정에 대해서는 다나카 아키라, 『메이지 유신과 서양 문명, 이와쿠라 사절단은 무엇을 보았는가』, 현명철 옮김(소화, 2006); 박경희, 『연표와 사진으로 보는 일본

이와쿠라 사절단은 기계와 산업화 등 서양의 형이하학적 물질문명을 탐구하는 일에 열중했다.39 이것은 일본 문화의 특성이며 일본의 '기'철학이다. 사절단은 미국·영국·프랑스·오스트리아·러시아·독일을 대국으로, 벨기에·네덜란드·스위스·덴마크를 소국으로 구분했다. 대국은 물리적인 힘이 강하고 식민지 등 영토가 넓어 물산이 풍부하며, 소국은 자주적이며 기술과 학문을 갖추고 있다고 보았다. 대국과 소국의 구분은 일본이 나아갈 방향에 대한 논쟁을 일으켰다. 대국을 지향해야 한다는 주장은 부국강병의 근대국가를 위해서는 위로부터의 개혁을 바탕으로 개화가 이루어져야 한다는 국권론으로 발전했으며, 소국을 지향해야 한다는 주장은 인민의 자유, 자주를 바탕으로 아래에서부터 문명개화가 이루어져야 한다는 자유민권론으로 발전했다.40

이와쿠라 사절단은 서구 국가들의 제도를 검토하고 그중 일본에 맞는 것을 선택적으로 받아들였다. 천황의 지위와 권위는 독일과 러시아에서, 헌법은 군주제에 기초를 둔 독일에서, 의회제도는 하원과 귀족원을 두고 있는 영국에서, 해군제도는 영국에서, 육군제도는 독일에서, 법률제도는 프랑스와 독일에서, 경찰제도는 프랑스와 독일에서, 교통·철도제도는 영국에서, 의학제도는 독일에서, 교육제도는 미국에서 받아들였다.41 일본은 1894년 청·일 전쟁 때에 이미

사』, 385~386쪽; 마리우스 잰슨, 『일본과 세계의 만남』, 87~122쪽; W. G. Beasley, *Japan Encounter the Barbarian: Japanese Travelers in American Europe*, pp. 157~177.

39 다나카 아키라, 『메이지 유신과 서양 문명』, 168쪽.

40 다나카 아키라, 『소일본주의: 일본의 근대를 다시 읽는다』, 강진아 옮김(소화, 2002); 다나카 아키라, 『메이지 유신과 서양 문명』, 177쪽.

41 Lawrence Ward Beer, *Constitutionalism in Asia*(University of California Press, 1979), p. 115; 다나카 아키라, 『소일본주의: 일본의 근대를 다시 읽는다』, 98쪽; 시바 료타로, 『꿈꾸는 열도: 정한론』, 정재욱 옮김(신원문화사, 1995), 295, 297, 410쪽; 마리우스 잰슨, 『일본과 세계의 만남』, 84~120쪽.

육군과 해군 사령부에 법률고문으로 국제법 학자 두 명씩을 파견했으며, 1904년 러·일 전쟁 때는 더 많은 국제법 학자를 파견했다.42

이처럼 유럽의 문물과 제도를 어떤 모범적인 한 나라의 것을 일괄적으로 받아들이지 않고 여러 나라의 제도들을 자신의 사정에 맞게 받아들였기 때문에 메이지 시대 일본은 서양화되면서도 특정 강대국에 의존하지 않고 독자적인 주체성을 지키면서 오히려 그들과 경쟁할 수 있었다.

유럽 제국주의 세력이 아시아로 몰려올 때에 일본이 군사침략을 받지 않았던 것은, 첫 번째로는 미국이 먼저 일본을 개항시켰기 때문이다. 유럽 국가들은 군사침략으로 비유럽 지역을 식민지로 만들었던 반면, 미국은 경제적인 부분을 침탈했다. 미국이 중국에 진출하는 데 있어 일본은 기항지와 징검다리 역할을 했다. 두 번째로는 일본의 권력 구조가 천황과 쇼군으로 나뉘어 있었기 때문이었다. 유럽 세력의 진출로 막부는 무너졌지만, 천황이 중심이 되어 주권과 주체성을 유지한 것이다. 세 번째로 일본은 네덜란드 상관을 통해 유럽의 과학기술과 학문을 받아들이고 세계정세를 잘 파악하고 있었다. 네 번째는 세계관의 문제이다. 일본은 조선을 통해서 중국의 유교와 주자학의 세계질서관을 받아들였으면서도 일본의 무사사회에 알맞게 인종주의 세계질서로 바꾸었다. 인종주의 세력 확대 수단은 전쟁이다. 유럽의 기독교 국가들도 인종주의 세계질서관을 가지고 있다. 따라서 일본은 유럽 세력들이 몰려올 때에 세계질서관을 바꿀 필요 없이 쉽게 국내의 제도를 개혁하여 일본은 현대화하고 유럽화할 수 있었을 뿐만 아니라 유럽 세력들과 함께 군사적으로 아시아를 침략할 수 있었다.43

이처럼 일본 문화는 외부의 우수한 문화를 받아들여서 정-반-합의 변증법 과

---

42 Hidemi Suganami, "Japan's Entry into International Society", p. 187.

43 같은 글, pp. 195~199.

정을 거쳐 새로운 문화를 만들어내는 습합문화이다. 일본 문화는 외부 상황의 변화에 따라 색깔을 바꾸는 카멜레온 문화인 것이다. 무사사회는 외부사회의 변화에 민감하며, 따라서 외부사회 혹은 적대국가를 탐지하여 많은 정보를 가지려고 한다. 인간이 바람을 직접 볼 수는 없지만 나뭇가지가 흔들리는 것을 보고 간접적으로나마 바람을 볼 수 있는 것과 마찬가지의 이치이다. 일본은 외국 문화를 받아들이면서도 곁가지를 자르고 다듬어서 자기 것으로 만든다.44

일본은 임진왜란을 전후하여 조선을 통해 중국의 주자학을 받아들여서 국가주의와 민족주의를 강화하는 수단으로 삼았다. 결국 주자학의 종주국인 중국을 침략하는 데까지 이른 일본의 주자학은 원형을 잃어버리고 일본화되어서 결국 해체과정을 밟게 되었다.45

조선과 일본의 차이는 따라 하기와 따라잡기의 차이이다. 조선은 남의 것을 그대로 따라 하는 과정에서 받아들인 것의 원형을 지나치게 존중하여 자기의 주체성과 독창성을 잃어버리고 남의 추종자 또는 남의 것 한 부분으로 종속되었다. 반면 일본은 자기보다 우월한 것을 받아들이면서 이를 따라잡기 위해서 우월한 것을 모방하면서도 주체성을 지키면서 이를 자기 것으로 만들었다.

---

44 이어령, 『축소지향의 일본인』(갑인, 1982) 두루 참조; 주관중, 『자르기 지향의 일본인』(21세기 북스, 1993) 두루 참조; 야노 토오루, 『극장국가 일본』, 변명석, 옮김(일굼, 1993) 두루 참조.

45 와타나베 히로시, 『주자학과 근세 일본 사회』, 박홍규 옮김(예문서원, 2007), 14쪽.

16

일본의 침략전쟁
정한론, 아시아연대론, 탈아시아론

이와쿠라 사절단은 미국과 유럽의 기독교 국가를 문명국으로 간주하고, 이를 기준으로 세계를 문명국, 반미개국, 미개국으로 나누었다. 이는 19세기 후반에 시작된 유럽 계몽주의 사상에 따른 진보주의와 다윈의 진화론에서 영향을 받은 사회진화론에서 비롯된 것이다. 그 기준을 따르면, 유럽 기독교 국가는 문명국이고 동아시아의 중국·일본은 반미개국이며 동남아시아·아프리카 등은 미개국이다. 사절단은 '기름진 땅(옥토)의 백성은 게으르다'는 옛말을 인용하면서 미개국 사람들은 먹고사는 데 어려움이 없어 지혜를 짜낼 필요가 없고 어려움을 견디고 사업을 일으킬 의지도 전혀 없다고 하여 미개의 원인을 게으름에 두었다. 달리 말하면 부지런히 노력하면 문명화될 수 있다는 것이다.1

일본은 반미개국가임을 스스로 인정하고 유럽 국가들처럼 문명국이 되려고 했다. 메이지 유신은 위로부터의 혁명을 통해서 일본의 사회와 제도를 바꾸려

---

1 다나카 아키라, 『소일본주의: 일본의 근대를 다시 읽는다』, 41~44쪽; 다나카 아키라, 『메이지 유신과 서양 문명』, 179~186쪽.

했다. 일본의 문명화는 자기 부정을 통해서 정체성을 확인하고 이를 다시 세우는 것이었다.2

메이지 시대에 일본의 서양화와 문명화에 앞장섰던 후쿠자와 유키치(1835~1901)는 『문명론의 개략』(1875)에서 문명을 "인간관계가 점차 좋은 방향으로 나아가고 야만과 무법의 혼란에서 벗어나 나라의 체제를 갖추는 상태로 진보하는 것"이라고 규정했다.3 그는 동양이 미개한 상태라고 주장하는 오리엔탈리즘(orientalism)을 받아들여, 일본을 후진국이라고 인정했다. 이를 극복하기 위해서 빨리 문명화를 이룩하여 반미개 상태에 있는 중국과 조선을 지배하는 아시아 지역의 맹주가 되려고 했다. 이것이 일본이 아시아 지역 국가들을 문명으로 이끌겠다는 '아시아연대론'의 핵심이다.

그러나 자신의 문명개화론을 추종하는 조선의 개화파가 1884년에 일으킨 갑신정변이 실패로 끝남에 따라, 후쿠자와 유키치는 아시아를 문명화하는 것이 불가능하다고 판단하여 일본이 빨리 유럽화하여 아시아 지역을 군사적인 방법으로 정벌해야 한다는 탈아시아론을 주장하게 된다.4

아시아연대론과 탈아시아론에 따르면 문명개화를 통하느냐, 또는 군사적인 정벌을 통하느냐 하는 데서 차이가 있을 뿐, 일본이 아시아의 맹주가 된다는 결론은 마찬가지이다.5 이를 위한 첫 단계가 바로 조선을 정복하는 것이었다.6

---

2 고야스 노부쿠니, 『근대 일본의 오리엔탈리즘: 동아, 대동아, 동아시아』, 이승연 옮김(역사비평사, 2003), 51~74쪽.

3 후쿠자와 유기치, 『문명론의 개략』, 정명환 옮김(홍익사, 1986), 20, 46쪽.

4 김봉진, 「후쿠자와 유기치의 대외관」, 한국사회사연구회 엮음, 『일본의 근현대 사회사』(문학과 지성사, 1991), 50, 67, 70~75쪽; 고야스 노부쿠니, 『근대 일본의 오리엔탈리즘』, 65쪽; 하타다 다카시, 『일본인의 한국관』, 이기동 옮김(일조각, 1987), 34~36쪽.

5 한상일, 『일본 지식인과 한국』(오름, 2000), 58~68쪽.

6 미야케 히데토시, 『역사적으로 본 일본인의 한국관』, 하우봉 옮김(풀빛, 1990), 169~172쪽; 현

일본은 이후 탈아시아론에 따라 청·일 전쟁(1904)을 일으켜 승리했으나 유럽 세력의 간섭(삼국 간섭)으로 충분한 전과를 거두지 못했다. 유럽 국가들은 일본을 유럽 문명권에 받아들이려 하지 않았다.7 청·일 전쟁을 계기로 일본은 탈아시아론을 포기하고 다시 아시아연대론으로 선회했다.

야마가타 아리모토 수상은 1890년 12월 6일 제국의회에서 행한 시정방침 연설에서 "모름지기 국가의 독립·자위의 길에는 두 가지가 있으니 첫째는 주권선을 수호하는 것, 둘째는 이익선을 보호하는 것이다. …… 반드시 조그만 힘이라도 모아서 점차로 국력을 배양하고 그 성과를 내는 데 힘쓰지 않으면 안 된다"라고 했다. 주권선은 국경선을, 이익선은 주권선의 안전에 밀접한 관계가 있는 구역을 말하는 것이다. 이미 아리모토 수상은 1890년 3월에 발표한 외교정략론에서 "일본의 이익선의 초점은 실로 조선에 있다"라고 밝혔다.8

조선이 이익선이라는 것은 서기 200년 진구황후가 한반도 남부를 정복했다는 임나경영설에 역사적 근거를 둔 것이다. 임진왜란 역시 같은 맥락에서 일으킨 것인데, 19세기에 와서 이를 실현시키기 위한 '정한론(征韓論)'이 대두되었다.9 정한론을 주장한 대표적인 인물로 사쓰마 번의 사이고 다카모리가 있다. 정한론은 본래 조선을 정복한다는 뜻으로 '정조론(征朝論)'이라고 했으나 천황의 '조정'을 정복한다는 뜻으로 오해될 소지가 있어 바꾸었다고 한다.10

대일본연구회, 『국권론과 민권론』, 321~336쪽; 성황룡, 『일본의 대한정책』(명지사, 1981), 35~38쪽; 김봉진, 「후쿠자와 유기치의 대외관」, 71~85쪽; 고야스 노부쿠니, 『근대 일본의 오리엔탈리즘』, 64~69쪽.

7 김경창, 『동양외교사』(집문당, 1982), 424~430쪽.

8 다나카 아키라, 『소일본주의: 일본의 근대를 다시 읽는다』, 102쪽; 이리에 아키라, 『일본의 외교』, 이성환 옮김 (푸른산, 1993), 45쪽.

9 이현희, 『정한론의 배경과 영향』(대왕사, 1980); 성황룡, 『일본의 대한정책』.

10 황인영, 『일본 쪼개보기』, 264쪽.

탈아시아론에서 말하는 문명개화의 관점에서 보면 조선은 후진 상태이며, 그 원인은 조선의 사회형태에 있었다. 탈아시아론의 영향을 받은 후쿠다 도쿠조의 「한국의 경제조직과 경제단위」(1904)에서는 유럽의 근대는 봉건제도가 있었기 때문에 가능했으며 일본도 유럽과 마찬가지로 봉건제도가 있었으므로 근대 사회로 발전할 수가 있었다고 주장한다. 그러나 조선의 문명 수준은 1192년 가마쿠라 막부가 성립되기 이전, 즉 봉건제도가 성립되지 못했던 9세기 말에서 12세기 말에 이르는 후지와라 시대 또는 헤이안 시대에 해당한다고 했다. 봉건제 이전의 시기에 머물러 있는 조선은 근대 사회로의 자주적 발전이 불가능하다는 것이다. 따라서 조선의 전통·관습·사회를 파괴하여 부패의 극에 달한 민족의 특성을 바닥부터 소멸시켜 일본과 동화시키는 것만이 근대화를 위한 유일한 길이라고 주장한다. 이것이 바로 문명화된 일본의 사명이다. 후쿠다의 이런 주장은 조선 침략을 정당화하는 명분이 되었다.11

아시아연대론을 주장한 대표적인 인물로는 다루이 도키치가 있다. 그는 "아시아에 침략하는 유럽 문화권의 백인종에게 대항하기 위해서는 아시아의 황인종이 단결해야 한다. 그러나 지금 중국이 혼란에 빠져 있으므로 일본이 앞장서서 먼저 조선을 복속시키거나 합병하고 중국을 개명시켜서 이에 동참하도록 하여 일본이 황인종의 맹주가 되어야 한다"고 주장했다.12

한편 이와쿠라 사절단이 제출한 「특명 전권대사 구미 회람실기」는 미개하고 야만상태에 있는 남방 아시아의 풍부한 자원을 지적했다. 수입되는 외래품의 원재료는 유럽이 아니라 중간에서 많은 이익을 남기면서 생산된다. 이처럼 자원이 풍부한 지역이 가까운 곳에 있으므로 "일본은 부강의 열매를 맺을 수 있

---

11 성황룡, 『일본의 대한정책』, 37~38쪽; 하타다 다카시, 『일본인의 한국관』, 35~36쪽.

12 하타다 다카시, 같은 책, 26~32, 51~69쪽; 다케우치 요시미, 『일본과 아시아』, 서광덕 옮김(소명, 2004), 262~269쪽; 한상일, 『일본 지식인과 한국』, 69~96쪽.

다"는 것이다.13 동남아시아의 천연자원에 대한 관심은 일본이 제2차 세계대전 이전에 대동아공영권을 주창한 직접적인 원인이 되었다.

13 다나카 아키라, 『메이지 유신과 서양 문명』, 183~184쪽.

17

조선과 일본의 주자학과 양명학

유교의 4서(『대학』, 『중용』, 『논어』, 『맹자』) 중 『대학』에는 유교 이념을 간단하게 표현한 격물(格物), 치지(致知), 성의(誠意), 정심(正心), 수신(修身), 제가(齊家), 치국(治國), 평천하(平天下)라는 8조목이 있다. 유교 인식론의 출발점인 격물과 치지에 대한 해석은 72가지나 된다고 한다.1 『대학』의 8조목을 순서대로 해석하면 아래와 같다.

사물의 이치를 알면(격물), 자기의 앎을 지극히 하고(치지), 자기의 뜻을 성실하게 하면(성의), 마음이 바르게 되고(정심), 자기의 몸을 닦으면(수신), 집안이 가지런하게 되고(제가), 나라를 다스리면(치국), 천하가 평화롭다(평천하).

이를 다시 역순으로 해석하면 아래와 같다.

---

1 시마나 겐지, 『주자학과 양명학』, 김석근 옮김(까치, 1986), 123쪽.

천하를 평화롭게 하려면(평천하) 먼저 자기 나라를 다스리고(치국), 나라를 다스리려면 먼저 자기 집안을 가지런히 해야 하고(제가), 집안을 가지런히 하려면 먼저 자기 몸을 닦아야 하고(수신), 몸을 닦으려면 먼저 자기 마음을 바르게 하고(정심), 마음을 바르게 하려면 먼저 자기 뜻을 성실하게 하고(성의), 뜻을 성실하게 하려면 먼저 가기의 앎을 지극히 해야 하고(치지), 앎을 지극히 하려면 먼저 사물의 이치를 알아야 한다(격물).2

8조목에 따르면 세상의 모든 일은 사물을 이해하고 파악하는 격물에서 출발한다. 격물은 형이하학이고 '기'의 세계에 속한 것이다. 주자학의 성즉리(性卽理)와 양명학의 심즉리(心卽理) 논쟁은 격물의 해석을 두고 벌어지는 논쟁이다.

격물치지에서 출발하여 치국평천하의 단계에 이르는 방법은 '거경궁리(居敬窮理)'이다. 욕심을 버리고 마음을 오직 한 가지에만 집중시켜서 이러한 집중상태가 유지되고 뒷받침되어야(거경) 치국평천하 또는 절대 진리인 '이'에 이를 수 있다는 것이다(궁리).

주자는 태극이 아직 나타나지 않은 상태(미발)인 본연의 성이 우주의 원리인 '이'(성즉리)라고 했으며 천지만물의 이치를 알면(격물) 지혜에 이른다(치지)라고 격물치지를 해석했다. 반면 왕양명은 마음을 바로 하면(정심) 천지만물의 이치를 알 수가 있다(심즉리)고 주장했다. 이것은 격물, 치지, 성의, 정심의 단계들을 순서를 반대로 하여 정심으로 단순화해서 주변 상황을 살피고 이해하려 한 것이다. 따라서 양명학은 주자학과는 달리 거경궁리를 중시하지 않는다. 왕양명은 주자와 달리 지식보다는 인간의 마음에 따라 주변을 이해하고 행동하는 '지

---

2 최진덕, 「주자학적 예치의 이념과 그 현실」, 김상준 엮음, 『유교의 예치이념과 조선』(청계, 2007), 211~212쪽에서는 격물을 "앎을 지극히 함은 물을 격함에 달렸다"라고 해석했다.

행합일(知行合一)', 즉 행동으로 실천하는 것을 우선했다.

유형원이 "천지의 이는 만물에서 표현되는 것이니 만물(기)이 아니면 이가 표현될 곳이 없고, 성인의 도는 세상에서 실현되는 것이니 세상만사가 아니면 성인도 실현될 수가 없다"고 말한 것처럼 격물치지는 물질(기)을 알아야(격물) 깨달음에 이른다(치지)는 것이고, 이는 기를 설명하는 수단이다. 따라서 유교인식론인 8조목은 기에서 출발하는 것이다.

주자학은 이상주의를 지향하면서 사회규범과 신분질서를 강화한 절대주의와 전체주의 정치행태를 지향한 반면, 양명학은 통제·규범·강제가 없는 현실주의와 자유주의, 그리고 신분과 직업의 평등이 이루어지는 사회를 지향했다.

주자학과 양명학이 격물치지의 해석을 둘러싸고 차이를 보이는 이유는 학파가 생겨날 때의 사회적 배경과 관계가 있다. 주자학은 금나라와 원나라의 위협속에 있었던 남송의 농경사회에서 만들어졌다. 그에 따라 주자학은 지주층인 사대부들을 중심으로 하는 신분사회를 강조하고 한족이 아닌 금나라와 원나라를 야만으로 치부하는 등 배타적인 성격이 강했다. 반면 양명학은 명나라 시대의 경제적 변혁기에 만들어졌다. 이 시기에는 잉여농산물이 늘어남에 따라 시장이 생겨나고 공업이 발달하는 등 산업화가 이루어지고 사농공상의 신분제도가 무너지기 시작했다. 정체된 농경사회가 이해관계가 얽히는 유동적인 산업사회로 접어들면서 새로운 사회사상이 필요해짐에 따라 등장한 것이 바로 양명학이다.3

주자학에 대한 비판으로 왕양명은 '대나무 격물'이라는 유명하고 우스꽝스러운 일화를 소개했다. 왕양명이 21살 때에 "모든 사물에는 반드시 겉과 속, 정밀함과 거침이 있고, 풀 한 포기와 나무 한 그루도 모두 지극한 이치를 담고 있

---

3 박한제, 『아틀라스 중국사』, 140쪽.

다"라는 격물치지와 거경궁리의 방법을 보고 이를 실험하기 위해서 친구와 함께 자기 집 마당에 있는 대나무를 꺾어서 방에 두고 명상하여 그 이치를 깨달으려고 했다. 그러나 친구는 3일 만에, 왕양명은 7일 만에 노이로제에 걸려 포기했다고 한다.4 이 이야기는 주자학의 인식론이 사물(기)의 이치를 아는 것부터 시작한다는 증거이기도 하다.

그 이후에 왕양명은 "모든 사물을 하나씩 격물·궁리한다는 것이 어떻게 가능하겠는가"라는 의문을 품고 27살 때에 다시 격물을 하다가 같은 병에 걸리고 말았다. 결국 "사물의 이치와 나의 마음이 끝내 둘로 분리되어 통일되지 않는다"는 결론을 내리고 사물의 이치(외)를 나의 마음(내)에 귀속시켜 내외를 통합했다. 이로써 왕양명은 '대나무의 격물'을 통해 대나무에서 이를 찾는 것이 아니라 내 마음이 그대로이다는 결론을 내렸다.5

주자학의 성즉리가 절대적 '이'인 사물의 본성을 알기 위해서 마음을 바로잡고 거경궁리 하는 금욕주의를 요구했던 반면, 양명학은 심즉리로서 인간의 마음이 이이기 때문에 장소와 주변 상황에 따라서 이가 달라진다고 주장한다. 앎과 행동이 일치하는 양명학의 지행합일은 마음과 행동이 일치한다는 의미인 동시에 때와 장소에 행동을 일치시킨다는 뜻이기도 하다.

왕양명은 육구연(육상산)의 학문을 이어받아 양명학을 완성했으며 1523년에 양명학의 기본서인 『전습록』을 지었다. 조선에 양명이 전해진 것은 여기서 40년이 지난 1561년, 명종 16년 때였다.6

유교이념인 8조목에서 격물·치지·성의·정심은 주변 상황을 아는 것이고, 수

---

4 시마다 겐지, 『주자학과 양명학』, 150쪽; 최재목, 『동아시아의 양명학』(예문서원, 1996), 77쪽.

5 최재목, 같은 책, 77~81쪽; 시마다 겐지, 같은 책, 150~154쪽.

6 최재목, 같은 책, 101쪽; 금장태, 『퇴계학파의 사상(II)』(집문당, 2001), 43쪽.

신·제가·치국·평천하는 나를 세워서 이상적인 성인이 되는 과정이다. 그러나 조선 주자학은 기의 세계를 배척했던 것과 마찬가지로 사회현상과 주변 상황을 살피는 격물·치지·성의·정심에는 관심이 없고 성인이 되고 관리가 되는 수신·제가·치국·평천하에만 열중했다. 성인이 되려면 욕망의 기를 떨쳐버리고 오직 거경궁리에만 몰입해야 한다. 이처럼 조선의 주자학은 거대담론인 충의 단계에 이르지 못하는 초기 주자학의 단계에 머물렀다. 조선은 수신, 제가를 통치이념으로 하여 백성의 복종을 얻어내기 위해서 소규모 담론인 삼강오륜과 효를 강조하는 『소학』을 보급하고 교육하려 했다. 『소학』은 8세 어린이들이 배우는 초기 단계의 유교경전이다.

조선의 학자들은 주자학과는 다르게 격물·치지를 해석했다는 이유로 양명학을 배척했다. 이퇴계는 1553년 『전습록논변』에서 양명학을 "거경궁리 하는 방법과 절차의 번거로움을 무시하고 간략한 지름길을 좋아하는 폐단을 지니고 있다"고 지적하고, "전체적으로 달리함을 좋아하는 일에 힘쓰는 학문"이라고 규정하면서 "양명학은 정통적인 길이 아니다"라고 비판했다. 또한 "한번에 뛰어넘고 갑자기 깨달음(돈오)을 얻는 것은 불교 선가의 기틀이며 유교에는 이러한 법이 없다"라고 하면서 양명학을 불교와 같은 이단으로 배척했다.

특히 왕양명이 "아름다운 여인을 좋아하는 것과 나쁜 냄새를 싫어하는 것"을 지행합일의 증거로 삼는 것에 대해 "나는 아직 덕을 좋아하기를 아름다운 여인을 좋아함과 같이 하는 사람을 보지 못했다"라고 반론했다. 이퇴계는 왕양명이 주자의 학문을 배격하기 위해서, 이를 홍수나 맹수 같은 재앙으로 여기며, 번거로운 문장의 폐단을 제거하는 것을 진시황의 분서갱유에 비유하면서 '미친 사람'으로 치부했다. 더 나아가서 "만약 이 사람(왕양명)으로 하여금 임금을 만나서 그 뜻을 행하게 하면 유교(사문)와 이 세상에 미치는 재앙이 진나라 때보다 더 맹렬할 것이다"라고 하며 양명학을 극단적으로 배척했다.7

이퇴계의 양명학 비판은 주자학의 대안으로 등장한 양명학이 뿌리를 내리지 못하게 막는 역할을 했다. 이처럼 이퇴계의 비판을 받은 양명학은 학문세계에 드러나지 못하고 음성적으로만 전파되었다. 이후 조선 사회에서는 책상에 양명학 책이 놓인 것만으로도 이단사설로 몰아 박해했다.8 1558년 명나라에 사은사로 다녀왔던 심통원은 『양명집』을 가지고 오다가 검열이 두려운 나머지 압록강 변에 버렸다. 17세의 류성룡은 의주에 있을 때 이 『양명집』을 보고 기뻐하며 베껴두었다고 한다.9 류성룡도 아마 두려워서 직접 보관하지 못하고 몰래 베꼈을 것이다.

17세기 조선의 주자가 되려고 노력하면서 '송자'라고 자처했던 송시열은 예송논쟁에서 자기에게 반대했던 윤휴를 가리켜서 "중국에는 공자에 이어 1,000년 만에 주자가 나타나서 학문을 집대성했으나 이에 반대하는 이단인 양명학이 있듯이 조선에는 여우 같은 윤휴가 있으므로 이를 바로 잡아서 광명한 세상이 오기를 기대한다"라고 말한 바 있다.10

주자학과 양명학은 같은 뿌리에서 나온 것이다. 다만 격물·치지의 해석에 차이가 있을 뿐이다. 그러나 조선에서는 그렇지 않았다. 조선에서 양명학을 비롯한 다른 학문조차 자리 잡지 못한 근본적인 이유는 이퇴계로부터 시작되는 영남학파가 주도하는 주자학의 획일적인 흑백논리와 다양성을 받아들이지 못하는 이단비판이었다.

주자학의 종주국인 명나라의 사신으로 조선에 왔던 황홍헌은 이율곡에게 주자학에서 벗어난 글을 쓰도록 요구했으며, 임진왜란 때 조선에 왔던 양명학자

7 금장태, 『퇴계학파의 사상(II)』, 46~47쪽; 최재목, 『동아시아의 양명학』, 102~103쪽.
8 최재목, 같은 책, 106쪽; 금장태, 같은 책, 45쪽.
9 금장태, 같은 책, 65~65쪽.
10 김문식, 「조선본 주자대전의 간행과 활용」, 정옥자 엮음, 『조선 시대 문화사(상)』, 104쪽.

송응창은 조선 사람 이정구와 왕군영에게 『대학강어』를 저술할 것을 요구하기도 했다. 또한 임진왜란 이후에 왔던 명나라 사신들은 종이를 자르고 붓을 놀리기만 하는 조선 주자학의 문반을 숭상하고 무반을 천시하는 문약한 풍조가 왜란을 자초했다고 비난했다. 명나라는 1601년에 「조선선후사의」라는 8개 항으로 된 개혁방안을 내놓았는데, 여기서는 가장 먼저 무반 천시 풍조를 개선하여 문반이 무반의 직책을 맡는 관행을 철폐할 것과 노비를 해방하여 이들을 병사로 삼는 방안 등을 제시했다. 또한 명나라 사신들은 조선의 문묘에 양명학의 시조인 육상산과 왕양명을 향배하도록 요구하면서 조선에 양명학을 받아들이라고 강요했다. 당시 선조는 양명학에 호의적이었으나 영남학파가 이를 반대하여 결국 양명학의 융성은 이루어지지 않았다.11

이런 상황 속에서도 조선 양명학은 허균(1569~1618), 장유(1587~1638), 최명길(1586~1647), 정제두(1649~1736)로 이어지면서 명맥을 유지했다. 정제두는 주자학을 공부하여 영조 때 우찬성 등을 지냈는데, 한양에 거주하다가 양명학에 관심을 가지게 되었다. 이후 주자학자들의 박해로 생명에 위협을 느낀 정제두는 41살에 안산으로 이사했으며, 61살이 되는 1711년에는 다시 강화도로 이사하여 강화학파를 세웠다.12 정제두는 '양지체용론'을 주장했으나 주자학의 장벽에 막혀서 지행합일을 위한 실천과 행동은 보이지 못했다. 강화학파의 양명학은 조선 왕조가 무너지고 나서야 이상학, 이건창(1852~1898), 박은식(1859~1926), 정인보(1892~?) 등에 의해 빛을 보게 되었다.13

한편, 임진왜란 때 강항을 통해서 일본에 전해진 이퇴계의 주자학은 습합문

---

11 금장태, 『퇴계학파의 사상(II)』, 46, 66쪽; 최재목, 『동아시아의 양명학』, 102~103쪽; 신동준, 『조선의 왕과 신하, 부국강병을 논하고』(살림, 2007), 346~347쪽.

12 강화학파의 계보에 대해서는 최재목, 같은 책, 104~105쪽 참조.

13 같은 책, 105쪽; 금장태, 『퇴계학파의 사상(II)』, 66~67쪽.

화에 의해 해체과정을 거치게 된다.14 조선에서는 조금이라도 달리 해석하면 사문난적으로 여기면서 주자 따라 하기를 해왔던 반면, 일본에서는 주자를 자신들에게 적합하게 해석했기 때문에 주자학이 다양한 모습으로 나타났다. 조선과 일본의 주자학 차이는 "이퇴계는 주자를 배웠고 야마자키 안사이는 주자를 연구했다"는 말에서 잘 나타난다. 이퇴계는 '작은 주자'라고 불릴 정도로 주자학 자체에 집착했으나, 야마자키 안사이는 주자학을 연구하고 일본화시켰다.15

조선의 주자학자들은 자기의 뜻을 밝히거나 새롭게 해석하려 하지 않고 주자의 말과 글을 그대로 외우고 반복했다. 공자와 주자의 말과 글을 한 자라도 다르게 해석하면 사문난적으로 몰아서 파문시켰다. 따라서 조선 사회는 새로운 학문과 문화를 만들어내지 못하여 중국에 종속되었다. 국제정치의 흐름을 알지 못한 채 중국 이외의 나라에는 문을 열지 않은 것이다.

조선과 일본의 근본적인 차이는 '가(家)'의 해석에 있었다. 조선의 가족관계(제가)는 부계 혈연관계를 가지는 개인(수신)의 집합이기 때문에 소규모 담론인 수신·제가의 효를 강조하는 『주자가례』, 『소학』을 중요하게 생각했다. 이런 가족 지키기와 가족이기주의는 사대부 관료들의 향약이나 유향소 등을 통한 향촌 사회 지배로 이어졌다. 이는 신권론·재상권과 연결되어서 왕권을 약화시키고 중앙집권을 방해했다.

일본의 가족〔家, いえ(이에)〕은 혈연관계가 아니라 직업의 세습과 단합으로 이루어진다. 일종의 동업조합이다. 후손이 능력이 없으면 양자를 들여서라도 가업을 이어간다. 수신은 가업을 세습할 능력이고 제가는 가업을 이어가는 능력이다. 따라서 선조로부터 물려받은 가업을 다음 세대에 물려주지 못하는 것

---

14 와타나베 히로시, 『주자학과 근세 일본 사회』, 박홍규 옮김(예문서원, 2007), 14쪽; 아베 요시오, 『퇴계와 일본유학』, 김석근 옮김(전통과현대, 1998).

15 같은 책, 203~204쪽.

은 선조에 대한 불효이다.16 따라서 일본에서는 무사사회든 직업사회든 혈연 간의 예의나 도덕성보다는 주종관계로 이루어지는 사회생활에서 자기가 속하고 있는 직업 또는 분업에 대한 도덕사상이 앞선다.17

그에 따라 조선이 수신·제가라는 소규모 담론에 그쳤던 것과는 달리, 일본은 집단을 유지하기 위한 '충'을 강조하는 치국, 평천하에 이르는 거대담론을 가졌다. 따라서 일본 주자학은 이에(いえ) 지키기, 집단 지키기, 국가 지키기로 변화·발전했다.

주자학은 인간을 형이상학적인 천과 이에 종속시켜 거경궁리의 공부방법을 다해 천과 이의 수준에 이르러 성인이 되도록 하는 이상주의 천인합일 사상이다. 인간이 천인합일되어 성인의 수준에 이르기 위해서는 세속적 욕심을 버려야 한다. 다시 말하면 수신, 제가, 치국, 평천하를 위해서는 세상 일에 관심을 두지 말고 오직 독서를 통해서 이의 단계에 도달해야 한다(거경궁리와 금욕주의). 그러나 인간이 사는 세상은 물질의 이해관계에 얽히는 다양한 욕심의 세계이며, 형이하학의 세계이다. 조선의 주자학은 수신, 제가, 치국, 평천하에 앞서 먼저 인간세계의 주변 사회 상황을 알고 살펴야 하는 격물, 치지, 성의, 성심을 무시했다.

조선인 포로 강항에게서 이퇴계의 주자학을 배웠던 후지와라 세이카(1561~1619)는 "하늘이 하는 것이 내가 하는 것이고 내가 하는 것이 하늘이 하는 것이

---

16 와타나베 히로시, 『주자학과 근세 일본 사회』, 171, 177쪽; 도리고에 히로유키, 『일본 사회: 집안과 마을의 사회학』, 안병곤 옮김(청하, 1990); 프란시스 슈, 『이에모토: 일본 사회에 대한 심리인류학적 접근』, 김주희 옮김(현상과인식, 1985).

17 와타나베 히로시, 『주자학과 근세 일본 사회』, 189~218쪽; 고지마 쓰요시, 『유교와 예』, 김용천 옮김(동과서, 2007), 80~87쪽; 이에나가 사부로, 『일본 도덕사상사』, 원종갑 옮김(예문서원, 2005).

다", "크고 작은 재앙과 상서로운 조짐이 모두 자기에게 달려 있는 것이다"라며 주자학을 인간중심의 형이하학인 '천인분리' 사상으로 변화시키는 등 이상주의 주자학을 일본화시켰다.18 전쟁 속에서 항상 목숨을 걸어야 했던 일본 무사사회는 형이하학만을 받아들였다. 주자학의 절대 진리인 '이'를 격물·치지·성의·정심의 단계에서 연구하여 일본 사회에 알맞게 해석하고 변형시켰다. 다른 관점에서 보면 일본의 학문적 수준은 형이상학을 받아들일 정도가 못 되었다고도 할 수 있다.

하야시 라잔(1583~1657)은 후지와라 세이카에게서 주자학을 배웠는데, 도쿠가와 막부 초기 4대 쇼군의 서기장으로 봉사하면서 주자학을 도쿠가와 막부의 통치철학으로 만들었다. 하야시 라잔은 그 자신이 엄격한 주자학자였으면서도 "주자학을 신봉한 것이 아니라 오히려 주자학을 이용하여" 막부의 통치철학을 만들었다.19 하야시 라잔은 "존재하는 것은 기일 뿐이고 이는 기의 속성이다"라며 이기론을 세속적인 형이하학으로 해석했다. 그는 이는 '상하정분의 이', 즉 신분관계를 기초로 하는 상하분리를 '이'라고 했다.20 무사든, 농민이든, 죠닌(상공인)이든 맡은바 직분을 다하는 것이 막부에 대한 충성이자 '이'의 실현이라고 보았다.

야마자키 안사이(1618~1682)는 천인합일을 실천하는 방법으로 '경이(敬理)'에 주목했다. 조선 주자학은 거경궁리(居敬窮理)를 개인의 수양을 위한 방법으로 여겼으나 야마자키 안사이는 인간관계를 원만하게 하기 위한 사회철학으로 여겼다. 그는 경(敬)으로 임금을 대하면 충이 되고, 부모에게는 효가 된다고 하면

---

18 한국일본학회, 『일본사상의 이해』(시사일본어사, 2002), 16~17쪽.

19 나가오 다케시, 『일본사상 이야기 40』, 131쪽.

20 같은 책, 130쪽; 미나모토 료엔, 『도쿠가와 시대의 철학사상』, 박규태 옮김(예문서원, 2004), 38쪽; 한국일본학회, 『일본사상의 이해』, 24쪽.

서 경으로 막부에 대한 충성을 유도했다.21

구마자와 반잔(1619~1691)은 인간이 이와 천의 단계에 이르러 성인이 되어야 한다고 주장한 조선 주자학과 달리 이와 천을 형이하학인 인간세계로 옮겼다. 인간세계에서 섬겨야 할 대상은 임금과 부모로, 이들이 곧 이와 천이다. 그는 천황을 이로 섬겨 천황을 모시는 신도를 합리화했다. 이는 곧 이와 천을 인간세계에서 찾으려는 인본주의 사상이자 집단주의 사상이다. 그의 집단주의는 도쿠가와 막부 후기의 존왕사상과 국가주의 사상에 영향을 미쳤다.22

조선에서 전해진 주자학의 형이상학적 이상주의는 일본에서는 형이하학적 현실주의와 실천사상으로 바뀌었다. 일본의 중상주의 학자들은 외국과 무역을 통해 국민을 먹여 살리는 것이 '이'이고, 상품거래를 해서 이익을 내는 것이 '이'라고 주장했으며, 다이묘들도 상품을 개발하여 이익을 내는 것이 '이'라고 주장했다. 특히 이의 범주에 속하는 인간의 마음과 도덕도 계량화할 수 있는 상품이라고 생각하여 사무라이들도 상업에 종사할 수 있도록 했다.23 도쿠가와 막부 말기의 자유민권 사상가들은 민중의 권리가 '이'라고 주장했으며 사물을 관찰하고 사물의 본성을 찾으려 했던 격물·치지는 과학사상으로 발전하여 근대화의 초석이 되었다.24

17세기 후반에는 주자학의 형식주의를 비판하고 유교의 원전으로 돌아가자는 '고학(古學)'이 생겨났다. 고학의 창시자 야마가 소코는 주자학의 수양중심 사상은 유해무익하다고 하면서 고학에서 사무라이의 사회적 존재와 역할을 찾았는데 아토 진사이, 오규 소라이(1666~1728) 등이 이에 따랐다. 고학자들은 『고

---

21 한국일본학회, 같은 책, 25~27쪽.
22 같은 책, 35~41쪽; 미나모토 료엔, 『도쿠가와 시대의 철학사상』, 39쪽.
23 나가오 다케시, 『일본사상 이야기 40』, 205~212쪽.
24 같은 책, 259쪽; 한국일본학회, 『일본사상의 이해』, 64쪽.

사기』(712)와 『일본서기』(720) 등을 연구하여 일본 고유의 사상을 찾으려 했다.

18세기 후반에는 가모노 마부치, 모토모리 노리나가 등이 고학의 복고주의
와 함께 배외주의, 존왕애국론을 주장하면서, 일본이 세계의 출발점이고 중심
점이라고 하는 국학을 일으켰다. 이 고학과 국학의 두 학풍은 존왕양이 운동과
더불어 메이지 유신 이후 신도의 국교화와 천황제 이데올로기의 토대가 되었
다.25 조선에서는 주자 따라 하기를 했던 반면, 일본에서는 주자학을 일본의 사
회 상황에 맞게 습합시켰다. 결국 일본 주자학은 원형을 상실하고 해체되었다.

또한 1890년에 발표된 「교육칙어」의 기초가 되었는데, 「교육칙어」는 천황
제 황국사상의 성전으로 교육을 통해서 국민에게 국가주의·군국주의 사상을 주
입시켰다. 일본의 습합된 주자학은 그 원조라고 할 수 있는 조선을 군사적으로
정복하고 합병하게 한 기틀이 되었다.

한편, 조선에서 자리 잡지 못한 양명학은 습합문화와 직업의 다양성이 존재
하는 일본에서는 환영받았다. 양명학이 일본에 소개된 것은 1510년 막부의 사
절단 22명을 이끌고 명나라를 방문했던 승려 료안 게이고가 양명학의 창시자
왕양명에게서 문헌들을 직접 전달받으면서부터이다.26 그러나 양명학을 본격
적으로 연구한 사람은 나카에 도주(1608~1648)였다. 도주학파는 여러 지역에
왕성하게 퍼져서 지역별로 10여 곳에 있었다고 한다.27

나카에 도주는 왕양명의 '태허론'을 받아들여서 일본화시켰다. 왕양명은 태
허론에서 만물(기)은 태허(이)에서 생겨나고 변화하므로 이는 기의 조리이고 기
는 이의 운용이라 밝혔다. 또한 '천인합일론'에 따라 인간의 마음이 이이며 천

25같은 책, 67~72쪽; 박경희, 『연표와 사진으로 보는 일본사』, 326~327쪽; 미나모토 료엔,
『도쿠가와 시대의 철학사상』, 185~198쪽.

26최재목, 『동아시아의 양명학』, 144~145쪽.

27같은 책, 146~148쪽.

이라고 했다. 나카에 도주는 태허를 국가라고 생각하고 태허에 상제가 있듯이 국가에도 제왕이 있으며 태허는 천지를, 천지는 선조를, 선조는 부모를, 부모는 나를 낳았다고 하면서 이것을 이어주는 것이 '효'라고 했다. 효는 이이고 천지가 갈라지기 이전에 존재하는 태허의 신도이며, 천·지·인을 비롯한 만물은 모두 효의 원리에서 나왔으므로 효는 태허에 꽉 차있다고 했다. 즉, 이는 효라는 것이다. 나카에 도주는 또한 지행합일을 강조했다.28

　　나카에 도주의 태허사상은 구마자와 반잔(1619~1691)으로 이어져 일본 양명학의 특징이 되었다. 일본의 양명학은 아무것도 없는 텅 빈 태허를 구체적 대상인 국가와 실질적으로 작용하는 효로 변화시켰다. 주자학과 마찬가지로 양명학도 일본화된 것이다. 일본에 전해진 주자학이 해체되어 형이하학의 실용주의로 변화되었던 것과 마찬가지로 양명학도 일본화되었다. 조선에서는 주자학과 양명학이 서로 배타적이고 적대관계였던 것과는 달리, 일본에서는 주자학과 양명학의 차이는 없어졌다. 이러한 일본의 실용주의 주자학과 양명학은 오규 소라이(1666~1728)에게 이어졌다. 오규 소라이는 일본의 민족주의 학문인 고학의 창시자였을 뿐만 아니라 상인이 이윤을 극대화하는 책임경영을 강조하여 일본 자본주의 발달의 뿌리가 되었다.29

---

28 최재목, 같은 책, 166~171쪽; 나가오 다케시, 『일본사상 이야기 40』, 147~150쪽; 미나모토 료료엔, 『도쿠가와 시대의 철학사상』, 59~65쪽.

29 와타나베 히로시, 『주자학과 근세 일본 사회』; 한국일본학회, 『일본사상의 이해』, 55~61쪽; 모리모토 준이치로, 『일본사상사』, 381~401쪽.

18

북학과 실학
이의 주자학에 대한 반성

주자학은 본래 이와 기의 이원론이다. 그러나 조선의 주자학은 '이'를 강조함으로써 인간의 욕망을 억제하여, 본연의 성인 자연과 인간을 일치시켜 순결한 인간을 만들려고 했던 자연주의적 단원론의 면모를 보여주었다.1 이처럼 정신세계만을 강조한 주자학은 왜란과 호란의 혼란 속에 통치이념으로서 역할을 다하지 못했고, 수신제가와 자기 수양만을 강조한 문약한 양반사대부와 관리들은 전쟁에 별다른 도움을 주지 못했다.

그러나 양반사대부들은 이런 과오를 반성하여 사회를 개혁할 생각은 하지 않고 기득권 유지에만 급급했다. 기득권 유지는 향촌지배에서 시작된다. 따라서 서울에 있는 관리들은 자기의 향촌사회를 관리하기 위해서 유향소를, 지방관리들은 한양사무소라고 할 수 있는 경재소를 강화했다. 향촌사회를 지배하기 위한 구체적인 수단으로는 향약을 이용했다. 사대부들은 「여씨향약」을 참조하여 향

---

1 김상준, 『유교의 예치이념과 조선』, 222~225쪽; 박홍식, 「실학의 근대적 인간모색」, 홍원식 엮음, 『실학사상과 근대성』(예문서원, 1998), 32~33쪽.

음주례, 향사례, 두레 등을 시행하여 향약 체계를 더욱 강화했다.2 이 「여씨향약」은 주자학과 같이 고려 말에 전해졌는데, '좋은 일은 서로 권한다(덕업상권)', '잘못한 것은 함께 꾸짖는다(과실상규)', '좋은 예와 풍속을 위해서 서로 사귄다(예속상교)', '어려운 일을 당하면 서로 돕는다(환난상휼)'는 네 가지 조목을 기본으로 삼았다. 한편 국가 차원에서는 사회혼란을 진정시키고 교육을 통해서 국민의 복종을 이끌어내기 위해서 삼강오륜 등의 내용이 담긴 『소학』을 보급했다.3

또한 효종 때는 송시열이 주도하여 북벌론을 펼쳤다. 이는 주자학에 대한 반성과 실학사상의 발전을 막았는데, 사대부들은 '위정척사'를 내세우며 야만인 여진족의 청나라를 통해 들어오는 서양 사상과 문물을 받아들이려 하지 않았다. 양반들은 야만인 청나라와 일본에 사신으로 가는 것까지도 기피했다.

이런 상황에 대한 반성의 의미에서 등장한 것이 16세기에 처음 발생하여 19세기까지 존재한 실학·북학사상이다. 실학자들은 주자학의 격물치지를 실용주의, 실사구시와 같은 뜻으로 해석해서 주자학의 잘못된 공리공담을 반대했고, 주자학을 속이 빈 허론이라고 비판하기도 했다.4 그런데 실학·북학사상은 사실 주자학의 범주 안에 있는 학문이다. 즉, 실학은 반쪽 주자학에 기를 더하여 온전하게 만들려는 주자학의 한 갈래였던 것이다. 이처럼 탈주자학에 한계를 가진 실학의 사회개혁은 소극적이었고, 결국 실패하고 말았다.5 한편, 조선 후기의 개혁사상을 실학사상이라 이름 붙인 것은 1930년대에 국학자들이었다.6

---

2 이태진, 『조선 유교사회사론』, 238~247쪽; 주강현, 『농민의 역사 두레』(들녘, 2006), 408~409, 502쪽.

3 이재정, 『조선출판주식회사』, 21~44쪽; 김준석, 『한국중세유교사회사론(Ⅰ)』, 137~188쪽; 이정민, 「영조의 소학교육 강화와 지향」, 정옥자 엮음, 『조선 시대 문화사(상)』, 324~352쪽.

4 정성철, 『실학파의 철학사상과 사회정치적 견해』(한마당, 1989), 17쪽.

5 홍원식, 『실학사상과 근대성』, 13~18쪽.

한백겸은 조선의 역사지리를 고증학의 방법으로 연구하여 사대주의 역사를 벗어나려고 했다. 그는 실증을 통해 『동국지리지』를 지었다. 한백겸은 단군이 중국의 요, 순과 같은 시기에 있었다는 민족주의 역사관을 보여주었다.

이수광(1563~1627)은 세 번이나 명나라에 사신으로 다녀오면서 마테오 리치의 『천주실의』 등을 가지고 옴으로써 조선에 처음으로 서학을 전파했다. 그는 백과사전 형태의 『지봉유설』 20권을 지었는데, 여기서 동남아시아와 유럽 여러 나라의 사정을 소개했고 유럽의 과학기술·무기의 우수성도 알려주었다. 『지봉유설』에는 역사, 지리, 군사제도 등 25개 부문에 3,435항목이 설명되어 있다. 이수광은 쇄국정책을 반대하고 외국과의 통상을 중시했다.

김육(1580~1658)은 영의정, 좌의정, 우의정을 두루 거친 경제전문가로서 세금을 현물로 납부했던 것을 곡식이나 화폐로 내도록 하는 「대동법」을 시행했다. 또한 수레를 만들어 물자수송을 편리하게 하는가 하면, 관개시설에 수차를 사용하도록 했다. 상평통보라는 화폐를 주조하고 유통하기도 했다. 「대동법」은 1608년에 처음 시행되었으나 양반사대부들의 반대로 100년이 지난 1708년에 야 전국적으로 시행되었다.

유형원(1622~1673)은 서울 양반집안에서 태어났으나 당파 싸움에 실망하여 벼슬길에 나가지 않았고, 1653년에는 가족과 함께 전라북도 부안으로 이사하여 평생을 학문 연구에 바쳤다. 유형원은 전국을 여행하면서 기행문을 남겼고, 역사·어학·군사·철학에 대해 많은 책을 썼으나 전하는 것으로는 13책 26권으로 된 『반계수록』 하나뿐이다. 그는 주자학의 격물치지에 대해 천지의 이는 만물에서 표현되는 것이니 만물이 아니면 이가 표현될 곳이 없고, 성인의 도는 세

---

6 같은 책, 13쪽; 한영우, 「실학은 조선후기 고유명사 아니다」, ≪중앙일보≫, 2006년 7월 5일 자.

상만사에서 실현되는 것이니 세상만사가 없으면 성인도 될 수 없다고 하는 등 실용주의적 태도를 보였다. 유형원은 조선의 국방상태를 걱정하면서 자기 돈을 들여 배 4~5척을 짓고 말·활·조총을 사들여 마을 사람들에게 나눠주고 군사훈련을 시키기도 했다.[7]

유형원은 농업생산을 위해서 경작방법의 개선과 수리·관개시설의 정비를, 수공업과 상업의 발전을 위해서 공인과 상인을 천시하는 신분제도와 적서제도의 폐지를 주장했다. 그는 또한 유통경제 활성화를 위해 화폐통용을 주장하면서 모든 국가 지출을 화폐로 할 것을 주장했다. 그리고 농민들의 잡다한 세금부담을 줄여주기 위해서 세율을 수확량의 15분의 1로 단일화시키자고 했다. 유형원의 『반계수록』은 당시에는 금지도서로 취급되었다.[8] 개혁방안을 찾고 있던 영조가 『반계수록』을 보고 나서 이를 출판하도록 명하여서 세상에 알려지게 된 것이다. 그러나 양반들의 반대로 유형원의 개혁방안들은 실현되지 못했다. 『반계수록』은 정약용의 『경세유표』에 많은 영향을 끼치기도 했다.[9]

이익(1682~1764) 역시 양반집안에서 태어났으나 벼슬길에 오르는 것을 거부하고 경기도 광주에서 연구생활을 하며 유형원의 실용주의 사상을 이어나갔고, 30권 30책으로 된 『성호사설』을 남겼다. 그는 이수광과 유형원을 통해 서양 학문에 대한 지식을 가지게 되었는데 그 분야는 천문학, 수학, 의학, 철학, 역사, 지리 등 여러 방면에 다양하게 펼쳐져 있었다. 이익은 우주공간에 가득한 것은 모두 '기'이고 기가 뭉쳐서 구체적인 형상을 만들어내는데, 형상이 생겨나고 없

---

7 정성철, 『실학파의 철학사상과 사회정치적 견해』, 117, 122쪽; 광주출판 편집부 엮음, 『조선철학사 연구』(광주출판, 1988), 174쪽.

8 이중연, 『책의 운명: 조선, 일제 강점기 금서의 사회 사상사』(혜인, 2001), 184쪽; 정성철, 『실학파의 철학사상과 사회정치적 견해』, 118~120쪽.

9 정성철, 같은 책, 118~120쪽.

어지는 것처럼 변하지 않는 '이'는 없다고 주장하면서 주리론을 반박했다. 또한 조선인으로서는 처음으로 지구가 둥글고 자전한다고 주장했다. 한편, 자기 나라 역사는 자기 나라 사람이 더 잘 알고 있다고 하면서 사대주의에 반대하고 조선 중심의 역사를 강조했는데,10 특히 주자의 학설을 한 글자라도 의심하면 망발이라 하며 사문난적으로 모는 고루한 독경주의를 반대했다.11 이익은 사회문제에 대해서도 관심이 많았는데, 농업이 피폐한 원인으로 노비제도, 과거제도, 양반제도, 기교(사치, 미신), 승려, 게으름의 여섯 가지를 들었다. 사회의 전반적인 폐습으로는 양반과 평민의 신분제, 문벌제도, 적자와 서자의 차별, 노비제도를 지적하고 이를 반대했다.12

홍대용(1731~1783)은 대대로 높은 벼슬을 지낸 이름 있는 양반집안에서 태어났으나 벼슬자리를 박차고 나와 실학연구에 힘을 쏟았다. 35살 때 사신으로 가는 작은아버지를 따라 청나라의 수도 베이징에 가서 발전상황을 보았고 예수회 선교사들과도 만났다. 홍대용은 수학의 계산법·측량방법 등 480가지 문제와 해설을 담은 『주해수용』, 사회·정치에 대한 의견을 밝힌 『임하경론』, 그리고 천체 및 기상변화와 물리현상을 설명한 『의산문답』을 지었다. 홍대용은 이익과 더불어 지구가 자전한다고 주장했다.13

『의산문답』은 '의무려산'에 은거하는 '실옹(實翁)'이라는 거인을 '허자(虛子)'라는 사람이 방문하여 자연현상과 사회현상에 관하여 문답하는 형식으로 쓴 책이다. 여기서 실옹은 홍대용을, 허자는 주자학을 상징하는 것이다. 허자는 주자

---

10 정성철, 『조선철학사』(좋은책, 1988), 276~277쪽.

11 정성철, 『실학파의 철학사상과 사회정치적 견해』, 163쪽.

12 하기락, 『조선철학의 체계적 전개』(신명, 1993), 277쪽.

13 하기락, 『조선철학사』(신명, 1995), 736쪽; 정성철, 『실학파의 철학사상과 사회정치적 견해』, 262, 265쪽.

학인 동시에 과거의 자신으로, 이는 홍대용의 사상적 전환을 나타내는 것이다. 실학이라는 용어는 1930년대에 정인보, 문일평, 안재홍 등 민족주의 국학자들이 조선학 운동을 펼치면서 처음 만들어냈다고는 하지만,14 홍대용이 『의산문답』에서 '실옹'이라는 거인을 가상인물로 택했다는 것은 당시의 학문을 '실학(實學)'이라고 할 수 있는 유력한 증거일 것이다.

홍대용은 천지에 가득한 것은 오직 기일 뿐이고 이는 그 가운데 존재한다고 주장했다. 이는 천지를 주관하는 것이 아니라 기에 따를 뿐이고 사물의 변천에 종속되는 것이라고 주장하면서 주자학의 기일원론, 즉 '주기론'을 펼쳤다.

그는 중국이 넓고 다양하게 세상을 관찰하기는 하지만 때로는 넘쳐서 복잡함을 면하지 못하는 것과는 달리, 조선이 주자를 숭상함에 순정한 것은 대개 기가 치우쳐 있기 때문에 지식이 국한되어 반드시 지킬 필요가 없는 옛것을 억지로 옹호한다고 하면서, 조선의 잘못된 학문풍토는 주자를 잘못 계승해서가 아니라 전적으로 주자만을 계승했기 때문이라고 지적했다.15 실제로 조선의 잘못은 주자학만을 받아들였기 때문이기도 하지만 무엇보다 '이'만을 숭상하는 반쪽 주자학을 만들었다는 데 있다.

한편, "광활한 우주의 어디가 중심인지 알 수 없는 것처럼, 중국이 중심에 있고 야만 민족이 그 주변에 있다고 보는 것은 중국 사람 본위의 사고방식이다. 동이인 조선의 입장에서 보면 동이가 중심이고 중국은 변경이 될 것이다"라며 사대주의를 비판하고 조선의 자주성을 주장하기도 했다.16

---

14 홍원식, 『실학사상과 근대성』, 13쪽; 한영우, 「실학은 조선후기 고유명사 아니다: 학파로서 실학은 존재했던가부터 다시 묻는다」, ≪중앙일보≫, 2006년 7월 5일 자; 한영우, 「실학, 조선후기만의 사상 아니다」, ≪중앙일보≫, 2007년 2월 23일 자.

15 김문용, 「홍대용의 실학적 학문관과 그 탈성리학적 성격」, 71쪽.

16 하기락, 『조선철학사』, 740쪽.

또한 조선 주자학자들의『주례』와『주자가례』에 대한 교조적인 태도를 비판하면서, 무공의 예는 주나라 풍속에 맞도록 한 것이고 주자의 예는 송나라 풍속을 좇는 것으로서, 풍속에 따라 보충하고 삭제했으므로 고정된 법은 없다고 주장했다. 그에 따라 바꾸지 못하고 조금이라도 어기면 안 되는 '예'는 결국 사람을 구속·결박하는 것이라며 당대의 주자학을 비판했다.17

홍대용은 사농공상을 분업체계로 여겨 고정불변의 것이 아니라 재능과 학식에 따라 변경될 수 있다고 주장했다.18 모든 면 단위에 학교(서당)를 두어 8살 이상의 모든 아이를 대상으로 문과뿐만 아니라 사격, 기마 등을 포함한 문무 겸비의 교육을 시행하고, 통치체계와 군사체계를 완전히 일원화하는 병농일치를 실현하여 100만 대군을 가진 군사체계를 갖춘다면, 주자학의 이상 정치인 왕도정치가 실현되어 중국 한나라 때처럼 왕도가 잡힐 것으로 보았다.19 하지만 양명학을 '말류'로 취급하고 배척했고 유럽의 과학기술은 받아들이면서도 기독교는 배척했다. 또한 불교와 도교도 이단이라고 배척했다. 홍대용은 기의 주자학을 주장했을 뿐 주자학의 사고방식을 벗어나지는 못했다.20

한편, 홍대용은 직접 도구를 만들기도 했다. 수력을 이용한 천문관측 기구인 '혼천의'를 자기 집에 자명종과 함께 설치했는데, 혼천의는 나경석과 함께 3년에 걸쳐서 완성한 것으로 조선의 옛것과 서양 것을 참고하여 만들었다.21

박지원(1737~1805)은 대대로 높은 벼슬을 했던 양반집안에서 태어났다. 그

---

17 정성철,『실학파의 철학사상과 사회정치적 견해』, 256쪽.

18 같은 책, 286~287쪽.

19 같은 책, 287~294쪽; 정성철,『조선철학사』, 315쪽.

20 정성철, 같은 책, 265쪽; 김문용,「홍대용의 실학적 학문관과 그 탈 성리학적 성격」, 69~70쪽, 72~86쪽.

21 정성철,『실학파의 철학사상과 사회정치적 견해』, 259쪽.

의 집안은 당시 집권당인 서인의 노론에 속했으며 왕실과도 친척관계에 있었다. 그러나 그는 당파 싸움을 피하여 1769년 서울을 떠나 개성과 황해도 금천군 연암에 숨어 살았다. 1780년 청나라에 가는 사절단을 따라가서 청나라의 발전과 사회 상황을 보고 『열하일기』 26권을 지었다. 그는 주로 문학작품을 통해 세태를 풍자하고 비판했다.

조선은 명나라에 대한 의리와 소중화주의 사상으로 야만족 여진이 세운 청나라의 것을 꺼리고 가까이 하지 않았다. 심지어 청나라에 사신으로 가는 것을 이런저런 이유를 들어 피하려 했다. 그러나 『열하일기』에서는 청나라의 과학기술과 정치, 경제, 문화 등 발전된 제도를 배우고 받아들이자는 북학을 주장했다. 그의 개혁사상에 호의를 보였던 정조의 부름에 따라 박지원은 1786년에 벼슬길에 올랐으나, 1800년 정조가 세상을 떠나면서 벼슬을 그만두고 다시 연암으로 돌아가 살다가 1805년에 세상을 떠났다.

박지원은 1798년 정조의 지시에 따라 『한민명전의』와 『과농소초』를 지었는데, 『한민명전의』에서는 토지소유 제한을 건의했고 『과농소초』에서는 수확량을 높이기 위해서 파종의 시기, 비료, 지형과 기후에 따라 작물 선택, 김매기를 하여 병해충을 없앨 것을 강조했다. 『과농소초』에서는 또한 병농일치를 제안하기도 했다. 서울 교외에 국가적 모범농장을 만들고 전국에서 모범농민 수백 명을 뽑아 선진 농업기술을 가르치고 지방으로 돌아가서 이를 널리 보급하고 농민들에게 군사훈련과 함께 농업기술을 배우도록 하자고 건의한 것이다.[22]

박지원의 개혁사상은 당연히 양반사대부의 저항에 직면했다. 통치사상으로서의 주자학에 위반되는 것이었기 때문이다. 그가 쓴 책들은 금서가 되었고, 1900년이 되어서야 『연암집』으로 출판되었다. 그전까지는 비밀리에 전해졌으

---

22 광주출판 편집부 엮음, 『조선철학사 연구』, 205쪽.

며, 출간된 책들도 기이한 것이 많아서 이단에 불과하다는 비판을 받았다.23 그의 서민적인 색채는 저속한 것으로 여겨졌고 문체는 순정하지 못한 것으로 치부되었다.

정조 치하인 18세기 말에 서학이 들어오면서 주자학 이외의 사상이 퍼지는 것을 두고 '문체논쟁'이 있었다. 주자학에 따르지 않은 서적은 '패관잡기' 또는 '패관소설'이라 하여 금지시켰고, 그런 책을 가지고 있다는 것만으로 처벌할 수 있도록 했다. 서학, 양명학, 불교, 도교에 관한 책들과 심지어『삼국지』,『수호지』도 금지했다.24 정조는 박지원에게도 순정한 글을 써서 속죄할 것을 지시했다. 박지원이 이에 따름으로써 그의 문체에 대한 논란은 종식되었다.25

한편, 박지원 역시 주기론을 주장했다. 그는 "만물이 생겨나는 것에 무엇이든 기가 아닌 것이 없다. 천지는 커다란 그릇이다. 그 안에 가득한 것은 기이다. 기가 가득 차 있는 이치는 이이다. 음과 양이 서로 교섭하는 곳에 이가 있으니 기가 이를 포함하는 것은 복숭아가 복숭아씨를 포함하는 것과 같다"라고 했다. 그는 지구와 별들은 같은 물질로 만들어진 무한히 많은 별 중의 하나이며, 먼지가 서로 얽히면 흙이 되고, 먼지의 거친 것은 모래가 되고, 단단한 것은 돌이 되고, 먼지의 진액은 물이 되고, 먼지의 더운 것은 불이 되고, 먼지가 맺히면 쇠가 되고, 먼지가 피어난 것은 나무가 되고, 먼지가 움직이면 바람이 되고, 먼지가 뜨거운 증기로 찌어져서 기가 한데 쌓이면 여러 가지 벌레가 되는데, 사람도 이 벌레들과 같은 종족이라고 하여 자연계가 어떤 법칙에 의해서 움직인다는 합법칙성을 주장했다. 그는 자연의 합법칙성에 따라서 사주·관상 같은 미신, 유교의

---

23 이중연,『책의 운명: 조선, 일제강점기 금서의 사회사상사』, 363쪽.

24 같은 책, 288~292쪽.

25 광주출판 편집부 엮음,『조선철학사 연구』, 199쪽; 정성철,『실학파의 철학사상과 사회정치적 견해』, 303쪽; 이중연,『책의 운명: 조선, 일제강점기 금서의 사회사상사』, 287~288쪽.

천, 불교의 윤회, 기독교의 천국·지옥을 믿지 않는 무신론적 입장을 취했다.26

사회경제 문제에 대해서는 상품유통을 위해 수레와 배를 이용할 것과 화폐를 주조할 것, 사회발전을 위해 양반과 평민, 적자와 서자를 차별하는 신분제도를 없앨 것을 주장했다. 그는 양반계급은 삼강오륜을 표방하면서도 백성의 피를 빨아 먹으며 사치스러운 생활을 하는 인의(仁義)의 도적이며 농사를 방해하고 곡식을 갉아먹는 황충(蝗蟲)이라고 비난했다.

역사에 대해서는 기자의 평양동래설, 패수가 대동강이라는 대동강패수설을 비판하면서 양반사대부들의 존명 사대사상과 자기를 낮추는 소중화주의 사상에 대한 맹목적인 추종을 경계했다. 박지원은 요동평양설, 요동고조선설을 주장하면서, 사대주의자들이 요동이 본래 조선의 옛 땅인 것을 모르고 한사군의 땅을 압록강 안으로 끌어들이고 그 속에서 압록강이나 청천강, 혹은 대동강을 패수라고 하여 조선의 옛 땅을 축소했다고 했다. 이로써 박지원은 존명 사대주의와 중국 중심 사상을 반대했다.27

박제가(1750~1805)는 서울 양반집안의 서자로 태어났다. 박지원이 『연암집』에서 밝힌 바에 따르면 "서자는 아버지를 아버지라고 부르지 못하고 나이가 아무리 많아도 맨 끝줄에 앉아야 했다. 누구나 그와 친구가 되는 것을 부끄러워했고, 양반 출신의 서자일지라도 그 품에 따라 차이는 있으나 중요한 벼슬에 오를 수가 없었다". 박제가는 박지원에게서 직접 글을 배웠고, 사상적으로도 큰 영향을 받았다.

박제가는 서자들에게 내리는 특별조치에 따라 규장각 검서로 등용되어 편찬과 고증사업에 종사했다. 또한 세 번에 걸쳐서 청나라에 가는 사절단을 따라 베

---

26 하기락, 『조선철학사』, 743~745쪽; 정성철, 『실학파의 철학사상과 사회정치적 견해』, 310~312쪽.

27 정성철, 같은 책, 336~337쪽.

이징에 가서 물질생활의 풍부함과 제도와 기술의 발전, 그리고 수입된 유럽 문화를 보고 왔다. 이런 문화·제도·기술을 도입하여 백성의 생활에 도움이 되고 조선의 부강과 발전을 이루자는 의지로 29살 때인 1778년에 『북학의』를 지었다. 이후 1801년 신유사옥 때 경원에 유배당했다.

'북학의'라는 제목은 맹자가 진량에게 했던 옛이야기에서 따온 것이다. 진량은 초나라 사람으로 북쪽으로 올라가서 공부했으나 자기보다 나은 사람이 별로 없다고 자부했다. 바로 여기에서 '북학'란 말을 따온 것인데, 조선에서는 청나라 학문을 뜻하는 말이 되었다.28 『북학의』서문에는 조선의 상황을 한탄하는 내용이 있다.

> 이용후생에 하나라도 빼놓는 것이 있으면 위로는 올바른 덕을 해치게 된다. 그런 까닭에 공자는 '백성을 가르쳐야 한다'고 말했고, 관중은 '먹고사는 것이 풍족해야 예절을 안다'라고 했다. 그러나 지금 백성은 날마다 곤궁해지고 재물은 날마다 궁핍해지고 있다. 이는 사대부들이 팔짱만 끼고 해결하려 하지 않아서 그런 것인가, 아니면 아무것도 하지 않고 편안하게만 지내려는 타성에 젖어서 모르는 것인가.

박제가는 야만으로 치부되었던 청나라의 문화 수준을 높이 평가했다.

> 중국에 있을 때에 한 서점에 들렀더니 주인이 거래 장부를 정리하느라 바빠서 잠시도 이야기할 틈이 없었는데 조선의 책 장수는 책 한 권을 가지고 몇 달씩 사대부 집을 두루 돌아다녀도 팔지 못한다. 나는 청나라가 문명의 본고장이

---

28 박제가, 『북학의』, 17쪽.

라는 것을 깨달았다.29

박제가는 무엇보다 이용후생을 강조했는데, "조선은 도구가 발달하지 않아 남들이 하루에 하는 일을 한두 달씩이나 걸리니 시기를 잃게 된다. 남들이 곡식을 세 고랑 뿌릴 곳에 조선에서는 두 고랑을 뿌리니 손해가 크다"라며 새로운 과학기술을 이용하여 생활도구와 영농기계를 개발하여 생산성을 높여야 한다고 주장했다. 그리고 "어떤 사람이 사기그릇 만드는 기술을 배워서 열심히 만들지라도 나라에서는 이를 사주지 않고 오히려 세금을 많이 매기니 그 기술을 배운 것을 뉘우치고 버리지 않는 사람이 거의 없다"라며 사대부들의 기술과 과학정책에 대한 부정적 태도를 비판했다.30

한편, 상품생산과 상품유통을 위해서는 무엇보다 시장과 상인이 많아야 한다고 주장하면서 수요와 공급의 법칙을 다음과 같이 설명했다.31

조선 사람들은 중국의 시장이 크게 발달한 것을 보고 중국 사람들은 오로지 상업만을 숭상한다고 말한다. 상인은 사농공상 4민의 하나에 속하므로 상업에 종사하는 사람들도 전체인구의 10분의 3은 되어야 한다. 중국의 가옥, 수레, 단청, 비단 등이 훌륭한 것을 보고는 사치가 심하다고 말한다. 지금 조선에서는 구슬 캐는 집이 없고, 시장에는 산호 같은 보석이 없다. 또 금이나 은을 가지고 가게에 들어가도 떡조차도 살 수가 없다. 이것이 정말 검소한 풍속 때문인가. 아니다. 이것은 물건을 이용하는 방법을 모르기 때문이다. 이용할 줄 모르니 생산할 줄 모르고, 생산할 줄 모르니 백성이 나날이 궁핍해진다. 재물이란 우물과

29 박제가, 『북학의』, 127쪽.
30 같은 책, 235~239쪽; 정성철, 『실학파의 철학사상과 사회적치적 견해』, 377~379쪽.
31 정성철, 같은 책, 98~101쪽.

같다. 퍼내면 차게 마련이고 이용하지 않으면 말라버린다. 그렇듯이 비단을 입지 않기 때문에 나라 안에 비단 짜는 사람이 없는 것이다. 따라서 부녀자가 베를 짜는 것을 볼 수 없게 되었다. 그릇이 찌그러져도 상관하지 않으며 정교한 기구를 애써 만들려고 하지 않는다. 나라 안에는 기술자나 질그릇 굽는 사람들이 없어져서 각종 기술이 전해지지 않는다. 심지어 농업도 황폐해져서 농사짓는 방법을 잊어버렸다. 장사를 해도 이익이 별로 없어 상업을 포기할 정도이다.

박제가는 상품유통을 위해서는 수레와 나룻배와 화폐가 있어야 한다고 주장했다. 수레와 나룻배는 멀리 있는 상품을 한꺼번에 많은 양을 운반할 수 있고, 화폐는 상품교환을 편리하게 한다. 그러나 조선은 수레, 나룻배, 화폐를 이용하지 못했다.[32] 박제가는 배를 만드는 기술을 배우는 것에 대해 다음과 같은 내용을 소개했다.

만약 중국의 배가 표류하여 바닷가 고을에 닿으면 그 배에 반드시 배 만드는 기술자를 비롯하여 많은 기술자가 있을 것이다. 그들이 머무는 동안에 우리의 숙련된 기술자로 하여금 그 배의 모습과 제작방법을 모두 배우게 해야 한다. 그런 후에야 그들이 돌아갈 수 있게 허가해주어야 한다. 그런데 때로는 그들 중에 배를 포기하고 육로로 돌아가는 경우가 있다. 그럴 때에 선박 제작방법을 배우지 않는 것은 둘째 치고 해당관리들에게 즉시 그 배를 불태워버리게 한다. 도대체 무슨 이유로 그러는지 모르겠다.[33]

32 같은 책, 25~47, 78쪽; 김용만, 『고구려의 그 많던 수레는 다 어디로 갔을까』(바다, 1999).
33 박제가, 『북학의』, 224~226쪽.

박제가는 상품유통과 시장 활성화를 위해서 외국과 무역을 통한 국제교류를 강화할 것을 건의했다. 이를 위해서 무엇보다 장거리 항해가 가능한 배가 필요했다.

옛날 고려 시대에는 송나라의 배가 7일이면 황해도 예성강에 도착했다. 그런데 조선에서는 400년 동안 다른 나라와는 배 한 척의 왕래도 없었다. 어린아이들은 낯선 손님을 보면 부끄러워 머뭇거리다가 울곤 한다. 이는 본성이 그래서가 아니라 그동안 보아온 것이 적어 괴상하게 생각하는 것이 많기 때문이다. 조선이 겁을 잘 내고 의심이 많으며, 기운이 약하고 재주와 식견이 활짝 피지 못한 것은 이와 같은 원리이다.[34]

조선은 국제교류가 없었기 때문에 통역의 능력이 부족했다. 따라서 외국에 나가는 사신은 제대로 된 통역관이 없어서 손해를 보았다.[35] 반면 일본은 30여 개 나라와 무역을 했고, 중국어를 잘하는 사람이 많았다고 한다.

박제가는 군사제도의 개편도 주장했다.

본래 조선의 중앙군은 지방에서 차례로 올라오는 번상군이 담당했다. 이는 평시에는 농사를 짓다가 징발되면 나아가 근무하는 병농일치 형태로 당나라의 부병제와 비슷하다. 그러나 이들의 장비는 보잘것없고 군인의 숫자는 문서 상으로는 갖추어졌어도 실제로는 정확히 알 수 없었다. 전쟁을 수행할 만한 병사는 전체의 10분의 2~3도 안 되며 병기를 완전히 갖춘 병사는 더욱 적다. 그러

---

34 같은 책, 240~241쪽.
35 같은 책, 112~115쪽.

214

므로 우선 해야 할 일은 군대의 숫자를 줄이고 월급을 주는 것이다. 그러면 징집을 피하여 달아났던 사람들도 돌아올 것이고 세력가들에게 의탁했던 사람들도 스스로 징집에 지원할 것이다. 그러면 7~8명의 정예군대를 확보할 수가 있다. 또한 집집마다 수레를 끌고 말을 기른다면 이 말들은 전쟁에서 충분히 군사용으로 쓸 수 있다.36

정약용(1762~1836)은 서인이 정권을 잡고 있을 때에 남인 계통의 양반집안에서 태어나 23살 때에 기독교 교리와 서양서적을 접하게 되었다. 28살에 과거에 급제하여 벼슬길에 올라 과학지식을 이용후생에 활용했다. 배를 이용하여 한강에 다리를 놓고, 31살에는 수원성을 설계했으며, 거중기를 고안하여 수원성을 쌓는 데 이용했다. 그는 박제가와 함께 조선에서는 처음으로 종두술을 연구하여 『마과회통』을 지었다.

1801년 기독교도들을 처벌한 신유사옥으로 셋째 형 약종이 사형당하고 둘째 형 약전은 흑산도로, 정약용은 전라도 강진으로 유배당했다. 정약용은 1818년에 석방되었으나 벼슬길에는 오르지 않고 경기도 광주에 머물렀다. 그는 18년간의 유배생활 동안 232권의 책을 지었는데, 고통받는 농민들의 일상생활을 접하고 동정심을 느껴 전제, 세제, 관제, 법제, 학제, 군제, 정치제도 등 모든 사회문제에 대해 개혁안을 구상했다. 그에 따라 1817년에 지방행정 개혁안으로『경세유표』와 1818년에 중앙행정 개혁안으로『목민심서』를 지었다. 그는 유배생활이 끝난 다음에도 저술활동을 계속하여 철학, 천문학, 지리, 역사, 법률, 정치, 경제, 문학, 군사 등 광범위한 분야에서 500여 권의 책을 남겼다.

정약용은 '태극'은 아직 음과 양으로 분리되지 않은 혼돈된 물질이며, 태극이

---

36 같은 책, 88~94, 167~170쪽.

'기'이고 물질의 차이가 만물의 차이로 나타난다고 했다. 그는 만물이 공통된 물질적인 요소를 가지고 있지만 무기물과 유기물, 인간과 인간 사이에는 질적인 차이가 있다고 했다. 물과 불은 기를 가지고 있으나 생명이 없고, 풀과 나무는 생명을 가지고 있으나 지각이 없고, 짐승은 지각을 가지고 있지만 도덕규범과 사회정의가 없다. 그러나 인간은 기가 있을 뿐만 아니라 생명, 지각, 정의도 가지고 있다고 했다. 그는 이러한 차이를 기 자체의 진화현상으로 이해했다. 그는 또한 사물의 실체인 기 안에 포함된 사물의 법칙을 이라고 하면서 천지만물의 '이'는 각각 만물 그 자체 안에 있다고 주장했다. 개에게는 개의 이가 있고, 소에게는 소의 이가 있는 것처럼 만물에 구비된 자연의 객관적인 법칙이 곧 이인 것이다. 그것을 인식하는 것이 '나'의 심상이며 의식내용이다. 인간과 만물이 모두 기의 대립된 두 개의 힘인 음과 양의 상호작용에서 발생하고 변화하는 것이 천지의 법칙이며, 이것이 이이고 도라는 것이다. 이러한 정약용의 생각은 서경덕(1489~1546)의 '기철학'과 같은 것이다.37

정약용 개혁방안의 최종 목표는 중국 하·은·주 삼대의 이상사회이다. 그는 유교경전에 대한 후세사람들의 여러 가지 해석에 반대하고 본래의 유교경전으로 돌아가자는 복고주의 고전학을 주장했다. 그는 주자학은 물론 다른 유교학파들도 유교경전을 다르게 해석했다고 반대했다.38 그는 사회발전단계에서 이상적인 사회와 국가로 발전한 다음 다시 반대로 퇴보해왔으므로 사회변혁이 필요하다고 했다. 삼대를 예로 들면, 당시에는 통치자도 없었고 백성도 순박하고 자유로웠다. 그러나 그 후에는 권력이 생겨나서 이를 왕도이니, 패도이니, 예치니, 법치니 한 것이다.39 정약용은 국가의 쇠퇴과정을 왕정의 폐지 → 인민의 빈

---

37 하기락, 『조선철학사』, 752~754쪽.
38 정성철, 『실학파의 철학사상과 사회정치적 견해』, 394쪽.
39 같은 책, 432쪽.

궁 → 국가의 빈곤 → 국가의 수탈강화 → 인민의 이반 → 역성혁명으로 파악하고 조선의 당시 상황을 혁명 직전인 '인민의 이반' 단계에 속한다고 보았다. 농본국가 조선의 가장 큰 병폐는 양반사대부들이 토지를 과다하게 점유하고 있어서 농민들은 송곳을 꽂을 땅도 없어서 노비가 되든가 떠돌이가 되는 것이었다. 정약용은 이를 개혁을 통해 극복하려 했다.40

조선의 위기 상황은 왕도정치론자 또는 신권론자들의 횡포와 부패에서 기인한 것이기도 하다. 정약용은 요순 이상사회를 앞세운 개혁을 통해 위기에 처한 정조를 돕기 위해 이상사회론을 수단으로 이용했을 수도 있다.41 이에 대해서 사대부 통치자들은 현재의 법(『경국대전』)은 조상의 법이므로 논의해서는 안 된다고 했으나, 정약용은 조상의 법은 조선 창건 초기의 법이며 그때에는 정세 변화를 알지 못했으므로 법을 바꿔야 한다고 주장했다. 정약용이 개혁을 생각한 또 다른 이유는 임진왜란을 계기로 온갖 제도가 해이해지고 모든 사업이 뒤죽박죽되었기 때문이다. 군대병영은 계속 증가하고, 재정은 바닥나고, 토지제도는 문란하고, 세금징수는 공평하지 않은 등 생산의 원천은 막아버리고, 낭비의 구멍은 마음대로 뚫어놓았기 때문이었다.42

정약용은 백성을 위한 통치자가 있는 이상사회를 향한 개혁으로 '여전제'를 제안했다. 여전제의 이상사회에서는 직접 농사일을 하는 사람들이 토지를 공동 소유한다. 개인소유를 없애고 국가가 지주가 되는 형태이다. 여기에서 생산되는 곡물의 10분의 1을 세금으로 내서 국가재정으로 충당한다. '여'는 25집 내외의 자연부락이다. 여에는 여장을 두어 지시·감독하고 농민들은 노동량에 따라 수확량을 나누어 가진다. 공인과 상인들은 자기들의 생산품과 상품으로 곡식을

---

40 배병삼, 「다산 정약용의 정치사상」, 이재석 엮음, 『한국정치사상사』(집문당, 2002), 309쪽.
41 같은 책, 333~336쪽.
42 정성철, 『실학파의 철학사상과 사회정치적』, 434~435쪽.

사고 선비들은 농민들과 함께 농사일을 하거나 공인이나 상인이 되거나 마을 아이들에게 글을 가르치는 교육을 담당하거나 과학을 연구하여 품종 개량, 농기구 제작, 농사기술 개발로 도움을 줄 수도 있다.

여전제는 농업에서뿐만 아니라 다른 분야에 대한 파급효과도 기대했다. 또한 농민의 자유로운 전·출입이 가능하기 때문에 8~9년이 지나면 나라 안의 토지는 균등하게 될 것이고 나라의 인구분포도 균등하게 될 것이다. 한편 여전제는 공동소유, 공동작업, 공동관리를 3대 원칙으로 하기 때문에 공업생산 과정에도 적용할 수 있다. 공업생산 과정은 분리된 작업이 아니므로 공동작업, 공동관리, 공동소유를 통해서 작업의 능률을 높일 수 있다. 이로써 만민평등을 실현하려고 했다. 그는 누구나 노력하면 성인이 될 수 있다고 하여 인간평등을 주장하면서 신분제도, 적서제도, 노비제도를 반대하고 인재를 골고루 등용할 것을 주장했다.[43]

정약용은 여전제를 지방자치와 방위에도 활용하려고 했다. 평시에는 농사를 짓고 유사시에는 그 조직이 향토방위에 나선다는 것으로, 이를 『비어고』(1812)와 『민보의』(1812)에서 자세히 설명했다.[44] 그는 국방문제를 해결하려면 먼저 도탄에 빠진 백성의 생활문제를 해결해야 한다고 역설했다. 생명을 바쳐 싸울 사명을 책임 지우려면 앞다투어 군인명부에 이름을 올리려고 할 정도로 대우를 해줘야 그 군대가 쓸만해 진다는 것이다. 이를 위해서는 면포를 내고 군역을 대신하는 군포제와 고용제로 운영되는 군역제는 사회문란의 원인이 되므로 폐지하고 모든 국민이 병역의무를 져야 한다고 주장했다.

정약용은 역사의 흐름에 따라 전투방식이 달라진다고 했다. 먼저 고대의 전

---

43 하기락, 『조선철학사』, 755~760쪽.

44 정약용, 『임진왜란과 병자호란: 비어고, 민보의』, 정해염 옮김(현대실학사, 2001).

투는 군대를 정돈하고 군사력을 살핀 다음 북을 치고 나가 싸우다 먼저 달아나는 쪽이 지는 것이다. 그러므로 먼저 질서를 잃는 쪽이 지게 된다. 이때는 한 발의 화살도 안 쓰고 승패가 결정될 수 있었다. 그다음 시기에는 진을 잘 치는 사람이 상장이 되어서 산수지형을 잘 살펴서 전진·후퇴를 잘하는 쪽이 이기게 된다. 그다음 시기에는 한 개의 활, 창, 칼이나 몽둥이로 서로 돌격전을 하며 승패가 결정되었다.

지혜와 기술이 발달한 근세에 와서는 남의 나라를 침략하는 자들이 기이하고 정교한 물품을 제조하는 데 힘을 쏟게 되는데, 한 사람이 기계를 조작하면 만 사람의 생명이 떨어지고 가만히 앉아서 남의 성을 함락시킬 수 있는 시대가 온 것이다. 이에 정약용은 무기와 전투방식의 변화에 맞추어 새로운 무기를 발명할 것을 주장했다. 그는 임진왜란과 병자호란에서 이런 실례를 찾아내고 이에 대처하는 방안으로 『비어고』와 『민보의』를 지었다. 『비어고』와 『민보의』에서는 오늘날의 민방위 제도와 같은 제도의 시행을 주장했다.

한편, 정약용은 민족마다 타고난 바탕의 상이와 만민평등이라는 관점에서 중국 것을 모방하고 따르는 모화사대주의를 반대했다. "중국의 '중(中)'은 어디를 기준으로 하는가. 머리 위에 해가 떠 있을 때가 정오라면 지금 내가 서 있는 곳이 동과 서의 중이니 중은 나라마다 다른 것이다"라고 주장했다. 과거 조선 학자들은 걸핏하면 중국의 예를 들었지만 이제 조선의 책에서 자료를 얻고 조선의 실정을 고증하여 문학의 자료로 삼아야 한다고 하면서 문학의 주체성을 강조했다.45 그러나 정약용은 요순 시대를 이상사회로 여겼으며, 그 시대로 돌아가자는 복고주의 고전학을 추구하는 모순적인 태도를 취했다.

동양이나 서양을 막론하고 사회가 혼란스럽고 질서없이 어지러우면 이것을

---

45 하기락, 『조선철학사』, 761~762쪽.

바로 잡으려는 개혁방안의 하나로 '이상사회론'이 나타났다. 이 이상사회론들은 현실세계와 거리가 먼 이상세계를 그리면서 그것을 바라만 보았을 뿐 공상과 이상으로만 끝나고 실현되지 못했다. 서양에서 16세기와 17세기는 중세의 암흑기가 무너지고 종교전쟁으로 사회가 혼란스러운 시기였다. 그들은 사회의 안정을 바라는 마음에서 이상사회를 꿈꾸었다. 토머스 모어의 『유토피아』(1516), 토머스 캄파넬라의 『태양의 나라』(1623), 프랜시스 베이컨의 『새로운 아틀란티스』(1627) 등이 대표적인 작품이다.

19세기에 들어서 산업혁명과 함께 자본주의가 발달하고 빈부격차가 심해지고 빈익빈 부익부 현상이 두드러져서 사회불안이 계속되었다. 이때에 자본주의와 자본가에게 대항하는 노동운동이 자주 일어났다. 카를 맑스는 노동자들이 잘사는 이상세계를 이루어서 16세기 이후 혼란스러웠던 세계를 대신하여 이상사회를 실현시키려고 했다. 카를 맑스는 자본주의 모순을 분석하고 이 모순을 극복하는 방안으로 공산주의 사회를 꿈꾸는 「공산당 선언」(1848)과 『자본론』(1867)을 발표했다.

카를 맑스가 생각했던 공산주의는 1917년 레닌의 러시아 혁명으로 실현되었다고는 하지만, 이것은 그가 꿈꾸었던 공산주의는 아니었다. 1990년에는 레닌이 세운 소련공산주의는 무너졌다. 카를 맑스가 생각했던 세계를 만들려는 것은 아니었다. 카를 맑스의 공산주의의 출발점은 실현할 수 없는 상상 속의 이상사회였다. 카를 맑스는 자본주의 모순을 진단하고 보완하는 것이었으므로 그의 공산주의는 자본주의의 한 부분이며 공존관계이다. 카를 맑스가 자본론에서 생각한 이상사회는 16~17세기의 공상 속에서 그려보았던 이상사회로 19세기의 혼란사회를 바로 세우려는 개혁방안이었다.

19세기 들어서 서양세력들이 동쪽으로 몰려오면서 동양을 침략하기 시작했다. 서양 국가들은 산업혁명으로 과잉 생산된 상품을 위한 시장과 식민지를 아시아에서 얻기 위해서 군사와 종교를 앞세워 진출했다. 유교문화 우월주의와 세계의 중심이라고 자랑하던 중국은 군사적으로나 문화적으로 침략을 받으면서 정치의 위기와 사회의 혼란에 빠졌다. 이에 대응하여 중국을 개혁하기 위한 여러 가지 방안들이 나왔다. 그 중의 하나가 중국의 근본을 지키고 서양의 과학과 기술을 도입하자는 중체서용론이었다. 중체서용을 위해서는 중국을 개혁하고 스스로 강해져야 한다는 변법자강운동이 필요했다.

변법자강운동에 앞장섰던 캉유웨이(康有爲)는 중국의 사상과 정신의 뿌리인 유교를 바탕으로 중국을 개혁하려고 했다. 그는 공자도 보수주의자가 아니라 개혁사상가였다고 주장하면서 공자가 이상사회를 꿈꾸었던 대동사회를 실현하려고 했다. 공자는 인간사회는 배불리 먹고 사는 일에 걱정이 없는 온포사회를 거치면 다음에는 좋은 옷을 입고 좋은 집에 사는 일에 걱정 없는 소강사회를 거치고, 그다음에는 사회복지가 실현되고 모두 함께 서로 도와주고 잘사는 이상사회로서 대동사회가 실현된다고 했다. 공자가 생각했던 대동사회는 중국 요순시대의 원시공산주의 이상사회였다. 캉유웨이는 그의 『대동서』(1884)에서 공자가 그리워하던 이상사회의 모습을 그리려고 했다. 캉유웨이는 유교의 예기를 바탕으로 하여 1884년 『대동서』를 지었다.46 캉유웨이의 『대동서』는 개혁을 위한 방안과 목표로서 실현 불가능한 이상사회론이었다.

정약용은 조선의 위기상황을 개혁하기 위해서 실현 불가능한 이상사회를 그렸다. 조선은 주자학의 쇄국주의, 양반의 토지 과다보유, 공직사회의 부정부패, 농촌사회의 황폐화, 사양세력의 진출 등으로 혼란스러웠다. 정약용의 역사순환과정에서 보면 백성의 이반현상을 지나 국가가 무너지는 역성혁명의 단계에까

---

46 캉유웨이, 『대동서』, 이성애 옮김(민음사, 1991), 6쪽; 왕처휘, 『중국사회사상사(상)』, 심귀득 옮김(까치, 1992), 84~88쪽; 진정염, 『중국대동사상연구』, 이성규 옮김(지식산업사, 1990), 38, 56, 123, 393쪽.

지 이르렀다.[47]

공자가 그리워했던 대동사회는 원시공산주의로서 아직 정치권력이 생겨나지 않은 원시유교의 요순 시대였다. 정약용도 유교경전의 새로운 해석을 거부하고 고전학을 통해서 요순 시대로 돌아가서 이상사회인 대동사회를 이루려고 했다. 공자, 캉유웨이 그리고 조선의 정약용도 요순 시대의 원시공산주의 대동사회를 그리워했다. 정약용은 삼대의 요순 시대로 돌아가는 이상사회를 그리면서 1817년에『경세유표』, 1818년에『목민심서』를 지었다. 정약용의 요순의 이상사회론은 조선의 위기상황을 개혁하고 구해내기 위한 방안이었다. 개혁방안으로서의 이상사회론이었던 카를 맑스의 1867년『자본론』과 캉유웨이의 1884년『대동서』에 비하면 정약용의 이상사회론은 50~70년 정도 앞선다. 정약용의 이상사회론은 최제우의 동학사상에 크게 영향을 미쳤다.

이규경(1788~185?)은 정조 때 규장각 검서관을 지낸 이덕무의 손자이다. 이덕무는 양반의 서자였기 때문에 높은 벼슬에는 오르지 못했는데, 박제가 등과 가까이 지내면서 실학을 추구했다. 이는 손자 이규경에게 큰 영향을 끼쳤다. 이규경은 백과사전 형식의『오주연문장전산고』60권을 지었다.『오주연문장전산고』는 1,400여 개의 항목으로 이루어졌으며 조선과 외국의 사물에 대해 고증학의 방법으로 설명했다. 그 범위는 천문, 지리, 풍속, 관직, 문학, 예술에서부터 왕실, 그릇, 음식, 동식물 등을 망라했다.

이규경은 우주의 시작은 정신적인 이가 아니라 물질적인 기에 의해 이루어졌으며, 정신적인 것은 물질적인 것의 파생물이므로 세상만물은 기에 의해 이루어졌다고 했다. 그는 격물치지의 격물은 자연에 있는 물질의 속성, 원리, 법칙, 이치를 연구하는 것이라고 했다. 또한 조선의 주자학자들은 각 물질의 성질을

---

47 배병삼, 「다산 정약용의 정치사상」, 이재석 엮음, 『한국정치사상사』, 309쪽.

오로지 연구하여 이를 깨닫는다고(격물궁리) 하면서도 사람의 몸이 어떻게 생겼는지도 모른다고 비판했다. 조선은 격물을 천하에서 가장 소홀히 하는 나라라고 하면서 일상적으로 쓸 수 있는 물건을 내버려둠으로써 무용하게 하고 있음을 아쉬워했다.48

이규경은 백성을 이롭게 하는 학문이 자연과학이라고 했으며, 격물은 그의 자연과학 사상과 『오주연문장전산고』를 쓰기 시작하는 동기가 되었다. 천문기구와 물시계를 직접 만들었고 서양 활공기(비행기)의 원리를 설명했다. 임진왜란 때 조선 사람들이 활공기 원리를 이용하여 기구를 만들고 시험했다고 주장하면서, 조선 사람들도 능히 활공기를 만들 수 있었으나 세상에 전해지지 못했을 뿐이라고 했다. 유럽의 선박을 연구하면 배울 것이 있음에도 아무도 관심을 돌리지 않으니 애달픈 일이라고도 했다.49 그는 남들이 만드는 것을 조선에서 못 만드는 이유는 세상을 다스리고 백성을 구제하려는 뜻이 부족하기 때문이라고 주장했다.50

한편, 이규경은 사물은 고정된 것이 아니라 발생, 발전, 소멸의 과정을 거치면서 변화·발전한다는 순환론을 주장했다. 인간 역사의 흥망성쇠는 인구의 많고 적음에 있고 물질적 부는 하늘에서 떨어지는 것이 아니라 백성의 힘으로 생산된다고 했다. 이것은 산업생산에서 노동력과 국제 경쟁력으로써 인구의 중요성을 강조한 것이다.51

이규경은 또한 문헌고증을 통해서 조선 역사를 연구했다. 그는 "조선 역사에는 자료와 증거가 없으며 황당하고 괴이하고 속되며 더러워서 말할 것도 못 된

---

48 정성철, 『실학파의 철학사상과 사회정치적 견해』, 518~519쪽.
49 같은 책, 533쪽.
50 같은 책, 518~520쪽.
51 같은 책, 526, 530~531쪽.

다"고 하면서 다른 나라 역사만 쳐다보고 자기 나라 역사는 자료가 없다는 이유로 편찬하지 않고 놔두면 있는 자료도 모두 없어져서 영원히 역사를 편찬하지 못할 것이라고 비난했다. 그는 사대주의자들이 백이·숙제가 도망하여 피신했던 고죽국의 수양산이 해주에 있는 수양산이고, 기자조선도 조선 땅에 있었다고 주장하는 것을 반박했다. 또한 발해가 고구려를 계승하여 일어났는데도 우리나라의 역사에서 쓰지 않는 것은 조선 역사의 잘못이라고 지적하면서 자주적 민족사관을 주장했다.52

부산 동래에 살던 어부이자 수군이었던 안용복은 1696년 일본 어부들이 독도에서 조업하는 것을 항의하기 위해 조선 정부의 억압을 무릅쓰고 직접 일본에 가서 독도가 조선 땅임을 확인하고 돌아왔다. 이규경은 안용복의 용감한 행동을 높이 평가하고 독도 영유권은 안용복의 공로라고 했다. 또한 이규경은 사대부들이 언문이라고 하며 낮추어 부르던 한글은 글자 몇 가지로 여러 가지 소리를 적을 수 있고 배우기도 쉬운 세계에서 제일 훌륭한 글자라고 주장했다.53

한편, 이규경은 세계정세의 변화에 대응하여 조선의 부강과 발전을 추구하기 위해서는 개국통상을 해야 한다고 주장했다. 그는 조선이 통치 질서를 유지하기 위해 새로운 사상과 과학문명을 탄압해서 세계에서 가장 약하고 가난한 나라가 되었다고 했다. 또한 다른 나라와 무역하면 전쟁을 일으킬 염려가 있다고 하지만, 고려 시대에 송나라 상인들이 오갔는데도 전쟁은 없었으므로 서남쪽의 여러 나라와 통상하면 조선은 부유하게 될 것이라고 했다. 그러나 그는 상품경제를 발달시키자고는 했지만 국내에 화폐를 유통시키는 것은 윤리도덕을 타락시킨다고 반대했다.54

---

52 같은 책, 531~532쪽
53 같은 책, 533쪽.
54 같은 책, 533~536쪽.

최한기(1803~1877)는 서경덕의 기 철학을 이어받은 조선의 마지막 기 철학자이자 실용주의자였다. 그는 개성의 무인집안에서 태어나서 부유한 양반집안에 입양되었는데, 양아버지를 따라 서울로 와서 평생 중인촌에서 살았다. 그는 과거시험에 급제한 후 첨지중추부사에 오르기까지 벼슬살이를 했다. 부유한 아버지 덕분에 조선 제일의 장서수집가가 될 수 있었으며, 1,000여 권의 책을 썼다. 대표적인 것으로는 『기측제의』 9권, 『신기통』 3권, 『추측록』 6권, 『인정』 20권, 『강관론』 4권, 『지구전요』 13권, 『농정회요』, 『육해법』, 『조선지리도』, 『심기도설』 등이 있다. 특히 그는 32살 때인 1836년에 유교철학을 서양 근대의 경험철학으로 재해석한 『기측제의』를 베이징에서 자비로 출판하기도 했다. 그는 성현들의 경전을 인용하지 않고 독자적인 생각에 따라 책을 썼다.55

최한기는 "천지에 꽉 차 있고 물체에 침투되어 있으며 모였다가 흩어지거나, 모이지도 않고 흩어지지도 않는 것을 막론하고 기가 아닌 것이 없다. 내가 나기 전에는 천지에 기만 있었는데 내가 태어남으로써 형체의 기가 생겨났으며 내가 죽으면 이것은 천지의 기로 되돌아간다. 천지의 기는 크고 영원히 존재하며, 형체의 기는 작고 시간이 지나면 없어진다"라고 했다. 이로써 영원불멸하는 천지의 기와 미립자가 모여서 만들어져 생성, 운동, 변화, 발전, 소멸하는 형체의 기를 구분했다. 형체의 기는 순환과정을 가지는데, 이로써 시간의 영원성과 순간성을 구분했다.56

주자학자들이 목적과 의지를 가진 주재자로서 '천'을 '이'라고 했던 반면, 최한기는 천은 기이고 이는 기의 안에 있다고 했다. "주공과 공자를 스승으로 삼는 사람들이 세월이 지나가는데도 주공과 공자가 말한 것만 배운다면 그들이

55 같은 책, 546쪽; 김용옥, 『독기학설: 최한기의 삶과 생각』(통나무, 1990). 57쪽; 안외순, 「혜강 최한기의 정치사상」, 이재석 엮음, 『한국정치사상사』(집문당, 2002), 346쪽.
56 정성철, 『실학파의 철학사상과 사회정치적 견해』, 556~557쪽.

말하지 않은 것은 어찌하겠는가. 국가의 제도와 풍속이 옛날과 다르고 세상살이의 논리가 시간이 지나면서 점점 밝아지는데 주공과 공자의 도리에 통달할 것을 배우는 사람들이 주공과 공자의 발자취만을 고집하고 변화가 없어서야 되겠는가"라며 주자학자들의 교조주의를 반대했다.57 최한기는 이의 주자학만을 고집하며 500년 동안 변화와 새로운 것을 받아들이지 않아서 조선을 정체사회로 만들었던 조선의 주자학자들을 비난한 것이다.

또한 그는 운동하지 않는 사물은 없다고 하면서 조선이 세계정세의 변화에 따라 개혁·개국해야 한다고 주장했다. 그는 세계정세를 소개하는 『지구전요』(1857)와 조선과 사양의 정치제도를 소개하면서 개혁방안을 담은 『인정』(1860)을 발표했다. 최한기는 『지구전요』와 『인정』에서 서양의 정치제도와 민주주의 제도를 소개하면서 "대기의 운동변화(대기운화)는 스스로 편안히 다스려지는 것이며, 인간의 운동변화도 스스로 편안히 다스려진다"는 논리로 인간의 본성은 평등하다고 했다. 이것은 계급조화론과 대동사회사상의 출발점이기도 했다.58

최한기의 이러한 박애사상과 대동사상은 '세계대동사상'으로 발전했다. 세계 각 지역의 사람들은 생김새와 풍속과 말이 같지 않지만 대기운화를 받고 있다는 점에서 모두가 같다. 그러므로 나라의 크고 작음을 떠나 모든 나라가 평등하므로 세계대동사회를 이루어야 한다고 것이다. 그는 유교의 오륜을 바탕으로 윤리도덕이 완성되는 이상사회로서 세계대동사회와 인류공동체를 구상했다.59

이처럼 실학이 전개된 300년 동안 전기에는 이수광, 허균(1569~1618), 김육(1580~1658), 유형원, 이익, 소현세자, 한백겸(1552~1615), 안정복(1712~1791), 김만중(1673~1692), 박세당(1629~1703) 등이, 후기에는 홍대용, 박지원, 박제가,

---

57같은 책, 556, 564쪽; 광주출판 편집부 엮음, 『조선철학사 연구』, 270쪽.
58정성철, 『실학파의 철학사상과 사회정치적 견해』, 620쪽.
59같은 책, 638~640쪽; 안외순, 「혜강 최한기의 정치사상」, 357~364쪽.

김정희(1786~1856), 이덕무(1741~1793), 정약용, 이규경, 최한기, 김정호(1786~1856) 등이 활약했다.

이 글에서는 서학과 북학을 실학과 구별하지 않았다. 기독교와 서양의 과학문명과 사상을 배우자는 서학은 청나라의 학문과 제도 및 문명을 배우자는 북학과 함께 청나라를 통해 조선에 전해졌으며 서학자와 북학자가 아닌 실용주의(실학) 학자들도 서학과 북학의 영향을 직접 받았기 때문에 그 구분이 모호한 탓이다. 여기서 다룬 학자 11명 중 홍대용·박지원·박제가는 실학자이면서 북학자였으며, 이수광·정약용은 실학자이면서 서학자였다.

실학사상은 이용후생과 부국안민을 위한 개혁을 주장했지만, 실제 조선 사회의 개혁에는 크게 영향을 미치지 못했다. 그 이유는 다음과 같다.

첫째, 조선의 배타적인 학문과 문화는 이들의 실용주의 실학을 받아들이지 않았다. 500년간 이의 주자학으로 무장한 양반사대부와 관료사회의 배타적인 벽은 두껍고 높았으며, 백성과 사회도 예의 통치철학에 함몰되어 실학사상을 받아들일 만큼 성숙하지 못했다.

둘째, 이들 실용주의 실학자들은 현실정치와는 거리가 먼 재야학자들이었다. 김육은 영의정까지 올라 「대동법」을 실현시키기도 했지만 유형원, 이익, 홍대용, 박지원 등은 실학사상에서 중요한 위치에 있었지만 당파싸움을 피하여 벼슬살이를 거부했으며, 최한기도 벼슬을 거부하고 기 철학에만 몰두했다. 북학의 대표주자인 박제가는 높은 관직에 오를 수 없는 서자였고 이규경도 서자의 손자로서 제약을 받았다. 정약용은 서학인 기독교와 관계를 맺었다는 이유로 유배당하거나 벼슬을 거부했다. 실학자들은 벼슬살이를 했더라도 개혁을 실현시킬 수 있는 자리에 있지 못했거나 벼슬살이를 할 수 없는 서자들이었다.

셋째, 실학사상 실현의 시기가 너무 늦었다. 실학은 생성되고 나서 300년 동안 실현되지 못했다. 정약용, 이규경, 최한기 등의 실용주의 과학사상은 19세기

군사력을 앞세워 밀려들어 오는 서양 제국주의에 압살되고 말았다.

실학자들의 이용후생과 실용주의 사상은 민족주체성을 주장하는 최제우의 동학으로 이어졌다. 그러나 동학의 민족주체성은 자주적이고 독립적인 민족주의가 아니라, 제국주의 세력의 억눌림에서 벗어나려는 저항민족주의로 변질되고 말았다. 조선의 민족주의는 아무런 준비도 없이 가만히 있다가 매맞고 반항하는 '왜 때려' 민족주의로 변질되고 말았다.

19

양반사대부의 세도와 부패
한성판윤은 평균 4개월

'수신제가치국평천하'는 세계의 평화와 질서를 만들어내는 발전단계이다. 수신제가는 가족이기주의를 앞세우는 사적 질서이고 치국평천하는 국가와 공동체의 집단이익을 앞세우는 공적 질서이다. 주자학이 생겨난 중국 남송에서는 이미 자리를 잡은 지주층과 상민층에 의해서 새로운 사회구조가 이루어진 다음에 이러한 사회구조를 배경으로 주자학이 생겨나고 주자학을 공부한 사대부들이 정치에 참여했다. 따라서 송나라 사대부들은 관리 이외에 상업, 공업, 은행업, 심지어는 고리대금업에까지 진출했다.

그러나 조선에서 용인되는 직업은 관리와 농민 두 가지뿐이었다. 사대부는 과거시험을 거쳐 관리가 되었는데, 자기의 토지는 소작인이나 농노에게 맡기고 직접 농사를 짓는 일은 신분에 어긋난다며 하지 않았다. 사대부들은 농사는 물론 공부 이외의 다른 일도 신분에 어긋난다고 여겼다. 평민(양인)의 직업은 농업이다. 천민들은 천한 일을 하거나 사대부나 평민의 노비가 되었다. 조선의 사대부들은 공부를 하고 나서(수기) 할 일은 과거시험을 치르고 관리가 되는 것(치인) 이외에는 없었다. 관리가 되어서도 입신출세를 위해서 혈연으로 이어지는 가족주의와 학연으로 이어지는 학벌과 문벌을 앞세웠다. 조선 양반사대부들의 가족주의, 학벌주의, 문벌주의는 조선의 정치갈등의 특징이며, 이것은 국가를 위하는 공적 질서가 아니라 자기의 주변을 중심으로 하는 수신제가의 사적 질서이다.

조선 시대 양반 비율은 초기와 중기에는 전체인구의 10% 수준이었으나 말기가 되면 30% 수준까지 높아졌다.1 중종 때인 1543년 조선의 인구는 416만 명 정도였다. 이 중 10%인 41만 명 정도가 양반사대부였는데, 남자는 약 20만 명이고 16살 이상으로 과거에 응시할 수 있는 인원은 10만 정도였다. 그러나 조선의 중앙관청 관리 정원은 『경국대전』에 정해져 있었고, '조종성헌존중원칙'에 따라 바꿀 수가 없었다. 의정부에 영의정과 좌·우의정을 합하여 12명, 이·호·예·병·형·공조의 6조에 77명, 사헌부에 30명, 사간원에 5명, 그 이외에 의금부, 홍문관, 성균관, 춘추관 등의 문관을 모두 합쳐도 350여 명에 지나지 않았다. 이보다 훨씬 더 많은 잡직이 있었으나 이것은 중인들의 직책이어서 양반들에게는 주어지지 않았다.

무관으로는 중앙을 지키는 5위에 약 3,300명 정도 있었으나 이들 중 다수가 실질적인 직책이 아닌 산직이어서 직급만 있고 녹봉은 받지 못했다. 그렇지만 조선에서는 무관은 큰 권한을 가지지 못했으므로 당파싸움의 핵심은 350개 정도인 문관자리에 집중되었다. 8도와 360개 부, 군, 현 등의 외직을 더하더라도 지원자에 비하면 그 수는 현저히 부족했다.2

시간이 지날수록 양반의 수가 늘어남과 동시에 과거 급제자도 늘어나지만, 관리 자리는 한정되어 있기 때문에 인재등용에 가문, 학파, 문벌 간 갈등은 불가피한 것이었고, 이것이 바로 당쟁의 근본원인이었다. 3대 동안 과거시험의 문과

---

1 미야자와 히로시, 『양반』, 노영구 옮김(강, 2006), 256쪽.
2 이덕일, 『당쟁으로 보는 조선사』(석필, 2003), 451쪽; 중앙과 지방에 정해진 관리의 수에 대해서는 윤국영 옮김, 『경국대전』 두루 참조.

급제자가 없거나 벼슬을 하지 못하면 그 후손들은 향반이나 잔반이 되어, 세월이 지나면 일반 평민과 차이가 없는 몰락양반이 되었다. 따라서 양반들은 가문을 살리기 위해서 모든 수단을 동원하여 관직에 진출하려 했다. 이것이 조선의 '수신제가', '수기치인'인 것이다.

따라서 관리 후보생을 양성하는 서원은 매우 중요한 시설이었다. 서원에서 공부하는 학생들은 조선 건국 초기에는 훈구파에 대립하는 유림이며 사림파였다. 서원 설립과 동시에 존경하고 숭상하는 선배와 스승의 위패를 모시는 사우(사당)를 지어 문묘 종사했다. 조선의 서원 보급은 중종 때인 1542년 풍기군수 주세붕이 고려 때 주자학을 처음 도입한 안향을 모시는 사우를 지어서 '백운동서원'이라 했던 것이 최초이며, 명종 때인 1550년에는 이퇴계의 건의에 따라 임금이 손수 지은 소수서원이라는 이름을 얻게 되었는데, 책·노비·논밭이 같이 지급되었다. 이렇게 왕이 이름을 지은 서원을 사액서원이라고 했다.

서원은 숙종 때인 17~18세기에 가장 많이 세워져서 327곳에 이르렀으며, 사액서원도 131곳에 달해 전체적으로 한 읍에 8~9곳, 한도에는 80~90곳 정도가 되었다. 조선 말까지는 서원은 모두 903곳, 사액서원은 270곳이나 설립되었으며 지역별로는 경상도, 전라도, 충청도, 경기도, 평안도, 황해도, 강원도, 함경도 순으로 많았다.3

서원은 지역별·학파별로 학통을 구분하는 문벌로 발전했다. 문벌을 만들어내는 서원은 붕당 양성소가 되었는데, 위패를 문묘 종사하는 것을 둘러싸고 분쟁이 계속되었다.4

평민들은 군역과 세금을 피하려고 서원의 노비가 되었는데, 이러한 서원의

---

3 정만조, 『조선 시대 서원연구』(집문당, 1997), 107, 141~143쪽
4 같은 책, 221~246쪽.

폐단을 없애기 위해서 영조는 탕평책과 함께 1741년에만 전국에 걸쳐 173곳의 서원을 철폐하고 서원에 문묘 종사된 10여 명을 배향하지 못하게 했다. 영조 때 철폐된 사원은 모두 300여 곳에 달했다.5

정조도 650곳의 서원만 남겨놓고 모두 철폐했다. 한편, 신권론자들이 왕권을 제한하는 수단이었던 경연을 멀리했는데, 정조는 관리등용을 서원에 의존하지 않고 1776년에 규장각을 세워 직접 인재를 배출하여 당쟁을 피하려고 했다.6 이처럼 정조는 신권론과 재상권론에 대항하여 왕권을 강화하려 했으나, 오히려 그가 임금에 오르는 과정에서 반대당을 제압하고 도와준 홍국영 집안의 세도는 막지 못했다. 5년간 지속된 세도정치는 조선 후기 세도정치의 시발이 되었으며, 세도정치의 부정부패는 조선 500년 왕조를 멸망으로 이끌었다. 재상권론자들이 생각하는 이상적인 정치는 양반사대부 중에서 주공과 같은 성현 한 사람이 정치를 담당하고 임금을 보좌하는 것이다. 이것은 세도정치를 위한 명분이었다. 이들의 주장을 그대로 따르면 임금은 무위자연의 힘만 가지는 상징적인 존재가 되고 만다.

정조가 1800년 갑자기 숨지고 12살 순조가 즉위했다. 자기의 딸을 왕비로 들이고 외척이 된 안동 김씨 김조순과 그 친족은 중요한 관직을 독차지하고 34년 동안 세도정치를 했다. 1834년에 헌종이 임금 자리에 오르자 헌종의 어머니 신정왕후(조 대비)의 친족인 풍양 조씨 조만영이 15년 동안 세도정치를 했다. 세도정치 가문은 자신의 재상권을 계속 유지하기 위해서 1849년 강화도에 유배되었던 왕족의 후손인 '강화도령' 철종을 임금으로 삼기도 했다. 안동 김씨 김문근은 자기 딸을 철종의 왕비로 삼아 외척이 되어 14년 동안 세도정치를 했다.

5 같은 책, 281, 292~293, 298쪽; 이태진, 『조선 유교사회사론』, 204~205쪽.

6 신동준, 『조선의 왕과 신하, 부국강병을 논하다』, 475쪽.

이처럼 안동 김씨 세도정치는 60년 동안 계속되었다.7

고종의 아버지 대원군은 1864년 나이 12살에 임금에 오른 고종을 대신하여 안동 김씨와 여흥 민씨 집안의 세도정치에 대항하고 사림들의 당쟁을 억제하기 위해 서원 하나에 한 사람씩만 배향하도록 하는 1인 1원의 원칙을 세워 전국의 서원을 47곳만 남기고 모두 철폐했다. 47곳은 서원 27곳과 사우 20곳이었다.8 대원군은 안동 김씨를 몰아내 세도정치를 막으려 했으나 고종의 비 명성황후 집안인 여흥 민씨의 세도정치가 이어졌다. 1,000여 명이 넘는 민씨 친족이 주요 관직을 독차지했다.

19세기에 100여 년 동안 이어진 세도정치의 근본원인은 왕권강화를 통하여 정치의 중심을 잡았던 정조가 갑자기 세상을 떠나면서 신권과 재상권을 견제할 수 없을 정도로 왕권이 약화되었기 때문이었다. 100년 동안의 세도정치는 매관 매직, 과거시험의 부정, 지방수령들의 수탈, 아전들의 횡포를 부추겼다. 이에 백성들은 잦은 민란을 일으켰다.9

세도정치 동안 민씨 집안은 매관매직을 통하여 돈을 모았을 뿐만 아니라 광산, 소금, 홍삼을 독점하여 중국에 팔아 돈을 벌었다.10 지방 수령들과 아전들은 서울의 명문 세력가들과 짜고 방납을 부추겼다. 방납업자들은 공물의 가격을 시중 가격보다 2배, 많게는 9~10배 비싸게 책정했다. 수령과 아전들의 횡포는 19세기 세도정치 간 더욱 심했는데,11 특히 아전들은 정해진 월급이 없어 백성

7 김병기,『조선 명가 안동 김씨』.

8 이태진,『조선 유교사회사론』, 205쪽; 조성린,『조선 500년 신통방통 고사통』(동서문화사, 2007), 157쪽.

9 이성무,『한국의 과거제도』, 222~227쪽; 조성린, 같은 책, 262, 366~ 373쪽.

10 황현,『동학란』, 이민수 옮김(을유문화사, 1985), 76쪽.

11 권병탁,『한국경제사』(박영사, 1992), 118~120쪽.

들을 수탈한 것으로 생활했다. 쌀 1섬(15말)의 가격은 1807년 기준으로 삼베 혹은 무명 2필, 또는 동전 6냥이었다.

민씨 정권은 더 많은 관직을 팔기 위해 과거의 횟수를 늘리고 합격자를 많이 배출했다. 합격 대가로 초시는 500~1,000냥, 진사는 2만 냥, 회시는 1만 냥, 대과는 5만~10만 냥을 받았다. 감사 혹은 유수는 50만~100만 냥을 받았다. 이보다 더 많은 돈을 내는 사람은 먼저 있던 사람을 대신할 수도 있었다. 따라서 관리들은 1년에도 몇 번씩 바뀌었다.12

1392년 이성계가 처음 임금에 오른 후, 1907년 일본의 압력으로 군대가 해산되고 고종이 임금에서 물러나는 515년 동안 재임한 한성판윤(서울시장)은 1,392명이다.13 이들은 평균 4.1개월 동안 자리에 있었다. 임명된 그날 면직된 한나절 판윤은 5명, 임명되고 다음날 면직된 하루 판윤은 9명, 3일 판윤은 11명, 10일 안에 면직된 판윤은 153명이었다. 반면 5년 이상 자리를 지킨 판윤은 9명 정도였다. 광해군 때 오억령이 13년 4개월, 인조 때 이덕형이 9년 9개월 동안 자리에 있었다. 그런데 안동 김씨 세도정치가 시작된 순조 때부터 고종 때까지 110년 동안 761명이 바뀐 것이다. 임기는 평균 2개월 미만으로, 고종은 43년 동안 387명으로 1년에 평균 9명을 바꾸었다. 1882년(고종 19) 9월에는 5명을 바꾸어서 일주일에 한 명꼴이었으며 1890년(고종 27)에는 25명이나 되었다. 이들의 월급은 인조 때의 『대전통보』에 따르면 한 달에 쌀 두 섬 두 말과 콩 한 섬 다섯 말이었을 뿐이다.14

한성판윤은 각도의 도지사 격인 종2품 관찰사보다 높은 정2품이며, 6조의 장

---

12 황현, 『동학란』, 76~77쪽; 조성린, 『조선 500년 신통방통 고사통』, 262~265쪽.

13 한성판윤의 명단과 재임기간은 류시원, 『조선 시대 한성판윤(서울시장)은 어떤 일을 했을까』(한국문원, 1997), 221~278쪽 참조.

14 류시원, 같은 책, 221~278쪽.

관급인 판서와 같은 직급을 가지고 있던 중요한 벼슬자리였다. 이렇게 중요한 자리가 자주 바뀌었다는 사실을 통해 다른 벼슬자리들은 얼마나 자주 바뀌었을지 예측할 수 있다. 또한 얼마나 매관매직과 백성들에 대한 수탈이 심했을지 예측할 수 있게 한다.

조선의 주자학 원리주의가 직업의 다양성을 막았다. 사대부들은 집안의 명예와 명분을 위해서 오직 경전을 공부하여 관리가 되는 수밖에 없었기 때문이다. 선에서는 수신제가의 사적 질서가 치국평천하의 공적 질서를 무시했으며, 조선 사회는 주자학 초기 단계에 머물고 있었다.

20

대원군의 보호정책
개혁사상가

   강화도령 철종이 14년 동안 안동 김씨의 세도정치에 휘둘리다가 1863년 후사 없이 세상을 떠나자 고종이 조 대비(신정왕후)의 도움으로 12살에 조선의 26대 임금에 올랐다. 조 대비는 풍양 조씨 조만영의 딸로, 안동 김씨의 세도정치에 반감을 가지고 있었다. 조 대비는 수렴청정하다가 고종의 아버지 흥선대원군 이하응(1820~1898)에게 정권을 넘겨주었다. '궁도령'이라는 놀림을 당하던 대원군은 1864년부터 1873년 고종이 20살이 되어 친정을 선언할 때까지 10년 동안 조선 500년 역사에서 가장 근본적인 개혁정책을 펼쳤다. 대원군은 영의정 김좌근 등 60년 동안 이어온 안동 김씨의 세도세력을 권력에서 물러나게 했다. 대원군의 10년은 또 하나의 세도정치였다.

   세계역사에서 보면, 개혁정책을 주도하는 세력은 현상을 유지하려는 세력과 충돌하여 사회갈등을 일으켰다. 그러나 조선의 사색당파 싸움은 가족주의 이익집단들 사이의 갈등이었다. 이들의 개혁논쟁은 학벌이나 문벌의 일들을 둘러싸고 군자와 소인을 따지는 수신제가 차원의 소규모 담론에 그쳤다. 이들에게 실질적인 사회개혁 방안은 없었다.

조선의 거대담론 개혁가는 정도전(1342~1398), 조광조(1482~1519), 대원군 정도를 들 수 있다. 조광조는 아무런 배경 없이 왕도정치의 실현을 위한 개혁을 추진했으나 지나치게 독선적이어서 사약을 받았다.

정도전과 대원군의 개혁은 실질적인 정치권력을 가진 위로부터의 개혁이었다. 정도전은 이성계의 군사력과 지원을 배경으로 이의 주자학이 지배하는 이상국가로서 조선을 건국했다. 정도전의 『조선경국전』은 조선 사회를 500년 동안 정체시킨 『경국대전』 체제의 기초가 되었다. 명나라에 추종하는 숭명 사대주의와 주변국가와의 교린정책은 조선을 폐쇄시키고 고립시키는 쇄국으로 이끌었다.

흥선대원군의 개혁정책은 정도전이 세운 『경국대전』 체제를 바꾸려 했다. 정도전의 쇄국정책을 개방정책으로 바꾸려는 시도였다. 그는 조선을 바로 세우고 개방하려 했으나 서양과 일본의 제국주의 세력이 밀려오므로 조선이 이에 대응할 능력을 갖출 때까지 주체성을 지키려는 보호정책을 폈다.

대원군은 또한 당파와 신분의 높낮이를 떠나 인재를 등용하여 당파싸움을 막으려 했다. 당파싸움의 배후에는 과다한 토지와 노비를 점유한 서원이 있었다. 평민들이 요역이나 세금을 피하기 위해서 서원에 피신하여 노비가 되는 등 사회적 병폐가 심했다. 청주에 있었던 화양동서원은 송시열과 명나라의 신종, 의종의 위패를 모신 서원인데, '화양동묵패'라는 고지서를 임의로 발행하여 납부를 강요했다. 또한 화양동서원의 '북주촌'이라는 음식점은 지점을 전국으로 확대하여 영리를 취했다.[1] 이에 대원군은 한 서원에서는 선배유학자 한 사람씩만 모시는 원칙을 정하고, 중복되는 서원은 사액서원이라 할지라도 모두 철폐하여 전국에 47곳의 서원만 남았다. 유생들은 반대시위 등을 통해 이를 완강히 거부

---

1 진단학회, 『한국사 5권』(을유문화사, 1961), 178~179쪽.

했으나 대원군은 "백성을 해롭게 하는 사람은 공자가 다시 살아온다 하더라도 나는 용서하지 못한다"는 말로 서원철폐를 강행했다.

또한 대원군은 신권론을 펼치는 사대부들에 대항하여 왕권을 바로 세우기 위해 임진왜란 때 불탔던 조선 왕궁의 중심인 경복궁을 다시 짓기로 했다. 사실 순조와 현종 때에도 이를 계획했으나 경제적 어려움으로 실행에 옮기지 못했다. 대원군은 1865년에 영진도감을 설치하여 공사를 담당하게 하여 1868년에 경복궁을 완성했다. 여기에 드는 재원을 마련하려고 양반이나 부자들에게서 자진하여 헌납한다는 '원납전(願納錢)'을 거두어 많이 내는 사람에게는 관직이나 상을 내렸다. 또한 서울 사대문을 드나드는 사람과 물품에 문세를 매기고 결두세를 시행하여 전세(田稅)를 올렸다. 또한 시중에 유통되는 화폐인 '당오전(當五錢)'을 대신하는 '당백전(當百錢)'을 만들었다. 이는 물가 상승을 부추기는 등 경제를 혼란시키는 폐단으로 작용했다.

한편, 조선 500년 동안 평민에게만 물리던 군포를 1871년 「호포법」을 시행하면서 계급에 관계없이 모든 민호가 호포 2냥씩을 내도록 했다. 이에 그동안 군포를 면제받았던 양반사대부들은 크게 반발했다.

또한 무반의 지위를 높이는 군제개혁이 이루어졌는데, 그 첫 번째 조치로는 1865년(고종 2)에 비변사를 의정부에 소속되도록 하여 사실상 폐지한 것이다. 조선 건국 초기에는 정치는 의정부가 담당하고 군사는 삼군부가 담당하여 서로 간섭할 수 없도록 했다. 15세기 후반 성종 때에 북쪽 야인의 노략질이 심해지므로 문관만으로는 대책이 불가능하다고 판단하고 변경문제를 무관과 함께 논의하게 했는데, 1510년(중종 5년) 삼포왜란 발발 이후 비변사라는 공식 기구가 되었다. 그리고 1555년(명종 10년)에는 육조의 재신들과 각 군영의 장신 및 당상관들이 모여 변경대책과 중요 군사문제 등을 심의·결정하는 기관이 되었다.

두 번의 왜란과 두 번의 호란을 겪고 난 선조 때에는 비변사가 정치와 군사를 다루는 정부의 최고 결정기관이 되었으며 의정부는 유명무실해졌다. 그 후 비변사는 250년 동안 문반과 무반의 합동 기관이 되었으나, 무반에 대한 천대로 실질적으로는 문반이 주도권을 가졌다.

대원군은 비변사를 폐지하는 대신 조선 초기에 있었던 삼군부를 부활시키고 다음과 같은 내용을 골자로 하는 '군무 6조'를 천명했다.

1) 군사를 정예군대로 편성

2) 포병을 양성

3) 각 읍에 민보를 설치

4) 5가 작통으로 민병대를 조직

5) 군사는 민폐를 끼치지 말 것

6) 평소 전투태세 완비

삼군부는 영의정 급인 정1품 아문으로 지위를 높였다.2 민보 설치와 5가 작통 민병대의 기본 개념은 정약용이 1812년에 『비어고』와 『민보의』에서 제안한 것이다.3 한편, 사창제는 마을 공동으로 곡식을 모아두었다가 필요할 때에 쓰는 제도로서 그 관리는 향촌사회의 사족이 맡아왔으나 부유한 사람이 이를 맡아볼 수 있게 했다. 「호포법」 시행, 민보와 5가작통 민병대 조직, 사창제 개선 등을 통해서 대원군은 사대부들이 지배하던 향촌사회를 재편하여 왕권을 강화했다.4

그런데 이런 개혁이 진행되는 와중에 서양 열강은 한반도 진출이 점점 가시

2 진단학회, 『한국사 5권』, 212~213쪽.

3 정약용, 『임진왜란과 병자호란: 비어고, 민보의』, 179~250쪽.

4 연갑수, 『대원군 집권기 부국강병책 연구』(서울대학교 출판부, 2001), 234~235쪽.

화되었다. 1865년 9월에 러시아군인 수십 명이 배를 타고 두만강을 건넜으며, 1866년 12월에는 두만강에서 러시아군 100여 명과 전투가 일어났다. 1866년 7월에는 미국 상선 제너럴셔먼호가 대동강을 거슬러 올라와 평양에 정박하고 통상을 요구했으나 공격을 받아 선체는 불타고 선원은 모두 살해당한 '제너럴셔먼호 사건'이 있었다. 또 다른 미국 상선 엠퍼러호도 강화도에 와서 통상을 요구했으나 거절당했다. 1966년 8월에는 중국 톈진에 있던 프랑스 극동함대 군함 세 척이 조선의 기독교도들이 탄압받아 죽었다는 소식을 듣고 이를 보복한다는 명분으로 김포 앞바다에 정박하고 9월에 강화도에 상륙했다. 프랑스군은 문수산성을 점령하고 사고에 있던 왕실의 의궤 등 서적들을 약탈했는데, 이 사건을 일컬어 병인양요라고 한다.

이러한 서양 강대국들의 침략행위에 대원군은 1866년 8월 「척화윤음」을 반포하고 외국인과 접촉하는 것을 금지하는 척화비를 전국에 세웠다. 또한 외국의 군사침입에 대응하기 위해 무반을 강화유수에 임명했고, 품계도 종2품에서 정2품으로 높였다. 이는 무반의 중요성을 강조하고 우대한 것이다. 대원군은 군사복무 제도를 개편했다. 6년마다 700일 동안 서울에 와서 군역에 복무하던 번상군제를 없애고 급료를 받고 장기 복무하는 장번군제를 시행했다. 이것은 포병을 중심으로 하는 상비군 제도였다.5 1866년 11월에는 정2품 무관이 담당하는 진무영별단을 창설했고, 1867년 8월에는 선방포수를 창설하여 포병을 중심으로 3만 군사를 양성하여 전국에 배치했다.6

대원군은 제너럴셔먼호 사건과 병인양요를 통해 군함의 위력을 실감하게 되어, 1867년에 '주교사'를 설치하여 군함 건조를 시작했다. 기계제작 기술자 김

---

5 같은 책, 153쪽.
6 같은 책, 151~176쪽.

기두로 하여금 불에 탄 제너럴셔먼호를 평양에서 서울로 가지고 가서 이를 모방하여 목탄증기로 움직이는 철갑선을 만들게 하여 진수식을 가졌다. 그러나 이 철갑 목탄증기선은 몇 미터밖에 나가지 못하여 직접 진수식을 참관한 대원군을 실망시켰다.[7]

1867년 9월에는 주교사 당상으로 있는 이경순으로 하여금 청나라에서 발행된 서양에 관한 서적 『해국도지』와 난파선의 잔해를 연구하도록 하여 서양의 기선을 모방한 군함 3척을 만들도록 했다. 1868년(고종 5) 1월에는 이 군함 3척으로 강화도 앞바다에서 훈련을 하기도 했다. 그러나 그 이후에는 배 만드는 기술 발전을 위한 투자는 거의 없었다. 그 이유는 진청부사로 청나라에 다녀온 서당보가 전한 청나라 사람의 충고를 조선이 받아들였기 때문이라고 생각된다. 서양 군함이 강력하여 청나라조차 서양과 수전을 피하므로, 조선은 수전을 포기하고 육전에 힘쓰는 것이 좋다는 것이 충고의 내용이었다.[8]

1867년에는 『해국도지』 등을 참조하여 물속에서 폭발하는 '수뢰포'를 제작하기도 했는데, 고종이 직접 참관하는 자리에서 실험에 성공했다.[9] 역시 같은 해에 수상용 비행선인 '학우조비선'을 만들었다고 한다. 이 배는 두루미의 날개를 이용하여 만들었는데, 날개가 가벼우므로 배에 아교로 접착하여 포탄을 맞더라도 두루미 날개에 의해 수면에 떠 있을 것이라는 기대를 품고 한강에서 실험했으나 아교가 물에 녹아 실패했다. 그 과정에서 전국에 있는 사냥꾼들이 두루미 잡기에 고생이 많았다고 한다.[10]

1868년에는 무신이자 외교관인 신헌의 주도로 청의 『양무서적』, 『해국도지』

---

7 진단학회, 『한국사 5권』, 217쪽.

8 연갑수, 『대원군 집권기 부국강병책 연구』, 186~189쪽.

9 같은 책, 190~194쪽; 진단학회, 『한국사 5권』, 217쪽.

10 진단학회, 같은 책, 216쪽.

등을 참조하여 '마반포차', '쌍포양윤차', '쌍포', '불광기동차' 등의 무기를 개발했으며,11 면포를 몇 겹을 접어서 방탄조끼를 만들고 포군에 등나무로 만든 투구를 쓰게 하는 등 군사 장비를 개선했다.12

대원군의 군사기술 개발 노력은 대개 실패했지만, 이의 주자학이 지배하는 양반사대부 사회에서는 있을 수 없었던 개혁정책이라는 데 큰 의의가 있다. 대원군이 병인양요 이후 척화정책으로 서양 제국주의 국가들과 접촉을 금지하면서도 무기개발과 군사제도를 강화하는 등 국토방위 태세를 갖추었던 것은 조선의 자주성을 지키고 강대국에 대응하기 위한 수단과 방법을 준비하려는, 이른바 '보호정책'이었다.

1866년 프랑스 함대가 일으킨 병인양요의 원인은 조선이 기독교 신자들을 탄압하고 죽였기 때문이다. 그런데 여기에는 이유가 있다. 1863년 러시아 사람 5명이 두만강을 건너와 통상을 요구했으며, 1866년 1월에도 러시아 배 한 척이 원산에 나타나서 통상관계를 요구했다. 이를 위기상황으로 판단한 조선 정부는 불안감에 빠졌다. 이에 남종삼 등 기독교 신자들이 대원군에게 러시아를 막아내기 위해서 영국이나 프랑스와 동맹을 맺어야 한다고 건의했다. 이에 대원군은 남종삼을 통해 지방에 숨어 지내던 프랑스 외방선교회 신부 베르뇌와 다블뤼를 만났다.

1514년 처음으로 중국에 진출한 기독교는 1581년부터 마테오 리치 등의 예수회 신부들이 중국의 문화와 전통을 존중하면서 선교활동을 시작했다. 이에 대해 교황 클레멘스 14세는 1773년 예수회를 해체하라는 교서를 내렸다. 예수회가 이교도의 풍습과 제도를 따르면서 이를 존중했기 때문이었다. 이에 따라

---

11 연갑수, 『대원군 집권기 부국강병책 연구』, 216쪽.
12 진단학회, 『한국사 5권』, 216쪽.

서 1785년 이후에는 프랑스 외방선교회가 중국에서 선교활동을 담당했다. 프랑스 외방선교회의 선교방식은 예수회와는 달리 전통사회의 문화와 제도를 이단으로 치부하고, 이를 부정했다. 대원군이 만난 신부들은 프랑스 외방선교회 소속이었다. 이들은 순교할 것을 각오하고 전통사회에 맞서 선교했다. 대원군은 이들을 통해서 프랑스 정부와 접촉하려고 했는데, 신부들은 이 기회를 선교활동의 기회로 생각해서, 정계에서 몰락한 풍양 조씨와 남인계 사람들과 접촉했다. 이들은 이 기회를 정치적으로 이용하여 내정에 간섭했다.13

이에 대원군과 사대부들 사이에 기독교 신자들에 대한 불만이 있었는데, 때마침 병인사옥으로 조선의 기독교 신자 8,000여 명이 처형당했고, 그 소식을 탈출에 성공한 리델 신부가 톈진에 있는 프랑스 동양함대에 알림으로써 전해진 것이다. 이 사건을 계기로 병인양요가 일어났다.

'쇄국정책'이라는 말은 일본 역사학자들이 조선 역사에 도입한 것이다. 독일의 박물학자이며 의사였던 캠퍼스가 쓴 『일본 역사와 일본 이야기』가 1801년에 일본말로 번역되었는데, 이 번역본에서 일본이 세계 여러 나라와 교통을 금지한 것을 쇄국이라고 표현했다. 일본 역사학자들은 대원군이 병인양요 이후 외국과의 교류를 금지한 것을 쇄국정책이라고 했다. 일본은 1876년 운요호 사건을 계기로 강화도조약을 맺어 조선을 개방시켰다고 강조하기 위해서 대원군의 정책을 '쇄국정책'으로 규정한 것이다.14

대원군은 조선 500년 동안의 병폐를 근본적으로 고치려 한 가장 큰 개혁사상가였다. 그는 경복궁을 복원하여 왕권을 강화하고 양반사대부 사회의 신분차별을 없애는 동시에 문반에게 무시당한 무반의 지위를 높였다. '이'의 주자학 사

---

13 같은 책, 230~236쪽; 연갑수,『대원군 집권기 부국강병책 연구』, 258쪽.

14 이태진,『고종시대의 재조명』(타학사, 2000), 153쪽; 연갑수, 같은 책, 3~6쪽.

회에서 무시되었던 무기를 개발하고, 군사제도를 개편하여 양반도 군 복무를 하도록 하는 등 '기'의 세계를 살려 실용주의 사상을 실현하려고 했다. 대원군은 외국문화와 제도를 배척한 것이 아니라 조선이 그들과 함께 마주할 수 있는 방위태세와 제도를 갖출 때까지 외국의 문물을 막으려는 일시적인 보호정책을 편 것이다. 그러나 고종이 1874년에 친정체제를 선언했으므로 대원군의 보호정책은 더 이상 시행되지 못했다.

고종이 친정체제를 선언한 이후에는 외척인 여흥 민씨의 세도정치가 이어졌다. 조선 사회는 다시 사색당과 싸움 때처럼 혼란에 빠졌다. 정치에 대한 백성의 불만과 불신은 임오군란과 동학운동 등 '국가개혁'이 아니라 '국가개벽'으로까지 확산되었다.

신식교육을 받은 별기군에 비해 낮은 대우를 받던 구식군인들은 봉급조차 제대로 받지 못하자 1882년 6월 5일에 임오군란을 일으켜서 개혁파 관료와 민씨 세도가를 습격했다. 고종은 사태를 수습하기 위해서 대원군에게 6월 12일 정권을 위임했다. 하지만 1882년 4월에 맺은 조선과 미국의 수호조약(제물포조약)을 자국의 영향권에서 벗어나려는 것이라고 판단한 청나라는 민씨 세도가의 요청에 따라 1882년 7월 13일 대원군을 청나라로 압송했다.15

1884년 갑신정변 이후 세력을 다시 확보한 민씨 세력은 청나라와 일본의 간섭에서 벗어나기 위해서 제3의 세력인 러시아에 접근하려 했다. 청나라는 민씨 세력을 견제하고 조선이 청나라에서 벗어나는 것을 막기 위해서 대원군을 석방했다. 그러나 1885년 10월 3일 위안스카이(袁世凱)와 함께 인천에 도착한 대원군은 민씨 세력의 방해로 정계에 복귀할 수 없었다. 대원군이 서울에 도착한 10

---

15 진단학회, 『한국사 5권』, 489쪽; 이태진, 같은 책, 162쪽; 윤효정, 『대한제국아 망해라: 백성의 눈으로 쓴 살아 있는 망국사』, 박광희 옮김(다산북스, 2010), 224~225쪽.

월 5일에 고종은 교서를 내려 누구도 대원군의 거처인 운현궁에 출입하지 못하게 하여 외부와의 접촉을 차단했다.16

민씨 세력은 갑신정변 직후인 1884년 12월에 러시아에 조선을 보호해달라고 세 차례에 걸친 밀약을 맺었다. 이에 영국은 러시아의 남하를 막기 위해서 1885년 거문도를 점령했다. 이처럼 국내 정치의 혼란은 외국 세력을 불러들였다. 조선의 지도층들은 수구와 개화라는 명분하에 지난날의 사색당파 싸움과 마찬가지로 강대국에 의존하여 '친○○파', '반○○파' 등으로 갈라져 다툼을 계속했다. 이는 곧 국권의 상실로 이어졌다.

16이광린, 『한국 개화사의 제 문제』(일조각, 1986), 76쪽; 김경창, 『동양외교사』(집문당, 1982), 346~348쪽.

21

갑신정변

개혁사상인가, 매국사상인가

조선은 17세기에 들어서 주자학의 사회질서에 대한 반성으로 북학과 서학을 포함하는 실학사상이 생겨났다. 실학사상은 중국을 중심으로 하는 세계질서에 반대하는 사대주의 비판, 외국과의 무역교류, 자주국방, 만민평등, 공평한 인재 등용 등 실용주의를 주장하는 개혁·개화사상이 되었다. 조선은 세계가 변하는 것을 모르고 외부와 단절된 상태에서 모든 운명을 중국에만 의존하고 있었다. 개혁·개화사상은 북학과 서학도 중국을 통해서 받아들였다. 실학사상은 300년 동안 이어졌는데도 몇 사람의 생각과 주장에만 그쳤고 일반 백성에게는 전달되지 못했을 뿐만 아니라 집권 양반사대부들은 이러한 개혁·개화사상을 받아들일 포용능력도 없었고 의지도 없었다. 외부세계의 변화에 대응하고 준비하려는 의지가 없었다.

조선이 믿었던 중국은 1840년 아편전쟁 이후 연이은 서양의 침략을 당했는데, 1860년대에 들어서는 그 서양 세력이 군사력을 앞세워 조선에 밀려오기 시작했다. 갑자기 닥친 상황변화에 국론은 분열되고 개혁·개화정책도 주변 강대국의 정책에 따라 전개되었다. 조선은 아무런 준비 없이 이리저리 끌려다니는 혼란상태였다.

한편, 실학의 학통은 19세기에도 이어졌다. 이 시기 대표적인 개혁·개화사상가로는 북학파의 대표자인 박지원의 손자이자 1866년 대동강에서 제너럴셔먼호 사건의 수습을 지휘한 평안도 관찰사 박규수(1807~1876)이다. 그는 박지원의 실학사상과 실용주의를 이어받았고, 1861년과 1872년에 청나라에 사신으로 가서 외세의 움직임을 알게 되었다. 박지원이 "진실로 법이 좋고 제도가 아름다우면 비록 오랑캐라 할지라도 나아가 스승으로 모셔야 한다"라고 한 것처럼 박규수는 김옥균 등의 젊은이들에게 지구의를 돌려 보이면서 어떤 국가도 '중국'이 될 수 있다고 주장하며 중국에 대한 사대주의를 반대했다.1

박규수는 중국의 계층적 세계질서에서 화(중국)와 이(야만)를 차별하는 화이사상을 화와 이가 같은 것(화이일야)이라고 주장하면서 대등한 국가들의 세계질서를 구상했다. 그는 청나라뿐 아니라 일본을 비롯한 모든 국가와 교역하여 부국강병을 이루어 서양 세력의 침략에 대응해야 한다고 주장했다.2 박규수는 1875년에 대원군에게 "조선은 삼면이 바다로 둘러싸여 있는 나라로서 백성을 보호하기 위해서 일본과 국교를 맺어야 한다"고 하면서 개국할 것을 건의했다.3

1870년대 중반 박영효, 서광범, 홍영식, 김옥균, 김윤식 등 젊은이들은 자주 박규수의 집에 모여서 부국강병을 위한 개화사상을 논의했다. 박규수에게서 개화사상을 배운 젊은이 중에서 김옥균 등 급진개혁파들은 대원군과는 개방정책에서 의견을 달리했지만, 청나라가 고종의 아버지 대원군을 납치한 사건을 주권침해라고 생각하고, 청나라에 대한 사대관계를 청산하고 대등한 독립 국가를 세우려는 뜻을 가지게 되었다.

---

1 이완재,『초기 개화사상 연구』(민족문화사, 1989), 97쪽.

2 같은 책, 101~144쪽.

3 같은 책, 97쪽.

1884년 김옥균이 주도하여 일으킨 갑신정변의 직접적이고 가장 큰 원인이
사대주의 청산이었다. 갑신정변 다음날인 1884년 12월 5일에 발표했다는 「정
령 14개조」의 제1조는 '대원군을 며칠 안에 모셔올 것과 조공과 허례는 폐지'
할 것을 천명했다.4 이 「정령 14개조」는 다케조에 신이치로 일본 공사가 박영
효, 김옥균, 서광범, 서재필, 신응호, 이규환, 정난교, 유혁호, 변수 등 개화파들
을 데리고 일본으로 도망갈 때 모든 서류를 모아놓고 공사관에 불을 질렀기 때
문에 원본은 남아 있지 않다. 다만, 김옥균이 일본 망명 중에 자신의 행위를 변
호하기 위해 지은 『갑신일록』에만 남아 있다. 그런데 이 『갑신일록』마저도 김
옥균이 직접 썼는지 알 수 없어 논란 중이다.5

　　한편, '임나경영설'을 실현시키려는 일본의 계획은 16세기 임진왜란에 이어
19세기에서도 계속되었다. 밀려오는 서양 세력의 위협에 위기의식을 느낀 일본
은 자신이 주도하는 조선·중국·일본의 연합을 고안했다. 1867년 천황 중앙집권
체제를 세운 메이지 유신을 단행한 일본은 조선에 정치변동을 알리는 국서를
보냈다. 지금까지 일본의 국서는 쓰시마 번주 또는 쇼군의 명의로 했으나 이번
에는 일본 천황의 명의였다. 조선은 문구가 오만불손하다는 이유로 접수를 거
부했다. 메이지 유신이 무엇인지 파악하지 못한 조선은 갑자기 바뀐 외교문서
의 주체에 대해 당황한 기색을 감추지 못했다. 이에 일본 내부에서는 조선의 국
서접수 거부를 명분으로 하여 조선을 침공하여 임나경영설을 실현시키자는 '정
한론'이 논의되기 시작했다. 일본 정계의 실력자들은 모두 정한론을 찬성했다.

---

4 김옥균, 「갑신일록」, 김옥균·박영효·서재필 지음, 『갑신정변 회고록』, 조일문·신복용 옮김
　(건국대학교 출판부, 2006), 131쪽.

5 진단학회, 『한국사 5권』, 657쪽; 김경창, 『동양외교사』, 316쪽; 신국주, 「갑신정변에 대한
　재평가」, 한국정치외교사학회, 『갑신정변 연구』(평민사, 1985), 176~180쪽; 이태진, 『고
　종시대의 재조명』, 165~190쪽.

다만 그 시기를 둘러싸고 온건파와 강경파로 나누어졌을 뿐이다. 1868년에는 사절을 조선에 보내어 조선의 무례함을 묻고 만일 응하지 않으면 그 죄를 따져 조선을 공격하여 신주(일본)의 위상을 높여야 한다고 주장했다. 이때 박규수는 일본 국서의 주체가 달라졌다는 명분으로 접수가 거부되고 국교가 막히는 것을 애석하게 생각했다.6

정한론을 실현시키기 위해, 일본은 1876년에 운요호 사건을 일으켜 조선을 개국시켰다. 일본은 강화도조약 이후 선진 문물과 제도 등을 시찰한다는 명목으로 조선의 젊은 지식인들을 모아 1876년에 제1차 수신사 75명, 1880년에 제2차 수신사 58명, 1882년에 제3차 수신사 15명, 1881년에는 신사유람단 38명을 일본에 보냈다. 김옥균은 신사유람단의 일원으로 일본을 방문했다. 일본은 이들을 관직에 진출시켜 조선을 장악하려 했다.7

1881년에는 일본 군사교관을 초빙하여 신식군대인 별기군을 창설했다. 1883년에는 일본 개화사상의 대표자인 후쿠자와 유키치의 권유로 40여 명의 유학생을 육군학교와 각종 실업학교에 파견하여 훗날 군대 간부와 산업개발의 주역을 육성하도록 했다.8 김옥균은 1881년 처음 일본을 방문하여 1882년 3월에 후쿠자와 유키치를 만났다. 그는 청나라를 멀리할 것과 일본의 개혁을 모범으로 삼아서 조선을 개혁하기를 권장했고, 이를 후원하겠다고 약속했다. 1882년 제3차 수신사에 포함되어 다시 일본을 찾은 김옥균은 정사인 박영효와 함께 친일정권을 세우겠다는 의사를 밝혔다. 이에 후쿠자와 유키치 등은 일본 정부에 권유해서 정치자금으로 담보 없이 17만 원을 빌려주었다.9 이런 지원 덕분에 ≪한성

---

6 이현희, 『정한론의 배경과 영향』, 24~25쪽; 정황용, 『일본의 대한정책』, 22~31쪽.

7 신국주, 「갑신정변에 대한 재평가」, 181~184쪽.

8 김경창, 『동양외교사』, 304쪽.

9 신국주, 「갑신정변에 대한 재평가」, 184~186쪽; 정일성, 『후쿠자와 유키치』(지식산업사,

순보≫를 발행할 수 있었는데, 신문의 주필과 인쇄공은 일본인을 채용했다. 이토 히로부미도 ≪한성순보≫ 주필을 통해 개화파와 연락을 취하면서 갑신정변을 지원했다.10

1882년 임오군란 이후 조선에서 일본의 군사력은 청나라의 군사력에 뒤지고 있었다. 한편, 1884년 6월 베트남을 둘러싸고 종주권을 주장하는 청나라와 이를 식민지로 만들려고 새롭게 진출하는 프랑스 사이에 전쟁이 벌어졌는데, 8월에는 프랑스가 타이완을 포격하고 점령했다. 이 전쟁 중에 청나라는 조선에 있던 군대를 일부 철수하여 베트남으로 보냈다. 전쟁은 1885년 6월의 톈진조약에 따라 종결되었다. 베트남은 프랑스의 보호령이 되고 청나라는 베트남에 대한 종주권을 잃었을 뿐만 아니라 조선에서의 군사적 주도권마저도 상실했다.

일본 정부는 임오군란이 진압되고 난 이후인 1882년 10월에 관계 국가들과 협력하여 조선의 독립을 승인할 것과 조선 혁신파에 원조하여 자발적으로 독립하게 할 것을 주장했다.11 이는 청나라 세력의 약화 덕분에 가능한 일이었다. 이런 상황에서 급진개화파는 1884년 12월 4일 우정국 개국 축하 만찬을 이용하여 쿠데타를 일으켰다. 쿠데타 세력은 김옥균, 박영효, 서광범, 서재필이 주동이 되었고 일본에서 공부한 사관생도 약간 명, 보부상의 일부와 일본 무사들이 참가했다.12 이 과정에서 조선 정부의 대신 여섯 명이 죽었다.

결국 쿠데타는 성공하여 12월 4일에는 새 내각을 발표하고 5일에는 '내정개혁 14개조'를 발표했다. 그러나 군사지원을 약속했던 일본은 이를 충실히 지키지 않았다.13 일본군은 1개 중대 약 200명으로 왕궁을 지켰을 뿐이었으나 청나

2001), 102~103쪽.

10 성황용, 『근대 동양외교사』(명지사, 1992), 186쪽; 김경창, 『동양외교사』, 203쪽.

11 김경창, 『동양외교사』, 299~300쪽.

12 같은 책, 311~312쪽; 이광린, 『한국개화사의 제 문제』, 91~112쪽.

라 군대는 프랑스와 전쟁으로 절반 정도 철수했는데도 1,500명 정도가 서울에 주둔하고 있었다.14 일본은 청나라와 프랑스 사이의 분쟁이 화해국면을 보이자 한발 물러서려 했던 것이다.15

1884년 12월 6일에 청나라 군대가 일본 군대를 공격하는 동시에 조선 군중이 일본 공사관을 습격했다. 여기서 갑신정변이 백성의 지지를 받지 못한 소수 지식인만의 혁명이었음을 알 수 있다. 공사관에 피신하고 있던 김옥균, 박영효, 서광범, 서재필 등은 공사관 직원, 일본 군대와 함께 인천으로 도망했다. 결국 갑신정변은 삼일천하로 끝났다. 인천에 도착한 일행은 11일 배를 타고 일본으로 떠났다.

강력한 정한론자이며 일본 주도의 아시아연대를 구상한 후쿠자와 유키치는 갑신정변을 물심양면으로 지원했으나 실패로 끝남에 따라 조선에서 시작하려 했던 아시아연대론을 포기했다. 그는 1885년 3월 16일 ≪시사신보≫에 「탈아론」이라는 제목의 사설을 기고했다. 아시아를 문명개화하는 것은 불가능하며 조선과 중국에는 아무런 희망이 없으므로 군사적으로 침략해야 한다는 것이 바로 '탈아론', 즉 '탈아시아론'이다. 이와 동시에 일본을 유럽화하기로 사상의 방향을 바꾸었다.16

모든 사상과 철학은 더 나은 사회와 세계를 위해 현재 상태를 개혁하려는 의지를 가지고 있다. 그러나 그 의지는 실현될 수 있어야 '개혁사상'이라고 평가

---

13 김경창, 같은 책, 306~311쪽; 신국주, 「갑신정변에 대한 재평가」, 187쪽.

14 정일성, 『후쿠자와 유키치』, 97쪽.

15 김용구, 『세계외교사』(서울대학교 출판부, 2001), 316쪽.

16 고야스 노부쿠니, 『근대 일본의 오리엔탈리즘』, 65쪽; 김봉진, 「후쿠자와 유키치의 대외관」, 한국사회사연구회 엮음, 『일본의 근현대사회사』(문화와지성사, 1991), 71~83쪽; 정성일, 『후쿠자와 유키치』, 135~144쪽.

받을 수 있다. 17세기 초에 발생한 실학사상도 개혁사상이었다. 그러나 조선 주자학 사회는 이들의 개혁사상을 받아들이지 못했다. 19세기 말에 와서 급작스럽게 300년 동안 미루었던 개혁을 하려는 노력이 갑신정변이었다고 평가할 수도 있다. 그러나 갑신정변은 대중에 대한 계몽이 전혀 안 된 상태에서 오직 쿠데타 세력 4명과 일본 무사를 포함한 군사 몇 명, 보부상 몇 명에 의해 주도된 '그들만의' 개혁이다. 보부상 조직의 일부가 참여했다고는 하지만 그 인원은 알 수가 없다.17

김옥균이 갑신정변에서 이루려고 한 개혁은 1885년경 일본 망명 중에 구체적인 자료도 없이 기억을 더듬어 썼다고 하는 『갑신일록』에 실려 있다. 「갑신정령 14개조」도 『갑신일록』에만 기록되어 있다. 김옥균은 자기가 주도한 갑신정변이 정당했다는 명분을 밝히고, 이노우에 외무상의 배신에 대한 복수의 의미에서 『갑신일록』을 썼다고 밝혔다. 하지만 김옥균이 정말로 이 책을 썼는지에 대해서는 의문이 많다.18

『갑신일록』은 김옥균이 일본에 망명하는 와중에 일본 사람들에게 자신의 정당함을 역설하기 위해 쓴 것으로, 자료로서는 극히 애매하고 믿기 어려운 부분도 있다. 더구나 일본 주요 인사들에게 비밀리에 배포되었던 관계로 아직 그 원본조차 발견되지 않았다고 한다. 현재 『갑신일록』은 5~6종이 있으나 모두 사본이다.19 일본 사람들이 김옥균을 지원했던 것을 변명하고 정당화하려고 위작

---

17 이광린, 『한국 개화사의 제 문제』, 91~113쪽; 신복용, 「북한 사학에 나타난 갑신정변의 음미」, 한국정치외교사학회, 『갑신정변 연구』, 88쪽.

18 신복용, 같은 글, 86~87쪽. 그 밖에 ≪조선일보≫, 2006년 11월 13일 자에 실린 강범석 히로시마시립대학 명예교수의 주장에 따르면 김옥균의 일기는 이토 히로부미 등 주요 인물의 관여를 은폐하려 일본 사람이 쓴 위작이다. 고종의 측근인 김옥균이 "일본공사래호겸" 같은 일본어 투를 쓸 이유가 없다는 것이다.

19 신국주, 「갑신정변에 대한 재평가」, 180쪽.

했을 가능성도 있다. 무엇보다 김옥균이 갑신정변에서 보여준 개혁사상의 내용도 확실하지 않다.

갑신정변은 메이지 유신을 모범으로 했다. 메이지 유신은 '서양 따라잡기'를 해서 일본을 개혁한 것이다. 그에 따라 김옥균의 갑신정변도 '일본 따라 하기'를 통해 조선을 개혁하려 한 것이다. 조선이 개국하고 나서 '명나라 따라 하기'를 하다가 명나라에 대한 사대주의가 깊어져 종속관계를 맺게된 것처럼, '따라 하기'는 종속관계를 만든다. 메이지 유신 따라 하기는 결국 일본에 대한 종속관계를 만드는 셈이었던 것이다. 「갑신정령 14개조」의 제1조는 '대원군을 며칠 사이에 모셔올 것과 조공과 허례는 의논하여 폐지할 것'을 주장했다. 이것은 중국에 대한 사대주의를 반대하고 외세에 의존하지 않는 자주독립을 주장한 것이다. 그러나 갑신정변이 전적으로 일본 군사력과 지원에만 의지했다는 것 자체가 또 다른 사대주의이며 외세의존이었다. 정령 제1조는 청나라와 대립하고 있던 일본의 이해를 반영하는 것이었다. 만약 갑신정변이 성공했다 하더라도 조선의 자주독립은 이루지 못하고 오히려 일본의 정한론을 실현시켜주는 결과가 되었을지도 모른다.

김옥균은 조선에 있는 외교관들 사이에서 경박한 재간꾼(경박자재)이라는 인물평을 받았다고 한다.[20] 갑신정변은 김옥균의 개인적인 영웅심과 정권욕이 빚어낸 정변이었다. 다재다능한 사람의 가벼움이 성급하게 만들어낸 사건이었다. 갑신정변은 일본 정한론의 연장이었으며 김옥균은 일본의 정한론에 이용당한 것이다. 김옥균의 갑신정변을 적극적으로 지원했던 후쿠자와 유키치는 김옥균을 망명 후에 자기 집에 머물게 하는 등 그를 보호했다. 그러나 그의 망명생활은 개혁을 주도한 혁명가로서의 품위는 아니었다.[21] 더군다나 후쿠자와 유키치는

---

20 김경창, 『동양외교사』, 303쪽.

김옥균을 냉대하고 멀리했다. 더 이상 쓸모가 없어진 김옥균은 용도 폐기된 것이다.

김옥균은 청나라에 가서 리훙장을 만나 조선 문제를 협의하기 위해서 1894년 3월 상해에 갔다가 3월 28일 함께 갔던 홍종우에게 암살되었다. 이때 조선에서는 동학농민전쟁(동학란)이 시작되었다. 김옥균이 진정으로 조선의 개혁을 생각했다면 리훙장을 만나서 외세에 의존하지 말고 조선에 돌아와서 동학전쟁의 주동자인 전봉준을 만났어야 했다는 중국의 역사학자 천순천의 말은 한번 생각해볼 만하다.22

21이종호, 『김옥균: 신이 사랑한 혁명가』(일지사, 2002) 두루 참조.
22천순천, 『청일전쟁』, 조영욱 옮김(우석출판, 2005), 423쪽.

22

강대국 의존
해바라기 버림받다

16~17세기 양란을 겪은 조선은 숭명사상과 반청사상을 강화했다. 임진왜란 때 군대를 보내 조선을 도와준 명나라에 대한 의리론(재조지은)을 더욱 강조했고, 효종 때에는 청나라에 대한 북벌론이 제기되었다. 1636년 명나라가 청나라에 멸망한 이후에도 조선은 1704년(숙종 30)에 대보단을 설치하여 명나라 선종황제를 기리는 제사를 지냈으며, 1749년(영조 25)에는 청나라(후금)가 일으킨 병자호란 때 군사를 파견하여 조선을 구하려 했으나 조선에 이르는 길이 막혀 오지 못했던 명나라의 의종도 조선을 재조한 은혜가 있다고 하여 조선이라는 국호를 내려 은혜를 베푼 명나라 태조와 함께 대보단에 추가하여 제사를 지냈다.1

조선의 명나라 의존은 문화와 정신사는 물론이고 경제 면에서도 많은 부담이 되었다. 조선은 1429년(세종 11)에 모든 광산의 채굴을 금지했는데, 명나라에 금 150냥과 은 700냥을, 청나라에는 금 100냥과 은 1,000냥을 공식적으로 조공했다.2 그러나 명나라가 그 이상의 금과 은을 요구했으므로 이를 막기 위해서

---

1 서태원, 『조선 후기 지방군제 연구』, 107쪽.

광산개발을 금지했다.

임진왜란 이후 조선에 오는 명나라 사신들은 재조지은을 명목으로 수만 냥의 은을 뇌물로 받아갔다. 1608년과 1609년(광해군 1)에 광해군 책봉사로 왔던 사신들은 수만 냥의 은을 요구하여 받아갔고, 1621년(광해군 13)에는 8만 냥을 거두어갔으며, 1625년(인조 3) 인조의 책봉사로 왔던 사신은 매일 1만 냥씩 13만 냥을 챙겨갔다. 중국에서 사신이 다녀갈 때마다 조선에서는 은이 바닥났다. 조선에는 함경도 단천에서만 은이 조금 생산될 뿐이었으므로, 일본과의 무역에서 인삼, 포목, 호랑이 가죽 등을 수출하여 은을 수입했다.3

조선은 굴욕을 당하면서도 정신과 물질 양쪽으로 중국에만 의존하면서 사대의 정성을 다했으며, 바깥세상의 움직임을 전혀 모르고 있었다. 반면 일본은 나가사키 항구를 통해서 네덜란드와 무역했으므로 유럽세계와 중국의 움직임을 잘 알고 이에 대응했다. 그러므로 19세기에 서양 세력들이 동아시아에 진출할 때에 일본은 세계역사의 흐름과 함께 움직이며 정체성을 지킬 수 있었지만, 조선은 이에 전혀 적응하지 못해 주체성을 잃고 타율적 역사가 되고 말았다.

일본은 조선을 침략하기 위해서 첫 단계로 1876년 강화도조약에서 '조선은 자주독립국'이라는 말을 추가하여 중화세계에서 조선을 분리했다. 중국은 1860년 러시아와의 베이징조약에서 연해주 지역을 빼앗기고 러시아로 하여금 블라디보스토크 항구를 통해 태평양에 진출할 기회를 주었다. 그 이후 러시아는 조선에 진출하려고 노력했다. 또한 러시아는 1871년 중국 서부지역 이슬람 주민들의 봉기를 틈타 이 지역의 질서를 유지한다는 명목으로 '이리' 지역을 점령했다. 중국은 1879년 리바디아조약으로 러시아에 이리 지역 일부를 할양했

---

2 유홍열, 『한국사대사전』(교육출판공사, 1979), 156쪽.

3 조성린, 『조선 500년 신통 방통 고사통』, 316~322쪽; 신동준, 『조선의 왕과 신하, 부국강병을 논하다』, 386~388쪽.

으며, 신강 지역에서 통상할 수 있도록 허락하기도 했다.

중국은 러시아의 남하정책에 위협을 받았을 뿐만 아니라 사대주의에 가장 충실했던 조선이 러시아의 영향에 들어가는 것을 두려워했다. 중국은 조선에 대한 종주권을 유지하면서 조선이 스스로 유럽 세력에 문호를 개방할 것을 권유했다. 김홍집은 1880년 수신사로 일본에 갔을 때에 주일 청나라 공사관 참사관 황쭌셴에게서 그가 지은 『조선책략』을 받았다. 황쭌셴은 개인의견이라는 뜻으로 '사의(私擬) 조선책략'이라는 제목을 썼지만, 『조선책략』의 내용은 당시 청나라의 대조선정책이자 외교정책 책임자 리홍장의 의지이기도 했다. 『조선책략』은 중국이 세계정세의 다변화에 따라 국내의 안정을 위해 조선에 대한 종주권을 어느 정도 포기하는 입장에서 조선에 대외개방정책을 권유하는 것인데, 조선의 입장에서 보면 500년 동안 오직 중국만을 숭배하고 섬기다가 결국 버림받은 것이나 마찬가지이다.

『조선책략』은 조선에 가장 급한 일은 러시아를 막는 것이라고 단정하고, 이를 위해 조선은 중국과 친하고(친중국), 일본과 맺고(결일본), 미국과 연결하여(연미국) 자강을 도모하라고 충고했다.

조선이 중국과 친해야 한다는 것은 무엇을 말하는가. 조선은 동, 서, 북이 러시아를 등지고 있으며 중국은 러시아와 국경을 마주하고 있다. 중국은 땅이 크고 물자가 풍부하여 그 형국이 아시아를 차지하고 있기 때문에 천하에 러시아를 제어할 나라는 중국만 한 나라는 없다. 또한 중국이 사랑하는 나라는 조선만 한 나라가 없다.[4]

---

4 황쭌셴, 『조선책략』, 조일문 옮김(건국대학교 출판부, 2001), 23쪽.

조선이 러시아를 막고자 한다면 영국, 프랑스, 독일 등 여러 나라와 맹약을 맺어서 서로 견제하게 하는 것은 참으로 이로운 일이다. 영국, 프랑스, 독일, 이탈리아가 번갈아 군함을 보내어 강제로 맹약을 요구하더라도 조선이 강대해지면 유럽과 아시아의 여러 나라는 합종하여 함께 러시아에 대항할 것이다. 이는 곧 서양에서 세력균형이라고 하는 것이다.5

조선이 일본과 맺어야 하는 이유는 다음과 같다. 조선에 가장 가까운 나라는 중국 이외에는 일본이다. 만일 일본이 땅을 잃으면 조선 팔도가 스스로 보전할 수 없게 되고 조선에 한 번 변고가 생기면 일본이 차지하지는 못할 것이다. 조선과 일본은 서로 의지하는 형세에 놓여 있다. 일본의 사이고 다카모리가 조선 공략을 주장하기도 하지만 조선을 공략해도 반드시 이기기는 어렵다. 하물며 조선이 중국의 원조를 얻어 제휴하고 동서로 정토하면 일본이 지탱하지 못할 것임을 알기 때문에 사이고 다카모리의 주장은 실행에 옮기지 못했다. 이번에는 다시 조선을 가까운 이웃으로 여기고 다른 종족을 침략하지 않겠다는 생각을 갖게 되었다. 일본은 이러한 생각이 절실했기 때문에 쉴 새 없이 외교를 맺고 친목을 닦고자 한 것이다. 따라서 그 뜻은 조선이 스스로 강대해져서 바다의 울타리가 되도록 하고자 했다.6

조선이 미국과 연결되어야 하는 이유는 미국은 예의로서 나라를 세우고, 남의 토지를 탐내지 않고, 남의 인민을 탐내지 않고, 남의 나라 정치에 간여하지 않는다. 그러므로 미국이 오는 것은 우리를 해칠 마음이 없을 뿐만 아니라 오히

---

5 같은 책, 33, 38, 40, 46쪽.
6 같은 책, 25, 28~29쪽.

려 우리를 이롭게 하려는 마음이었다. 미국이 우리를 이롭게 하려는 마음으로 오는데 도리어 이익을 도모한다고 의심하거나 우리를 해친다고 의심하는 것은 세상형편을 모르는 말이다. 러시아의 병합을 막고, 영국, 프랑스, 독일, 이탈리아를 피하기 위해서 미국과 연결하는 것을 급히 서둘지 않을 수 없는 일이다. 이것은 조선의 복이요, 또한 아시아의 복인데 아직도 무엇을 의심하겠는가.[7]

수신사 김홍집이 가지고 온 『조선책략』을 읽어보고 정부관료들은 「제대신헌의」라는 건의서를 고종에게 제출했다. 내용은 아래와 같다.

친중국이라 했으나 200년 동안 우리나라 사대의 정성은 아직 조금도 늦추어진 적이 없고 상국(중국)도 또한 우리를 심복으로 대하여 지금까지도 간곡히 비호했는데 이제 새삼 무슨 근친이 있겠는가. 이것은 이해할 수 없는 일이다.

결일본이라 했으나 근년에 조약체결과 수교를 다짐하여 공사가 해마다 오가고 어려운 청을 들어주었으나 우리로서는 성의를 다하지 않은 것이 없다. 다만 우리나라 습속이 그들의 눈을 놀라게 하여 공관에 머무는 동안 못마땅한 느낌을 품은 일도 없지 않았다. 이로 말미암아 우리가 그들을 불하하는가 의심했으니 이것은 참으로 우리의 정성과 믿음이 미흡한 데에서 나온 것이다. 공사가 머지않아 온다고 하니 먼저 우리의 도리를 따라 정성과 믿음을 다하고 조금이라도 지난번과 같은 경솔함이 없도록 하여 우호의 뜻을 보여야 할 것이다.

연미국이라 했으나 오늘날 세계 각국이 모두 힘을 합쳐서 다른 나라를 경멸하는 러시아의 위세를 저지하려 하지 않는 나라가 없다. 하물며 우리나라가 바다의 요충에 있으면서도 의지할 곳이 없으니 연합은 좋은 계책이지 나쁜 계책

---

7 같은 책, 26, 35, 40쪽.

이라고 할 수는 없다. 그러나 우리나라의 규범은 본래부터 오랑캐와 통하지 않을 뿐만 아니라 미국은 수만 리나 떨어져서 소식이 미치지 않는 지역인데 오늘날 어떻게 우리가 먼저 통해서 외교를 맺고 후원을 받을 수가 있겠는가. 배가 정박하여 서신을 보내오면 그 글로 보아서 좋은 말로 답하고 바다에 표류하여 어려움을 알려오면 힘이 미치는 대로 구제하여 어루만져주면 먼 곳의 백성을 쓰다듬어 순종하게 하는 도리(유원지도)에 어긋나지 않을 것이다. 이렇게 한 뒤에는 그 나라가 반드시 우리를 잘 대하려고 할 것이니 어찌 이런 기회에 서로 통하지 않을 수 있지 않겠는가. 일은 시기에 따라 어떻게 조치하느냐에 달렸다. 이러한 논의는 우리나라의 안위가 청나라와 일본에 관련되어 있으므로 …… 우리나라로서도 예사롭게 보아 넘길 수 없고 더욱이 그의 말이 이처럼 급하니 어찌 유유히 세월을 허송할 수 있겠는가.[8]

이 글을 보면 조선이 얼마나 바깥세상을 모르고 중국에만 의존했는지, 그리고 얼마나 이상주의 쇄국정치에 함몰되어 국제정치의 흐름에 어두웠는지를 알 수 있다.

『조선책략』이 전해진 이후 중국은 조선과 미국의 외교관계 수립을 위한 회담을 시작했다. 당사국인 조선이 빠진 상태에서 톈진에서 회담이 진행되었는데, 과거 강화도조약의 '조선은 자주독립국이다'라는 문구에 자극받은 중국은 이 조약에서는 종주권 조항을 넣으려고 했다. 그러나 이는 미국의 반대로 이루어지지 않았다. 조선은 1882년 5월 미국과 수호조약을, 영국과는 1883년 11월, 독일과는 1883년 11월, 러시아와는 1884년 7월, 프랑스와는 1886년 6월에 조약을 맺었다.

---

8 같은 책, 101~105쪽.

중국은 조선에 대한 종주권을 회복하려는 노력의 하나로 총독을 조선에 파견하여 중국과 티베트 같은 관계를 만들려고 했다.9 또한 조선 국왕에게 예속되는 외국인 고문을 파견하기로 했다. 이에 중국 황실의 통역을 맡고 있던 독일인 묄렌도르프(Paul George von Möllendorff, 목인덕, 1848~1901)가 리홍장의 추천으로 조선 왕실의 고문에 임명되었다. 그의 임무는 조선의 세관 업무를 시찰하고 외국의 시설이나 제도를 도입하는 일을 감수하는 것이었으나, 점차 외교까지 담당하게 되었다. 묄렌도르프는 1882년 12월 9일에 조선에 도착했다. 그는 조선 군대를 재조직하기 위해 독일에서 하사관을 초청하고, 도로와 다리를 건설하고, 임업과 낙농업을 장려하고, 조선 사람들의 옷과 머리 모양을 바꾸도록 권장하는 등 조선을 자주적인 국가로 만들겠다는 구상을 가지고 있었다.10

1882년 임오군란 이후, 특히 1882년 말 이후 묄렌도르프가 조선에 고문으로 파견되고 나서 중국은 조선에 대한 실질적인 종주권을 행사하여 세력을 강화하여 나갔다. 일본은 이에 대응하여 갑신정변을 이용하여 세력을 회복하려 했으나 실패했다. 일본은 갑신정변의 책임을 물어 일본의 재산피해에 대한 보상금을 조선에 물리는 내용을 골자로 하는 한성조약(1885년 1월 9일)으로 조선과 화해했으며, 중국과는 톈진조약을 통해 동시에 군대를 철수시키기로 합의하여 조선에서 중국과 대등한 지위를 확보하는 외교적 성과를 거두었다.

1885년 2월 갑신정변에 대한 사과의 뜻을 전하기 위해 조선 정부의 사신으로 일본에 갔던 묄렌도르프는 일본 주재 러시아 공사와 접촉하여 비밀리에 조선군 훈련교관으로 러시아 장교를 초빙하는 협약을 맺었다(제1차 조·러 밀약). 이에 동북아시아에서 러시아의 남하정책을 걱정하던 영국은 1885년 4월 15일

---

9 김우현, 「P. G von Möllendorff의 조선 중립화 구상」, 경북대학교 평화문제 연구소 엮음, ≪평화연구≫(1983), 48쪽.

9 김우현, 「P. G von Möllendorff의 조선 중립화 구상」, 경북대학교 평화문제 연구소 엮음, ≪평화연구≫(1983), 48쪽.

10 같은 글, 48쪽.

에 조선 남해안의 거문도를 점령했다.

한편 톈진조약으로 중국과 일본의 군대가 철수함으로써 조선은 대외관계에서 어느 정도 재량권을 가지게 되었다. 이러한 환경변화에서 묄렌도르프는 강대국들, 특히 중국, 일본, 러시아를 통해 유럽에서 벨기에가 강대국의 보장으로 중립화되었던 것처럼 조선을 중립시키려는 계획을 내놓았다. 묄렌도르프는 조선 주재 독일 부영사 부들러(H. Budler)를 통해 이 계획을 외무대신 김윤식에게 전달했다. 그러나 김윤식은 이 사실을 중국에 알리고 원문을 부들러에게 돌려주었다. 이로써 묄렌도르프의 조선 중립화 구상은 실현되지 못했다.

일반적으로 1885년의 조선 중립화 구상은 조선주재 독일 총영사 젬부시(Zembush)의 뜻에 따라 부영사 부들러가 제안한 것으로 알려져 있으나,11 부들러와 중국주재 독일 총영사 폰 브란트(Von Brandt)가 본국 정부에 보낸 보고서에 따르면 조선 중립화 구상은 묄렌도르프의 것이다.12 조선 중립화 구상을 부들러가 제안했다고 알려진 이유는 묄렌도르프가 조선 정부의 외교고문이었기 때문에 부들러를 통해서 제안했기 때문일 것이다. 조선과 러시아의 밀약설로 묄렌도르프 리홍장에 의해 1885년 7월 27일 조선의 외교고문직에서 해임되었다. 그가 조선의 주체성을 세우기 위해서 제안했던 조선중립화 구상은 시작조차 할 수 없었다.

리홍장은 조선의 내정에 간섭하기 위해 대원군을 석방했다. 대원군은 청나라의 조선 주재관으로 부임한 위안스카이와 함께 조선에 돌아왔다. 리홍장은 묄렌도르프의 후임으로 1886년(고종 23) 3월 28일 상해주재 미국 총영사를 지낸

---

11 진단학회, 『한국사 5권』, 697~704쪽; 강광식, 『중립화 정치론』(인간사랑, 1989), 143~144쪽.

12 김우현, 『P. G von Möllendorff의 조선 중립화 구상』; Pol. Arch. A. A., Korea1. Bd4, A 1559 9. März, 1885(독일외무성 외교문서, 서울에서 1885년 1월 14일에 발송); Pol. Arch. A. A., Korea1. Bd4, 21. April. 1885(독일외무성 외교문서, 베이징에서 1885년 2월 18일에 발송).

데니(Owen Nickerson Denny, 덕니, 1838~1900)를 조선 국왕의 외교고문에 임명했다. 데니는 리홍장의 추천으로 조선에 왔음에도 중화세계의 불평등 세계질서를 반대했으며, 특히 조선에서 위안스카이의 횡포에 저항했다. 그는 1888년에 『청한론』이라는 책을 지어서 조선의 속방론을 반박하고 유럽의 세계질서인 대등한 국가 간의 국제법 논리를 도입하여 모든 국가가 평등한, 주권 존중을 바탕으로 하는 우호관계를 주장했다.13 데니는 조선 정부로 하여금 자주독립정신을 가지도록 권고했으며 그 방법으로 조선과 외교관계를 맺은 각 나라에 외교공관을 열게 하고, 또한 외교사절을 파견하도록 도와주었다.14

데니는 조선에서 청나라에 대항할 세력은 러시아라고 생각하고 묄렌도르프처럼 친러시아정책을 펼쳐 조선의 자주독립을 보장하려고 했다. 그는 1888년에는 조선과 러시아 간 수호통상조약을 맺었다. 이것 때문에 데니는 리홍장의 미움을 받아 조선의 외교고문 직책에서 파면당했다. 데니는 4년 동안의 외교고문 직책을 마치고 1891년 7월에 미국으로 돌아갔다.15

데니의 후임으로 1890년 미국 출신의 군인이며 외교관이기도 한 리젠더(Charles William LeGendre, 이선득, 1830~1899)가 임명되었다. 그는 1890년부터 1899년 조선에서 죽을 때까지 10년 동안 조선 국왕의 외교고문으로 있었다. 리젠더는 중국 아모이주재 미국 영사(1866~1872)를 지내고 그 후에는 일본 정부의 외교고문(1872~1875)으로 있었다. 1874년 일본이 타이완 정벌에 나설 때 일본 외무성 고용인으로서 원정군을 조직하고, 원정군 사령관의 보좌역으로 직접 참전하기도 했다.16

---

13 O. N. 데니, 『청한론』, 유영박 옮김(동방도서, 1989), 12~13, 82~83쪽.

14 O. N. 데니·묄렌도르프, 『데니 문서, 묄렌도르프 문서』, 신복용 옮김(평민사, 1987), 11쪽; 성황용, 『근대 동양외교사』, 210쪽.

15 O. N. 데니, 『청한론』, 91쪽.

리젠더는 일본 외무성 외교고문으로 있을 때인 1875년 10월 9일 일본 재무상 오쿠마에게 다음과 같은 의견서를 보냈다.

…… 만약 이 나라(조선)가 일본에 합병될 수 없다면 조선에 현대적인 정치조직과 적절한 방위수단을 도입하여 외국의 침입에 대응하여 조선을 지키도록 해야 할 것입니다. …… 조선은 일본의 울타리 역할을 하게 될 것을 확신합니다. …… 그러한 것(합병)이 불가능하다고 여겨질 경우에는 일본 정부는 실질적으로 정복하지 않고 쉽게 외교적 수완과 현재 일본 정부가 가지고 있는 힘을 이용하여 조선을 일본 정부의 도덕적 영향에 넣을 수 있기 때문에 두 나라의 운명은 떼어놓을 수 없게 될 것입니다. …… 조선은 실제로 일본에 속하게 되는 것만큼 일본에 안전을 보장하지는 못하지만 …… 또 다른 외국의 영향권에 빠지거나 합병될 위험성은 없어질 것입니다. …… 일 년 후면 너무 늦을 수 있습니다. …… 앞으로 20년 또는 30년 이내에는 상황을 유리하게 이야기할 시기는 다시는 없을 것이 확실합니다. 그러면 일본으로서는 자신의 태만함을 쓰리게 후회할 훌륭한 근거가 될 것입니다.17

리젠더가 조선정부의 외교고문으로 있었던 1890년대는 미국의 태평양 전략이 활발하게 진행되고 미국이 태평양 세력으로 확고한 자리를 잡는 시기였다. 미국의 태평양정책과 아시아정책은 1890년 해군 제독 알프레드 마한(1840~

16 성황용, 『근대 동양외교사』, 129쪽; 김경창, 『동양외교사』, 181쪽; 신기석, 『신고 동양외교사』(탐구당, 1980), 88쪽.

17 Pol. Arch. A. A., Asien 1, B 22, Bd 1, ad 4104, pr.10.Juli 1878(독일외무성 외교문서, 조선관계기록); 김우현, 「극동분수령: 한반도 민족공동체의 국제적 사명」, 한국정치학회 엮음, 『민족공동체와 국가발전』(1989), 466~467쪽.

1914)의 '해양세력론'을 논리적 바탕으로 하여 전개되었다. 콜럼버스가 1492년 아메리카 대륙을 발견하고 나서 유럽 국가들은 영토를 넓히기 위해서 식민지전 쟁을 했다. 그러나 마한은 바다를 육지의 연장으로 파악하고, 지구표면의 3분의 2를 차지하는 바다를 지배하는 나라는 세계를 지배한다고 주장했다.18 그의 논리에 따르면 미국은 땅이 아니라 상품시장을 확보해야 하며, 상품의 수출과 수입을 보장하는 바닷길을 확보해야 한다.19

유럽 국가들의 식민지배 논리가 우월한 유럽 인종이 열등한 원주민을 지배한다는 인종주의에 근거했던 것과 마찬가지로 미국의 시장지배 논리도 인종주의에 근거했다. 마한의 태평양 전략에 따르면 앞으로 미국과 서양 문명이 맞아야 할 위협은 발전(개화)은 더디지만 수적으로는 우세한 중국이었다.

중국이 태평양 건너 미국의 서부 해안에 이르는 것을 막기 위해서라도 미국은 하와이와 필리핀을 점령하고 전진 방어를 해야만 한다. 즉, 미국이 태평양을 완전하게 지배해야 한다는 것이었다. 또한 어느 정도 유럽화가 이루어진 일본은 시간적으로 중국보다 더 빨리 개화될 가능성이 높기 때문에 더욱 위험하다고 보았다.20

미국의 아시아정책은 1844년 중국과 왕샤조약을 체결하고 1854년 일본과 가나가와조약을 맺으면서 시작되었다. 당시 미국의 주요목표는 중국과 통상관계를 맺고 일본이 태평양에서 미국의 고래잡이 산업에 편의를 제공하게 하는 것이었다. 미국의 고래잡이 산업은 1840년대에 서부지역에서 금광이 발견되고

---

18 Alfred Thayer Mahan, *The Influence of Sea Power upon History 1660~1783*(Boston, 1890), p. 3~6.

19 김우현, 『세계정치질서』, 68~76쪽; Pichard O'Connor, *Pacific Destiny: An Imformal History of the U.S. in the Far East*(Boston, 1969), 239~251쪽.

20 Pichard O'Connor, 같은 책, p. 242~243, 330~338.

나서 금을 찾아 모여들었던 노동자들이 금광의 고갈로 일자리를 찾아 태평양에 진출했던 것에서 시작되었다. 미국은 난파와 태풍 등 위급한 상황에서의 피난처, 마실 물과 식료품 조달 등을 위한 보급기지가 필요했다.

미국의 아시아에서 최대목표는 중국시장을 확보하는 것이었다. 미국은 일본을 중국 진출의 중간지점 또는 디딤돌로 여겼다. 중국과 일본 사이에 있는 조선은 1866년 제너럴셔먼호 사건에서 보는 바와 같이 중요 거점이 아니었다. 다시 말하면 미국은 일본정책을 중국정책에 부속시켰고 한반도정책은 일본정책에 부속시켰다. 이러한 미국의 한반도정책은 1874년 일본이 타이완을 점령할 때와 1876년 일본이 조선에서 운요호 사건을 일으킬 수 있는 배경이 되었으며, 1875년에는 일본에 조선을 합병하도록 권고했던 리젠더가 조선의 외교고문이 되면서 확실히 뒷받침되었다.21

마한이 주장한 것처럼, 미국에 당장은 중국보다 일본이 더 큰 위협이었다. 따라서 미국은 일본을 아시아 대륙으로 진출하게 하여 중국과 대립시키는 동시에 중국이 태평양으로 나오는 것을 막으려 했다.

1905년 미국은 러·일 전쟁을 중재하여 포츠머스조약을 맺도록 했다. 이는 러시아 또는 일본 어느 쪽도 이기지 못한 상태에서 전쟁을 끝내도록 하려는 것이었다. 이 전략은 영국의 지정학자 매킨더(Halford Mackinder)의 '대륙세력론'을 참고한 것이다. 매킨더는 러·일 전쟁에서 러시아가 이기면 태평양에 진출하여 대륙과 해양 모두를 아우를 우려가 있으며, 일본이 이기면 유럽이 지배하는 세계문명을 황색인종이 지배하는 아시아 문명으로 바꾸어놓을 위험(황화론)이 있다고 경고했다.22

---

21 김우현, 『극동분수령: 한반도 민족공동체의 국제적 사명』, 451~452쪽; Pichard O'Connor, 같은 책, p. 159~166; Hilary Conroy, *The Japanese Seisure of Korea 1868~1910*(London, 1960), p. 37~41.

미국은 1898년 스페인과 전쟁을 통해 쿠바, 하와이, 필리핀을 점령했다. 그런데 필리핀에는 이미 일본이 진출해 있었고, 미국은 필리핀을 독점하기 위해서 일본에 필리핀을 대신할 무엇을 제시해야 했다. 이에 따라 미국의 태프트 육군 장관이 필리핀으로 가는 도중에 일본에 들러 가쓰라 총리와 1905년 7월 27일 아침에 밀담을 나누게 되었는데, 그 내용은 1905년 7월 29일에 '태프트·가쓰라 각서'로 공문화되었다.

> ······ 필리핀에서 일본의 유일한 이익은 필리핀 군도가 미국과 같은 강력한 우호적인 국가의 통치를 받는 일이며 ······ 필리핀 군도가 아직 자치에 적합하지 않은 현지인의 잘못된 통치에 있거나 또는 비우호적인 유럽 국가의 수중에 들어가지 않는다는 것 ······ 극동에서의 전반적인 평화유지는 공동관심을 가진 일본, 미국, 영국의 세 정부 사이에 확실한 양해를 성립시키는 것이다. ······ 이 전쟁(러·일 전쟁)의 논리적 결과로 한반도 문제의 완전한 해결은 일본에는 절대적으로 중요한 문제로 ······ 한국이 일본의 동의 없이는 어떠한 국가와도 조약을 맺을 수 없다는 것을 요구할 정도의 종주권을 일본군으로 하여금 한국에 대해서 확립시키는 것은 이번 전쟁의 논리적 결과이며 동양에서의 항구적인 평화에 직접적으로 공헌하는 일이다. ······23

---

22 매킨더의 심장지역 이론에 대해서는 김우현, 『세계정치질서』, 80~100쪽 참조.

23 태프트·가쓰라 각서의 성립과정에 대하여는 나카다 아키후미, 『미국, 한국을 버리다』, 이남규 옮김(기파랑, 2007) 참조. 미국의 쿠바, 하와이, 필리핀 점령과정과 인종주의, 태평양 정책, 태프트 장관의 아시아 순방 여행일정과 태프트·가쓰라 각서의 합의과정에 대하여는 제임스 브래들리(James Bradley), 『임페리얼 크루즈』, 송정애 옮김(프리뷰, 2010) 두루 참조; Richard O'connor, *Pacific Destiny, An Formal History of the U.S. in the Far East* 두루 참조. 마한의 태평양정책에 대해서는 구라마에 모리미치, 『악의 논리』, 김홍주 옮김(홍성사, 1981), 18~23쪽.

이것은 정한론자들이 오래전부터 바라던 것이었다. 일본은 태프트·가쓰라 각서의 결과로 1905년에 한국의 외교권을 박탈하는 을사보호조약을 강요했고, 1910년에는 한국을 병합했다. 태프트·가쓰라 각서에서부터 미국과 일본의 협조체제는 시작되었다. 이로써 일본은 미국을 위해 중국과 러시아 세력을 막는 방파제 역할을 하게 되었다. 동시에 일본은 중국과 러시아를 혼자서 담당해야 하는 어려움도 떠맡게 되었다.

미국의 아시아정책은 세계전략의 보조수단으로, 미국의 일본정책은 중국정책의 보조수단으로, 미국의 한반도정책은 태프트·가쓰라 각서의 범위를 벗어나지 못한다. 이는 오늘날까지 유효하다. 1969년 닉슨 독트린 이후 미국이 주한미군을 철수시키고 한국의 방위를 일본에 맡기려 했던 것도 태프트·가쓰라 각서의 미·일 협조(연대)체제에서 비롯된 것이다. 한반도는 미·일 협조체제의 협상카드였다.

1901년부터 1909년까지 미국의 대통령이었던 시어도어 루스벨트는 취임 초부터 "나는 일본이 조선을 지배하는 것을 보고 싶다. 조선은 자치 능력이 없다. 미국은 조선에 대해 책임질 일이 없다"라고 말한 것으로 보아 미국 정부는 오래전부터 태프트·가쓰라 각서의 내용을 구상했던 것으로 보인다. 과거 청나라의 내정간섭에 항의하며 조선의 자주독립을 지키려고 노력했던 데니 공사를 해임한 것도 미국의 한반도정책과 관련이 있다.24

호러스 앨런(Horace Newton Allen, 1858~1932)은 1884년 선교사 겸 의사로 조선에 와서 주한 미국 공사관 의사와 고종의 주치의로 있으면서 조선에 서양의학을 전해주었고, 1897년부터는 주한 미국 공사로 일했다. 앨런은 1903년 직접 미국에 가서 시어도어 루스벨트 대통령을 만나서 그의 친일본정책을 반박하

---

24 성황용, 『근대 동양외교사』, 340쪽.

며 논쟁을 벌이기도 했다.25

한편 일본은 오랫동안 일본 정부에 고용되어 있던 스티븐스(Durham White Stevens, 수지분)를 1904년 12월에 조선의 외교고문에 추천했다. 스티븐스는 조선과의 초빙계약에서 모든 외교 왕복문서를 자유로이 열람할 수 있고 그의 임기는 무기한으로 하며, 해약할 때에는 서울에 있는 일본 대표자의 동의를 얻도록 했다. 또한 스티븐스가 처리하는 모든 주요 안건은 서울에 있는 일본공사의 동의를 얻어서 처리하도록 했다.26

조선의 외교고문으로 있었던 스티븐스가 일본 정부의 지휘·감독에 따라 움직였다는 것은 시어도어 루스벨트 대통령의 한반도정책과 태프트·가쓰라 각서의 미·일 협조체제에 부합하는 것이었다. 일본은 스티븐스를 통해 1905년 을사보호조약과 1910년 한·일 합방을 준비했다. 스티븐스는 휴가 기간인 1908년 3월에 샌프란시스코에서 기자회견을 통해 "일본의 한국 지배는 한국에 유익하다. …… 황실과 정부는 부패하고 인민은 우매하며 독립할 자격이 없으니 일본 통치에 맡기는 것이 좋다"라고 했다.27 이에 격분한 샌프란시스코 교민 두 명이 스티븐스를 23일에 암살했다.

유럽 협조체제에 시달리던 중국은 조선에 대한 종주권을 유지하기가 어려웠다. 다급해진 중국은 해바라기처럼 따르던 조선을 오랑캐에게 버렸다. 중국은 1880년 러시아의 위협을 막아내기 위해서 조선에 '친중국, 결일본, 연미국'을 권하는 『조선책략』으로 조선을 버렸다. 명나라만을 바라보던 해바라기는 버림받았다.

25 민경배, 『알렌의 선교와 근대 한미외교』(연세대학교 출판부, 1991), 395~400쪽.
26 김경창, 『동양외교사』, 551쪽. 「스티븐스는 일본 앞잡이 문서 발견: 일본 외무대신 업무지시 확인」, 《동아일보》, 1997년 8월 16일 자.
27 진단학회, 『한국사 6권』(을유문화사, 1961), 965쪽.

조선은 당시의 복잡한 국제상황에서 홀로 설 능력이 없었다. 일본에 의지하여 헤쳐나가려고 했지만 일본은 오히려 갑신정변을 사주하여 조선을 침략하려 했다. 일본은 갑신정변이 실패하면서 일본만 바라보던 해바라기 김옥균을 버리고 결국 상해에 보내서 죽임을 당하도록 했다.

중국은 조선의 홀로 서기를 돕는다는 명목으로 종주권을 확고히 하기 위해 묄렌도르프와 데니를 파견했다. 그러나 이들이 조선의 실질적인 자주독립을 위해 노력했으므로 중국은 이들을 버렸다.

조선은 다시 미국에 의존하기 위해서 일본의 추천을 받아 미국의 외교고문을 초빙했다. 리젠더와 스티븐스는 외교고문으로 있으면서 일본의 정한론 실현에 도움을 주어 미·일 협조체제를 성공시키는 일을 담당했다. 미국은 태평양을 독점하기 위해서 필리핀에 진출한 일본의 영향력과 조선에 진출한 미국의 영향력을 맞바꾸어서 조선을 일본에 양보했다. 미국은 1905년 태프트·가쓰라 각서를 통해서 일본을 아시아 대륙으로 진출하게 하여 중국과 러시아를 막아내도록 했다. 조선은 믿었던 미국에게 버림받고 한·일 합방을 당했다. 한·일 합방은 미·일 협조체제의 결과이며, 이것은 제2차 세계대전 이후 한반도 분단으로 이어졌다. 따라서 미국은 한반도 분단체제 해결에 대한 역사적인 책임과 의무가 있다.

제2차 세계대전 이후 자본주의와 공산주의 양극체제가 이루어졌다. 미국과 소련의 양극체제는 갈등체제이자 협조체제였다. 한반도는 미국과 소련의 협조체제에 따라 분단되었다. 북한은 소련에 의지했고, 남한은 미국에 의지했다. 미국은 1950년 1월에 애치슨 라인을 발표했는데, 그에 따라 동북아시아에서 남한과 타이완이 미국의 방위범위에서 제외되었다. 애치슨 라인 발표는 1950년 6월 25일에 일어난 한국전쟁의 주요 원인이 되었다. 남한은 다시 한 번 미국을 믿었으나 버림받았다.

미국은 1969년 중국과 관계정상화를 위해서 닉슨 독트린을 발표했다. 닉슨 독트린은 미·중 협조체제의 시작이었다. 미국은 닉슨 독트린 이후 주한 미군을 철수하고 일본 자위대에 한반도 방위책임을 맡기려 했다. 미국을 믿고 따르던 남한은 또다시 버림받았다.

1990년 소련 공산주의가 무너지고, 동시에 미국과 소련의 양극체제도 무너졌다. 이로써 이데올로기에 구속받지 않는 세계화 시대가 시작되었다. 세계화 시대에는 국가이익에 따라 여러 가지 연합이 이루어진다. 한반도 주변에는 세계 최강대국들 ─ 미국, 러시아, 중국, 일본 등 ─ 이 경쟁하고 있다. 냉전 시대 미국과 소련(러시아)의 양극 갈등체제와 협조체제 이후 세계화 시대에는 미국과 중국이 세계 헤게모니를 둘러싸고 경쟁하면서 협조체제를 이룰 것이다. 미·중 협조체제 이외에도 미·일 협조체제, 중·러 협조체제, 러·일 협조체제 등 여러 가지 협조체제가 예상된다.

19세기와 마찬가지로 한반도는 또다시 주변 협조체제들의 협상카드가 되어 이용당할 가능성이 크다. 이들 협조체제는 진심으로는 한반도 통일을 바라지 않고 있으며 자기들의 이익을 위해서 한반도의 분단극복 노력을 이용하여 남한과 북한의 갈등을 부추길 수도 있다. 이에 대응하기 위해서 또다시 버림받지 않도록 하나의 강대국에 지나치게 의존하기보다는 홀로 설 수 있는 능력을 갖추어야 한다.

23

한국의 저항민족주의
'왜 때려' 민족주의

　민족주의(nationalism)는 유럽 역사에서 16세기 초 종교개혁과 함께 등장한 자유주의(liberalism)가 인종우월주의(ethnocentrism) 또는 인종차별주의(racism)와 18~19세기 산업혁명과 함께 시작된 식민지 시대의 계몽주의(enlightenment), 진보주의(progressivism)와 경쟁하는 국가주의(statism)가 서로 얽혀 만들어진 복잡한 개념이다.

　민족주의는 국가를 단위로 하면서도 서로 구별하는 것은 흔히 혈연적인 민족의 언어와 종교를 기준으로 하기 때문에 국가주의(statism) 또는 혈연민족주의(volkism)의 요소도 포함하고 있다. 민족주의의 목표는 외부의 간섭 없이 자기의 운명을 스스로 결정하는 절대주권과 경쟁에 이길 수 있는 상황에서의 자유방임주의이다. 민족주의는 초기에는 자기보전과 방어를 위해 폐쇄적인 보호정책을 쓰지만, 어느 정도 경쟁에서 이길 가능성이 있으면 개방주의, 국제주의, 자유방임주의를 주장하게 된다.[1] 따라서 민족주의는 상황에 따라서 폐쇄적인 보호주

1　E. H. Carr, *Nationalism and After*(MacMillan, 1968), p. 2~26.

의가 될 수도 있고 개방적인 국제주의 성격을 가질 수도 있다.

1517년 마르틴 루터의 종교개혁은 중세 기독교 교황청의 억압에 저항하는 독일 민족의 민족주의이기도 했다. 루터는 라틴어로만 쓰였던 성경을 독일말로 번역했는데, 이후 유럽의 여러 나라에서 자기 나라 말로 성경을 번역하는 것이 유행하게 되었다. 성경을 자기 나라 말로 번역하는 것은 민족주의적 태도이자 교황의 억압에서 벗어나려는 자유주의적 태도로, 이후 국가 주권 사상이 싹트게 되었다. 유럽에서는 종교개혁 이후 17세기 후반까지 많은 종교전쟁을 통해서 여러 국가가 생겨났다.

종교개혁 이후의 자유주의 사상은 억압에서 벗어날 수 있는 자유, 전체에서 분리될 수 있는 자유를 말하며 전체가 객체로 해체되는 과정이다. 이것은 자연 상태의 자유인데, 크게 두 가지로 나눌 수 있다. 하나는 남의 간섭을 받지 않고 평화롭게 살 수 있는 자유이다. 이것은 약자들이 주장하는 자유이다. 전체보다 개인이 우선하고 '사회계약론' 등에서 보이는 것처럼 사회조직은 상향식 사회질서를 가진다. 두 번째는 자연 상태에서 강한 동물이 약한 동물을 잡아먹을 수 있는 자유가 있는 것과 같은 맥락에서 강자가 약자를 지배할 수 있는 자유이다. 이것은 강자가 약자에게 통합을 강조하는 것이며 사회조직은 하향식 질서를 가진다. 여기에서는 개인보다는 전체를 우선한다.

21세기에는 하나뿐인 지구를 살리기 위해서 독립 국가들을 하나의 지구라는 전체에 통합하려는 세계화 시대의 개막과 더불어 신자유주의 시대가 시작되었다. 국가들이 분리 독립하여 절대주권을 가지는 자유주의와는 달리 신자유주의(neo-liberalism)에서 국가들은 지구의 한 부분으로서 상대주권을 가진다. 지구의 질서는 강대국들이 좌우하는데, 이것은 가진 자(북)와 못 가진 자(남)의 갈등으로 나타난다.

종교개혁 이후 분리 독립한 국가 중 경쟁에서 이긴 국가는 제국으로 발전하여 다른 국가를 지배했다. 19세기 초 프랑스의 나폴레옹은 유럽을 프랑스가 지배하는 하나의 통합국가로 만들려고 서쪽 이베리아 반도에서 동쪽 동유럽 국가를 아우르는 지역을 정복했다. 정복당한 나라의 국민들은 나폴레옹 제국에 저항하여 산발적인 소규모 비정규 전쟁을 이끌었다. 이러한 소규모 비정규 전쟁에 참가한 군인들을 이베리아 반도에서는 '게릴라(guerrilla)', 동유럽에서는 '파르티잔(partisan)'이라고 했다.2

파르티잔 활동은 제2차 세계대전 중에 프랑스의 레지스탕스로 알려졌으며 우리나라에서는 임진왜란과 한·일 병합 이후 의병활동이 파르티잔 활동에 해당한다. 6·25 전쟁을 거치면서 공산주의자들의 게릴라를 '빨치산'이라고 했는데, 이는 바로 파르티잔에서 유래한 것이다. 나폴레옹 전쟁은 민족주의 역사에서 강대국의 지배에 대한 약소국들의 저항민족주의라는 새로운 흐름을 만들었다.

민족주의에는 자주독립을 지키려는 의지가 있는 반면 제국주의처럼 다른 국가를 지배하거나 정복하려는 의지가 있다. 제국주의를 표방하는 강대국들은 약소국들의 폐쇄적인 민족주의를 개방주의로 유도하기 위해 인도주의와 국제주의를 앞세운다.3 이에 약소국가들이 외국의 침입과 억압적인 지배에 대항하는 저항민족주의가 민족주의의 또 다른 측면이다.

한국의 민족주의에 대해서는 어느 역사책에서나 한결같이 19세기 말 위정척사 사상, 갑신정변의 개혁사상, 동학 농민항쟁, 항일 의병활동 등에서 시작된다고 말한다. 이것이 바로 한국의 저항민족주의이다. 그러나 단순한 저항에 앞서 한국(조선)이 더 좋은 나라가 되기 위한 장기계획, 사상, 목표 등에 대한 설명은 없다. 이는 조선의 자주독립을 위한 주체성을 찾기 어렵기 때문일 것이다.

---

2 칼 슈미트, 『파르티잔 이론』, 정용화 옮김(인간사랑, 1990), 11~15쪽.

3 유럽 강대국들과 미국, 러시아, 중국, 일본의 민족주의에 대해서는 김우현, 『세계정치질서』, 211~212쪽 참조.

조선은 건국하면서부터 명나라에 의존했다. 명나라를 따라 하는 것이 전부였기 때문에 자기만의 계획과 의지는 없었다. 일본은 자기 의지와 계획에 따라 7세기부터 견수사, 견당사 등을 보내어 중국 따라잡기를 했기 때문에 중국 문화를 전통문화에 습합하는 등 주체성을 지켰고, 19세기에는 서양세력에 대항하여 서양 문물을 받아들이면서도 서양 따라잡기를 했기 때문에 목표지향적인 민족주의를 발전시킬 수가 있었다. 조선에는 목표지향적이고 발전적인 민족주의가 싹트지 않았다. 양란 동안 의병활동은 있었으나 그 원인에 대한 반성이나 개혁하려는 의지는 없었다. 그저 침략자를 원망하는 데 그치는 '왜 때려' 민족주의가 있었을 뿐이다. 이것은 은둔주의자가 세상살이에 대해 가지는 원망이나 피해망상과 마찬가지이다.

조선은 19세기 말까지도 과거에 대한 반성과 개혁하려는 의지와 준비도 없이 지내다가 강대국들의 협조체제에 의해서 이용당하고, 버림받고 나서야 원망하는 '왜 때려' 민족주의만 외치고 있었다. 임진왜란 이후 실학자들이 많은 개혁방안을 제시했으나 집권층은 이에 관심을 두지 않았다. 한국에 제대로 된 민족주의가 역사 속에 깊숙이 뿌리내리고 있었다면 매 맞고 반항하는 동학운동, 3·1 운동 등 '왜 때려' 민족주의의 상징은 없었을 것이다.

역사가들은 민주주의가 8·15 해방 이후 유럽이나 미국의 민주주의 제도를 받아들이고 배우면서 시작되었다고 한다. 따라서 한국의 정치사에서 조선사는 제외된다. 조선 역사는 현대 역사와 분리된 것이다. 역사는 과거와 현재를 연결하는 것인데 연결고리가 끊어진 셈이다. 그렇다면 민주주의와 민족주의도 외세의존이고, 이는 곧 한반도는 저항민족주의와 '왜 때려' 민족주의를 벗어나자 못한다는 뜻이 된다.

한편, 민주주의는 집권자와 국가 구성원들 사이의 관계를 정의하는 것이다. 조선 시대와 그 이전의 왕조시대에서도 임금은 '백성을 하늘로 섬기라'고 하는 민본주의 사상을 주장했다. 그러나 조선 정부는 백성을 위한 민본주의는 외면하고 양반들의 이익만을 챙겼다. 그 때문에 사회·경제생활의 발달은 물론 민주주의도 발전하지 못했다. 민주주의 역사는 국가의 다양한 주체들 간 논쟁과 정체성 논쟁의 역사이기 때문에 국가의 정체성과 자아를 주장하는 민족주의 역사와 같은 맥락으로 이어진다. 해방 이후 집권자가 바뀌면 집권자의 개성에 따라서 한국 민주주의의 모습도 바뀌었다. 민주주의와 민족주의의 뿌리를 오랜 세월의 역사에 두지 않고 화분에 심은 꽃처럼 상황에 따라 자주 바꾸었다. 따라서 한국의 민족주의와 민주주의는 혼란스러워지고 발전하지 못했다.4

아무런 준비 없이 서양의 물결과 마주하게 된 조선은 주체성을 지키기 위해서 외세에 의존하여 균형을 잡으려 했다. 김옥균은 청나라에 대항하여 일본을 이용하여 균형을 잡으려다가 버림받고 말았다. 또한 외국 고문을 초빙하여 균형을 잡으려는 시도도 마찬가지로 실패했다.

조선은 주체성을 유지하기 위한 방법으로 강대국에 의존하는 것을 택했다. 이는 근대에도 마찬가지였다. 외국세력을 국내에 끌어들여서(내향적 세력균형) 국내정치는 친○○파, 반○○파로 분열되었다. 그에 따른 혼란은 4색 당파싸움을 방불케 했다. 진정한 민족주의를 위해서는 국내정치의 균형을 잡고 나서 외국으로 나가야 한다(외향적 세력균형). 세상의 중심은 바로 '자신'이다. 스스로 바로 세우지 못하면 흔들리게 된다.

타이완 출신으로 일본에서 작품 활동을 하고 있는 역사학자 천순천은 다음과 같이 말한다.

이번의 동학 궐기는 지금까지와 같은 국지적, 산발적인 것과는 차원이 달랐

---

4 김우현, 『동아시아 정치질서』,, 249~255쪽.

다. 일본의 우익이 답답해할 것은 없었다. 조선인 스스로가 압제자에 대해 봉기할 힘을 가지고 있었기 때문이다. 조선 개혁의 핵심이 될지도 모르는 요소가 동학 속에 존재하고 있었다. 그런데도 개혁파인 김옥균이 동학에 깊은 관심을 보인 흔적이 없는 것을 보면 역시 그도 양반이었다. 동학이 지니는 서민적인 것과는 기질이 달랐던 것이다. 조선을 바로 잡기 위해서라면 김옥균은 리홍장을 만나기보다는 오히려 동학의 지도자(전봉준)를 만났어야 했다.5

이것은 김옥균이 리홍장과 조선 문제를 논의하기 위해서 1894년 3월에 중국 상해로 갔다가 암살된 상황을 말하는 것이다. 이때 한반도에서는 동학농민전쟁이 한참 벌어지고 있었다. 김옥균의 행동이 외국세력을 국내로 끌어들이는 내향적 세력균형이고 한국의 민족주의가 대외의존형이라는 것을 의미하는 사건이기도 하다.

한국의 민족주의는 외국을 원망하기에 앞서 자기반성부터 먼저 해야 한다. 한국의 안정과 평화를 지켜줄 외국세력은 존재하지 않는다. 과거역사에 대한 반성이 없으면 금방 끓고 금방 식어버리는 냄비근성을 벗어나지 못한다. 한국의 국민성은 무속신앙에 뿌리를 두고 있기 때문에 일정한 틀이나 원칙을 거부하고 무당굿이나 마당놀이처럼 놀이패와 구경꾼이 한데 어울려서 신바람 나게 난장판을 벌이다가 끝나면 모두 잊어버리는 특성을 가지고 있다.6

한반도의 역사를 '고래 싸움에 새우 등 터지는 역사', '침략전쟁을 한번도 못한 역사' 등으로 쓰는 것은 한국 민족주의를 수동적인 민족주의와 저항민족주

---

5 "또 짓밟힐 것인가: 김옥균이 전봉준을 만났더라면……", 《동아일보》, 2001년 2월 17일자; 천순천, 『청일전쟁』, 423쪽.

6 최준식, 『한국인은 왜 틀을 거부하는가?』(소나무, 2002) 두루 참조; 한상일, 『퍼지와 한국문화: 퍼지바람과 신바람의 만남』(전자신문사, 1992) 두루 참조.

의 역사에 치우치게 한다. 그 때문에 한반도는 역사 속에서 피해만 보고, 강대국에만 의존하며, 그 결과로 분단된 지 60년이 넘었는데도 남의 탓만 하고 분단 극복의 해결점을 찾지 못하고 있다. 우리의 역사의식으로는 '세계 속에서의 한반도'라는 인식을 가지기 어렵다.

역사책에서 배우는 역사로는 외국의 침략에 대항하는 자기 의지가 담긴 민족주의라기보다는 역사의 흐름을 잘 모르고 자기의 계획이나 구상은 없이 강대국에 의존하여 지내다가 버림받고 나서는 '뺨 맞고 눈 흘기며' 저항도 제대로 못하는 '왜 때려' 민족주의를 벗어나지 못한다.7

---

7 김우현, 『동아시아 정치질서』, 249~255쪽.

24

반쪽 주자학과 반쪽 자유민주주의

17~18세기 중상주의 시대를 거치면서 비유럽 국가들의 경제는 물론 문화가 지도 유럽의 세계체제 속에 포함되었다. 한편 유럽 국가 내부에서도 빈익빈 부익부 현상으로 사회갈등이 심화되었고, 유럽과 비유럽 간 경제·문화의 격차도 점점 커지게 되었다. 이러한 갈등을 해결하기 위해 차별화된 사회계층과 유럽·비유럽 간의 차별을 합리화하는 계몽주의와 합리주의가 만들어졌다.

계몽주의와 합리주의는 발전단계론을 강조하는 진보주의를 이용하여 국내와 국제사회의 계층구조를 만들어 사회를 통합하려 했다.[1] 이러한 자유주의, 계몽주의, 합리주의, 진보주의 사상을 등에 업고 성장한 중상주의 사슬은 경제적 이익을 극대화하기 위해서 노력했다. 중상주의의 대표자 애덤 스미스(1723~1790)는 『국부론』(1776)에서 이익을 극대화하고 생산성을 높이고자 노동의 분업과 개인의 기업 활동을 간섭하지 않는 자유방임주의(laissez faire)를 주장했다.

애덤 스미스는 자유방임주의에서 보이지 않는 손(invisible hand)이 노동 분업

---

1 Robert Nisbet, *History of the Idea of Progress*(Basic Books, 1980), pp. 237~296; Steven Seid, *Liberalism and the Origin of European Social Theory*(University of California Press, 1983), pp. 21~41.

에 따른 사회갈등을 극복하고 사회를 통합한다(harmony of interest)고 했다. 그는
또한 국제사회에서도 세계 경제의 분업과 보이지 않는 손이 작용하는 이해관계
의 조화를 통해서 세계평화를 유지하려 했다.2

애덤 스미스가 자유방임주의와 보이지 않는 손으로 이루려던 자유주의 유토
피아(liberal utopia)에서 상인계급은 점차 번성해서 부를 축적했던 반면 노동자
계층은 점점 빈곤하게 되었다. 상인들은 더 많은 부를 쌓아 자본가 계급으로 성
장해서 18~19세기에 이르러 국내적으로는 자본주의 사회를, 국제적으로는 식
민지와 제국주의 시대를 열었다.3

사회적으로 성공한 강자들이 지배하는 자본주의 사회에서 가난하고 억압받
는 약자들의 권리를 주장한 카를 맑스(Karl Marx, 1818~1883)는 사회주의 유토
피아(socialist utopia)를 생각했다.4 애덤 스미스의 자유주의 유토피아는 결과적
으로 강자의 논리에 따른 자본주의와 제국주의를 만들었으며 이에 대한 반발로
약자의 논리인 카를 맑스의 사회주의 유토피아가 생겨났다.5 다시 말하면 자본
주의와 사회주의는 자유민주주의에서 갈라져서 생겨난 강자의 논리와 약자의
논이다. 자본주의가 없었으면 사회주의도 없었을 것이다. 사회주의는 자본주의
의 결점을 보완하는 것이기 때문이다. 따라서 자유민주주의에는 자본주의와 사
회주의가 함께 있다.

맑스의 사회주의는 1917년 레닌(Vladimir Lenin, 1870~1924)의 러시아 혁명
을 통해서 자유민주주 세계가 자본주의 세계와 공산주의 세계로 분리되는 계

---

2 F. Parkinson, *The Philosophy of International Relations*(Sage Publications, 1977), pp. 93~95;
   Hans Morgenthau, *Politics among Nations*(Knopf Inc., 1985), pp. 43~44.

3 Michel Beaud, *A History of Capitalism 1500~1980*(Monthly Review Press, 1983), pp. 78~79.

4 같은 책, p. 78.

5 같은 책, pp 560~574.

기로 작용했으나, 1990년 소련 공산주의 세계가 무너지면서 세계는 다시 자유민주주의 세계로 통합되었다. 맑스가 『자본론』(1868)에서 생각했던 사회주의 유토피아는 토머스 모어(More, Thomas, 1478~1535)가 『유토피아』(1516)에서 그렸던 이상세계를 실현하는 것이었다.6

이탈리아의 민족주의자 마키아벨리(Nicolo Machiavelli, 1469~1527)가 『군주론』(1513)에서 이탈리아를 통일하기 위해서는 도덕성보다는 강력한 권력을 행사하는 것이 최선의 방법이라고 말하면서 강자의 논리인 권력정치(power politics)를 주장했다. 이에 반대하여 토머스 모어는 『유토피아』를 통해 권력정치를 주장하는 헨리 8세에 맞서서 영국 사회에 퍼진 도덕성의 타락, 불법과 혼란, 권력 남용을 고발하려고 했다.

16세기 영국에서는 부유한 사람들이 목장을 만들기 위해서 농촌에 사는 농민들을 쫓아냈으며 쫓겨난 농민들은 런던 등 대도시에 모여서 빈민촌을 이루었다. 『유토피아』는 런던 다리 밑에서 사는 등 비참한 생활을 영위하는 빈민들에게 위안을 주려고 기독교 이상사회인 천국의 모습을 묘사하여 보여주려 했다.7

『유토피아』는 『군주론』이 주장하는 권력정치를 위한 강자의 논리에 대항하는 약자의 논리였다. 맑스는 『자본론』에서 자유민주주의 세계를 지배하는 강자

---

6 J. C. Davis, *Utopia and the Ideal Society: A Study of English Utopian Writing 1516~1700* (Cambridge University Press, 1983), pp. 45~48; Edward Hyams, *The Millenium Postponed: Socialism from Thomas More to Mao Tse-Tung*(New American Library, 1973), pp. 3~12; Mauriee Meisner, *Marxism and Utopianism*(University of Wisconsin Press, 1982), pp. 3~7.

7 Edward Hyams, 같은 책, p. 8; Louis L. Snyder, *The Making of Modern Man: from the Renaissance to the Present*(Princeton, 1967), p. 65; Samuel Eliot Morison, *The Oxford History of the American People*(Oxford University Press, 1965), p. 44; 티에리 푸조(Thierry Peuot), 『폭탄이 장치된 이상향, 유토피아』, 조성애 옮김(동문선, 2002); 우드게이트(M. V. Woodgate), 『토마스 모어』, 김정 옮김(성분도, 1988) 두루 참조.

의 논리인 자본주의에 대항하기 위해서 약자의 논리인 토머스 모어의 이상사회 (유토피아)를 실현시키는 사회주의를 주장했다.

어느 사회, 국가, 문화권에서든 인간은 오늘보다 나은 내일을 바라며 또한 오늘보다 살기 좋은 세상과 사회를 꿈꾼다. 이러한 이상사회를 바라는 인간의 마음은 지금 자기가 살고 있는 사회를 변화시키고, 어딘가로 끌고 가려고 한다. 또한 이러한 이상사회를 찾는 미래지향적인 마음은 종교에서는 천국, 극락세계, 무릉도원 등을 만들어내려고 한다. 또한 그곳에서 이상사회의 모형을 찾으려 하고 정치에서는 미래지향적인 이데올로기를 만들어낸다. 또한 미래지향적인 정치이데올로기는 사회발전단계론을 만든다.

헤겔(Georg Wilhelm Friedrich Hegel, 1770~1831)은 변증법이라는 논리를 만들어서 사회발전단계론을 설명했다. 헤겔에 따르면 인간은 개인-가족-시민사회-국가-세계의 단계를 거쳐서 세계통합에 이르는 조직화 과정을 가진다고 했다. 가족단계에서는 이성보다 감성이 앞서고, 시민사회단계에서는 이성이 개인의 이익을 위해서 사용되므로 자유주의 사상이 강하기 때문에 국가가 해체될 위험이 있으며, 국가단계에서는 인간의 자아의식이 완성되고 공동목표를 위해 비이기적인 행동을 하는 단계이다. 따라서 이 단계에서 인간사회는 민족정신 또는 국민정신(Volksgeist)을 가진다. 여기서 한 단계 더 발전하면 세계정신(Weltgeist) 또는 절대정신(Absolutgeist)을 가지게 되며 이때에 이르러서 세계는 통합되고 변증법은 끝나고 또 역사도 끝난다고 했다.[8]

이러한 헤겔의 생각은 그가 살았던 19세기 초기에 민족주의 사상이 지배하던 시대상황을 나타내는 것이다. 그러므로 헤겔은 당시에 후진국이었던 독일의

---

8 F. Parkinson, *The Philosophy of International Relations*(Sage Publications, 1977), pp. 74~75; 파킨슨(F. Parkinson), 『국제관계사상』, 정규섭 옮김(일신사, 1994), pp. 99~102.

민족주의와 독일이 제국주의로 발돋움하는 것을 변증법을 이용하여 독일의 국가통합과 민족주의를 정당화했다.9

맑스는 변증법을 이용하여 사회발전단계를 ① 원시공산사회, ② 노예사회, ③ 봉건사회, ④ 자본주의 사회, ⑤ 공산주의 사회의 5단계로 보는 역사유물론을 만들었다. 공산주의 단계는 역사발전의 가장 높은 단계로서 세계정신의 세계통합과 세계정부를 목표로 했다. 이것은 헤겔이 독일의 국가통합과 민족주의를 위해서 국민정신을 강조했던 것보다 한 단계 높은 것이었다. 세계정부가 이루어지는 공산주의 사회에서는 국가가 소멸하고 계급투쟁의 결과로 사회계급도 없어져서 노동자계급의 프롤레타리아적 가치를 기준으로 세계통합이 이루어진다고 했다.10

맑스의 이상사회인 공산주의 사회는 계급차이 등 모든 차별이 없어진 프롤레타리아 평등사회로서 기독교의 이상사회인 천국을 현실세계에 실현하려는 것이었다. 종교가 담당하던 이상사회 실현을 공산주의가 담당했기 때문에 공산주의는 종교는 마약이라는 말로 종교의 역할을 부정하고 배척했다. 이처럼 공산주의는 기독교의 이상사회를 실현하려고 했으므로 공산주의도 기독교문화의 사상체계를 벗어나지 못한다.

레닌은 맑스의 사회발전단계론인 역사유물론의 자본주의 단계와 공산주의 단계 사이에 사회주의 단계를 추가하여 1917년 공산주의 혁명 이후 소련 사회

---

9 요하임 리터(Jochaim Ritter), 『헤겔과 프랑스 혁명』, 김재현 옮김(도서출판 한울, 1983), 43~72쪽; Steven Smith, *Hegel's Critique of Liberalism*(University of Chicago Press. 1989), pp. 156~158.

10 David MacGregor, *The Communist Ideal in Hegel and Marx*(Georg Allen and Unwin Publishers, 1984), pp. 71~109; F. Parkinson, *The Philosophy of International Relations*, pp. 84~88; Harold K. Jacobson, *Networks of Interdependence: International Organization and the Gobal System*(Alfred Knopf, 1979), pp. 74~75.

는 아직 공산주의 단계에 이르지 못한 사회주의 단계라고 규정했다. 제2차 세계 대전 이후에 생겨난 공산주의 국가들은 종주국인 소련의 사회경제 발전모형을 따랐기 때문에 그들도 소련과 마찬가지로 사회주의 단계에 머물렀다. 또한 소련에 종속되면서 서로 경쟁해야 했다. 맑스의 공산주의에 따르면 세계통합을 위해서 국가는 없어져야 한다. 그러나 공산권 국가들은 국가 단위로 서로 경쟁 했기 때문에 오히려 국가주의 또는 민족주의를 바탕으로 국가적 정체성이 더욱 강해졌다.

1917년 소련에서 공산혁명이 성공하고 나서 소련은 공산권 국가들과 세계 공산주의 운동을 지휘하고 감독하면서 세계에 공산주의 혁명을 전파하는 기관 으로 코민테른(Comintern, 1919~1943)과 코민포름(Cominform, 1947~1956)을 창설했다. 소련은 코민테른과 코민포름을 통해서 세계 공산주의 운동에 대해 국가단위로 소련의 발전모형에 따르라고 요구하는 '일국사회주의'를 강요했다. 일국사회주의에서 국가발전을 위해서는 소련식 발전모형에 따르는 길 하나뿐 이었다. 유고슬라비아는 이에 반대하면서 사회주의로 가는 길은 다양하다고 주장하고 1948년 코민포름에서 탈퇴했다.

1948년 서유럽의 자본주의 국가들은 마셜플랜을 실행에 옮기기 위해서 유럽 경제협력기구(OEEC)를 만들어서 유럽경제를 통합하려는 움직임이 시작되었 다. 이에 맞서서 소련은 1949년 동유럽 공산국가들의 상호경제협력협의회 (COMECON)를 만들었다. 코메콘은 마셜플랜의 유럽경제협력기구와는 크게 두 가지에서 성격이 다르다. 첫째, 서유럽의 유럽경제협력기구는 회원국들을 하부 구조로 하는 수직적인 초국가조직(supranational)이었던 반면, 공산권의 코메콘 은 소련과 회원국의 양자관계(bilateral)가 모두 합해져서 소련을 중심으로 하는 다자관계(multilateral)였다. 다시 말하면 코메콘은 소련의 헤게모니에 의해서 유지되는 수평적인 탈국가조직(transnational)이었다. 둘째, 자본주의 유럽경제협력기구에서는 화폐교환으로 경제행위가 이루어졌던 반면, 코메콘에서 회원국은 전체 경제구조에서 분업으로 상품을 생산하여 회원국들 사이에서 상품의 물물교환경제를 하는 고립주의 자급자족경제를 생각했다.11

코메콘이 수직적이고 초국가적인 연방주의 통합이 아닌 수평적인 탈국가주의 협력을 택한 이유는 맑스주의 세계정치이론 때문이었다. 맑스에 따르면 공산주의 계급투쟁의 마지막 단계에는 국가가 없어지고 세계공화국(world republic)이 이루어져야 했다.12 그러므로 공산주의 혁명이 아직 완성되지 않은 단계에서 새로운 상부구조가 소멸되어야 할 국가들로 구성되는 연방주의 중앙집권의 역할을 하는 코메콘이 되어서는 안 되기 때문이었다.13

코메콘이 화폐교환경제가 아닌 물물교환경제를 택한 이유는 화폐경제가 상품생산을 시장에 판매하여 자본의 잉여가치를 축적하여서 제국주의로 변하게 되므로 이를 막으려는 맑스주의 경제논리 때문이었다. 따라서 코메콘 회원국들은 주어진 능력과 자원을 최대한 이용하여 분업으로 상품을 만들어서 교환했다. 회원국의 능력과 자원은 서로 달랐기 때문에 상품생산은 분업형태로 이루어졌다.14

코메콘이 수평적인 탈국가주의와 물물교환경제를 택하도록 영향을 미친 것은 맑스의 세계정치와 경제에 관한 이론 외에도 러시아의 자연과학자이며 아나키스트였던 크로폿킨(Pyotr Alexeyvich Kropotkin, 1842~1921)의 상호부조론이 영향을 미쳤다. 크로폿킨은 『상호부조론』(1902)에서 생물의 진화는 다윈이 주

---

11 이영훈, 『경제공동체의 형성과 발전』(장백, 1994), 229~240쪽; 김우현, 『세계정치질서』, 232~233쪽.

12 F. Parkinson, *The Philosophy of International Relations*, p. 183.

13 같은 책, pp. 146, 177~178.

14 같은 책, pp. 173, 179~184.

장한 것처럼 종의 분쟁을 통하여 강한 자가 살아남는 적자생존이 아니라, 종의 협력을 통해서 이루어진다고 했다. 이러한 크로폿킨의 자연과학사상이 코메콘의 국제관계에 적용되었다.15 크로폿킨은 『상호부조론』에서 강한 자가 지배한다는 다윈과는 달리 힘이 약한 동물들은 강한 동물이 오면 서로 도와서 경고하고 공격하여 물리치면서 평화롭게 산다고 했다.16

자유민주주의의 약자의 논리에서 시작한 맑스주의와 동유럽 공산권의 지역 공동체인 코메콘은 1990년 소련 공산주의가 무너짐에 따라 함께 무너졌다. 약자의 논리인 공산주의는 강자의 논리인 자본주의에 흡수되어버렸다. 따라서 지금 세계화 시대에 맑스주의 사상은 자본주의에 반대하는 이분법적인 사상이 아니라 자본주의와 자유민주주의 사회의 비판사상으로 남아 있다. 세계화 시대에는 공산주의 국가라 할지라도 냉전 시대와는 달리 자유로이 자본주의 국가와 교류하고 있다. 자유민주주의의 강자의 논리인 자본주의는 약자의 논리인 공산주의를 포용하면서 공존하고 있다.

하나의 국가정치제도 안에서 공산주의 제도와 자본주의 제도가 함께 있는 것은 중국의 사회주의 초급단계론 또는 중국식 사회주의에서 찾아볼 수 있다. 중국은 1949년 공산주의 인민공화국이 세워진 이후 소련의 일국사회주의 원칙에 따라 소련식 사회주의(공산주의) 발전모형을 따르도록 강요받았다. 소련은 중국이 아직도 사회발전단계 또는 변증법의 초기 단계인 아시아 생산양식의 단계에 있다고 평가하고 중국을 후진국이라고 했다. 중국이 소련식 사회주의를 받아들인다면 중국은 정치와 경제에서 소련에 종속되는 결과가 될 수도 있었다.

중국은 소련과 공산권의 주도권을 두고 경쟁하면서 중국의 사회발전단계를

---

15 같은 책, pp. 149, 180.

16 Peter Kropotkin, *Mutual Aid: A Factor in Evolution*(London, 1902); 표트르 크로폿킨, 『상호부조론』, 하기락 옮김(형설, 1994) 두루 참조.

높은 단계로 끌어올리려고 노력했다. 맑스주의 역사유물론에 따르면 발전단계를 한 단계씩 올라갈 때마다 아래 단계에서 가졌던 모순이 하나씩 없어지고, 마지막에는 사회모순이 전혀 없는 획일적인 이상사회 또는 공산주의 사회에 이른다. 이 모순을 자본주의 사회에서는 갈등이라고 하는데, 갈등은 사회의 다양성을 말한다. 공산주의 사회에 이르면 다양성이 없어지고 획일성만이 남는다.

마오쩌둥 시대의 중국 공산주의는 짧은 시간 동안에 사회주의 높은 단계에 올라서 소련과 공산권의 주도권 경쟁에서 이기기 위해서 1950년대에는 '대약진운동', 1960년대에는 '문화대혁명'을 일으켰다. 대약진운동과 문화대혁명의 결과로 중국의 사회구조와 국가정책은 획일적으로 되었다. 강력한 중앙집권제도는 중국 지방사회의 다양성을 말살하거나 무시했다. 결국 대약진운동과 문화대혁명은 실패했다.

중국은 1978년 덩샤오핑이 권력을 잡고 나서는 중국의 발전논리로 마오쩌둥 시대의 대약진운동이나 문화대혁명처럼 이데올로기(홍)에 얽매이지 않고 중국 사회와 경제의 실정에 맞는 실용주의(전)를 택했다. 중국은 땅이 넓고 소수민족 등 문화와 사회구성이 다양하기 때문에 맑스주의의 발전단계를 높이면 사회다양성이 없어지게 된다. 따라서 맑스주의 역사유물론의 발전단계를 낮추면 중앙집권 대신 지방의 자율권과 사회다양성이 다시 활력을 되찾아서 경제를 발전시키고 중국의 공산주의 혁명을 완성한다는 논리이다. 덩샤오핑은 1987년 11월 공산당 제13차 전국대표자대회에서 사회발전정책은 중국의 사회 상황에 알맞은 것이어야 한다고 강조하면서 중국식 사회주의, 중국특색의 사회주의를 건설하기 위하여 사회주의 초급단계론을 발표했다.

중국은 소련과 공산주의 주도권 경쟁을 하면서 상품생산, 즉 자본주의 시장경제가 충분하게 발달하지 못한 상태에서 사회주의 높은 단계에 들어갔기 때문에 더 높은 공산주의 사회로 발전하기 어려웠다. 따라서 앞으로는 오랫동안 사회주의 초급단계에 머물면서 시장경제를 활성화시키고, 상품생산을 늘리고, 사회주의 현대화를 실현하기 위해서 개혁과 개방정책을 강화해야 한다고 했다. 중국 공산당의 초기 마오쩌둥 시대에는 소련으로부터 이데올로기의 지원과 충고를 받던 중국 공산당이 1987년에는 오히려 소련이 개혁에 성공하려면 물자와 기술보급, 재정이나 가격기능과 같은 핵심요소가 변화되어야 한다고 충고하는 처지가 되었다.17

　맑스는 공산주의 혁명이 성공하려면 노동자계급인 프롤레타리아의 숫자가 많아야 한다고 했다. 이것은 공산주의 혁명의 이데올로기 계급투쟁을 강조한 것이다. 그러나 중국의 사회주의 초급단계론은 중국특색(식)의 사회주의이며 동시에 중국특색(식)의 자본주의이다. 중국은 사회주의 높은 단계와 공산주의로의 발전과 혁명을 완성하기 위해서는 상품생산이 우선되어야 한다고 주장한다. 이것은 중국이 말하는 사회주의 시장경제이다. 그렇다고 중국의 공산주의 논리가 맑스·레닌주의가 주장하는 공산주의 논리와 다르지는 않다. 맑스·레닌주의가 주장하는 것처럼 프롤레타리아의 숫자가 많아지려면 우산 산업사회, 즉 자본주의가 발달해야 하며, 산업사회가 발달하면 상품생산이 늘어난다. 따라서 사회주의 높은 단계에 이르고 공산주의 혁명을 완성하기 위해서 상품생산을 늘리는 것은 프롤레타리아 계급의 숫자가 늘어나는 것과 같은 것이다.

　맑스와 소련 공산주의는 산업사회에서 프롤레타리아 계급을 보고 이데올로기와 계급투쟁에 집중했던 반면, 중국의 사회주의 초급단계론에서는 산업사회의 상품생산을 보았으므로 중국은 경제발전과 산업화에 집중하고 있다.18

　중국식 사회주의(공산주의)에서는 자본주의와 공산주의가 함께 있다. 중국에

---

17 김우현, 『동아시아 정치질서』, 86쪽.

18 같은 책, 86~87쪽.

서 공산당이 정권을 잡고 있지만 중국의 정치제도가 공산주의 제도인지 자본주의 제도인지는 정확하게 구별되지 않는다. 중국은 사회주의 초급단계론으로 공산주의 제도를 유지하면서도 자본주의 제도를 발전시키고 있다. 중국은 국내사회에서뿐만 아니라 국제사회에서도 공산주의 국가는 물론 자본주의 국가, 제3세계 국가 등 모든 국가와 이데올로기 장벽 없이 교류할 수가 있다. 자본주의 국가인 타이완도 2003년 「인민단체법」을 개정하여 공산주의 금지규정을 없애고 각 정당과 사회단체에 공산주의 논의를 허용하기로 했다.19

산업사회가 발달하면 공산주의 혁명의 뿌리인 프롤레타리아와 자본주의의 뿌리인 상품생산과 시장경제가 함께 있는 것처럼 자유민주주의에도 강자의 논리인 자본주의와 약자의 논리인 공산주의가 함께 있다. 프롤레타리아와 시장경제, 자본주의와 공산주의는 동전의 앞뒤처럼 함께 있다.

북한은 공산주의 제도를 고집하면서도 중국식 개혁·개방정책을 본떠서 세계화 시대의 새로운 상황에서 살아남으려고 주체외교를 펼치고 있다.20 북한은 2002년 9월에 중국과 마주하고 있는 신의주에 자본주의 제도를 도입하여 홍콩처럼 특별행정구를 지정하여 북한에서 공산주의와 자본주의가 공존하는 1국가 2제도(일국양제)를 실천하려고 했다. 그러나 신의주 특별행정구계획은 중국의 간섭과 방해로 시작도 못 한 채로 실패했다.21

북한은 2002년 9월 신의주 특별행정구를 통하여 북한의 일부를 자본주의 사회에 개방하고 자본주의 제도를 받아들이려고 했을 뿐만 아니라, 2002년 7월 1일에는 북한의 공산주의 배급제도와 국가완전고용제도를 폐지하고 생활필수품을 시장에서 시장가격으로 구입하며 노동시장에도 성과급을 도입하여 생산량

19 "대만: 공산주의 금지규정 없애", ≪조선일보≫, 2003년 8월 25일 자.
20 김우현, 『동아시아 정치질서』, 184~191쪽.
21 관산, 『김정일과 양빈』, 황의봉 옮김(두우성, 2004) 두루 참조.

에 따라 임금을 차등으로 지급하는 등, 중국식 사회주의 시장경제제도를 도입하려고 했다. 이를 '7·1조치'라고 한다.22

그러나 북한이 시장경제를 도입했으나 북한에서 생산되는 상품공급이 부족하여서 수요에 미치지 못하고 산업이 발달하지 못하여 노동시장은 제한되고 임금은 고정되어 있기 때문에 상품가격은 급하게 오르고 오히려 시장을 통하여 사회불안이 퍼지게 되므로 7·1조치는 제 기능을 하지 못하고 정지된 상태이다. 북한의 시장에 상품이 부족한 것을 이용하여 중국 상품이 시장에 공급되고 시장을 지배하므로 북한경제는 중국경제에 흡수된다는 말까지 나오고 있다.23

북한은 2009년 4월 헌법개정에서 공산주의라는 단어를 빼고 그 대신 선군사상을 새로 넣었다고 한다. 이로써 북한의 지배 이데올로기는 공식적으로 공산주의가 아니라, 1992년 헌법개정에서 맑스·레닌주의를 빼고 새로 넣은 김일성의 주체사상과 2009년 헌법개정에서 새로 넣은 김정일의 국방정책을 우선하는 선군사상으로 이루어지게 되었다.24 이것은 북한이 공산주의를 포기하고 자본주의 제도를 받아들이고 자본주의 사회와 교류하기 위한 기초를 만든 것이라고 생각된다.

북한이 상품생산이 없어서 시장경제 도입 등 개혁·개방정책을 펼치기에 어려움을 겪는 것은 소련이 1980년대 시장경제를 도입하고 상품이 없어서 사회경제적 혼란을 겪다가 소련 공산주의가 무너졌던 상황과 비슷하다. 당시 소련 공산당 서기장 고르바초프는 경직된 소련 공산주의를 살리기 위해서 개혁·개방

---

22 고려대학교 기초학문 연구팀, 『7·1조치와 북한』(높이깊이, 2005) 두루 참조.

23 "중국 상인들 북한으로: 백화점 인수 등 투자열기", ≪중앙일보≫, 2004년 7월 31일 자; "중국의 북한 합병설", ≪조선일보≫, 2004년 8월 24일 자; "중국기업들, 북한시장 선점", ≪동아일보≫, 2004년 8월 24일 자; 김우현, 『동아시아 정치질서』, 184~191쪽.

24 "북한 헌번개정, 공산주의 삭제 선군사상 명기", ≪조선일보≫, 2009년 9월 25일 자.

정책으로 페레스트로이카(개혁)와 글라스노스트(투명=개방)를 주장했다.25

그러나 고르바초프의 페레스트로이카는 공산주의 이데올로기 개혁에 중점을 두고 상품생산이 뒤따르지 못했기 때문에 공산주의 통제경제가 약해짐과 동시에 사회혼란이 일어나서 소련 공산주의는 물론 동유럽 공산권 국가들도 무너졌다. 이것은 중국이 공산주의 개혁을 위해서 이데올로기 개혁보다는 상품생산을 늘려서 사회주의 시장경제를 먼저 받아들여 사회적 안정을 먼저 찾았던 것과는 달랐다.26

조선은 주자학을 통치 이데올로기로 삼고 대외정책에서는 사대교린정책으로 명나라 이외의 모든 나라는 야만이라고 단정하고 고려 시대까지 활발하게 진행되었던 국제무역활동을 모두 막고 스스로 고립을 선택하는 쇄국정책을 펼쳤다. 그뿐만 아니라 조선은 임진왜란 때에 명나라가 군대를 파견하여 조선의 멸망을 막아주었다는 은혜(재조지은)에 감사하여 명나라에 의리를 지키기 위해서(대명의리론) 사대주의를 더욱 강화하고 주자학 교육을 더욱 강화하여 백성을 지배했다. 이로써 조선은 외부세계의 변화와 움직임을 전혀 모르고 있다가 19세기에 서양세력이 몰려올 때에는 아무런 대응을 못 하고 강대국에 의존했다.27

주자학은 형이상학의 정신세계인 이의 세계와 형이하학의 물질세계인 기의 세계로 구성되어 있다. 그러나 조선은 이상사회를 이루기 위해서 금욕주의 이의 세계만을 숭상하고 기의 세계를 배척했다. 이러한 조선의 반쪽 주자학은 명

---

25 고르바초프, 『페레스트로이카』, 하용출 옮김(사계절, 1988) 두루 참조.

26 "고르바초프, 소련해체 후회: 갑작스런 민주화로 국가가 혼란, 득보다 실이 많았다", ≪중앙일보≫, 2006년 6월 3일 자; 김우현, 『세계정치질서』, 178~191, 317~324쪽; 김우현, 『동아시아 정치질서』, 72~89, 184~191쪽.

27 기무라 간, 『조선/한국의 내셔널리즘과 소국의식』, 김세덕 옮김(산처럼, 2007) 두루 참조; 유근호, 『조선조 대외사상의 흐름』(성신여자대학교 출판부, 2004) 두루 참조.

나라에 대한 사대주의와 쇄국정책을 펼치도록 했으며 조선을 점점 고립시키고 멸망에 이르게 했다.

인간세계에는 선과 악이 함께 있다. 선과 악은 정확하게 구별하지 못한다. 서양 문화가 지배하던 20세기까지의 세계역사는 흔히 흑백논리 시대, 이분법의 시대, 획일화 시대, 기독교문화 시대라고 말한다. 이러한 논리들은 자기가 선을 독점하기 위해서 나의 것은 선이고 이질적인 것은 악이라고 여겼으며 '나'는 옳고 '너'는 나쁘다는 자아와 타자의 논리에서 '너'를 타자화시켜서 '나'에게서 떼어내려고 했다. 자기가 선을 독점하려는 만큼 상대방의 악은 더욱 커진다. 그러면 이러한 흑백논리와 이분법의 대립관계는 점점 커진다.

21세기 세계화 시대는 '나'와 '너'의 구별이 분명하지 않고 다양성이 공존하는 퍼지(fuzzy)의 세계이고,28 미래를 정확하게 예측하기 어려운 카오스(chaos)의 세계이며,29 그 속에서 '나'를 찾아가면서 살아야 한다. 20세기까지는 물리적인 강과 약을 나누는 이분법을 강조하는 뉴턴(Newton)의 절대주의 세계였으나 21세기 세계화 시대는 하이젠베르크(Heisenberg)의 불확실성의 세계이다. 정확한 기준을 잡기 어려운 세계이다.30

이러한 사회과학 패러다임의 변화는 세계역사의 흐름이 바뀌고 있다는 증거이다. 절대적인 20세기를 마감하는 1990년대에 공산주의와 함께 양극체제가 무너지고 다원주의 세계로 바뀌었다. 자유민주주의의 자본주의가 공산주의를 포용하고 공존하는 세계가 되었다. 냉전 시대의 공산당은 프롤레타리아 독재를 주창하는 일당독재 체제였지만, 자본주의가 공산주의를 포용하면 공산당은 자유민주주의의 많은 정당(다당 체제) 중에 한 개의 정당으로 바뀌게 된다. 그 예로

---

28 전자신문 출판국, 『알기 쉬운 퍼지이론』(전자신문사, 1991) 두루 참조.
29 스티븐 켈러트, 『카오스란 무엇인가』, 박배식 옮김(범양사, 1995) 두루 참조.
30 베르너 하이젠베르크, 『철학과 물리학의 만남』(한겨레, 1989) 두루 참조.

는 1980년대 서유럽에서의 유로 공산주의(Euro-communism)을 들 수 있다. 냉전 시대에는 서유럽 국가들의 공산당들은 일당독재를 주장하는 소련 공산당의 지시를 받았지만, 세계화 시대에 접어들면서 서유럽 공산당들은 다원사회의 한 개의 정당으로 바뀌었다.

냉전 시대에 서독은 1956년에 독일공산당(KPD)을 금지시켰다. 그러나 서독은 1972년 동·서독 사이에 기본조약을 맺음과 동시에 독일공산당을 허용했다. 서독의 동방정책(Ostpolitik)은 공산주의 동독을 포용하면서 시작되었다.

세계역사에서 20세기까지는 '나'를 지키고 주장하기 위해서 이질적인 악을 '나'의 밖으로 몰아내어 '나'의 영역을 넓히면서 자기 확대를 이루던 것이 앞으로는 이질적인 악을 '나'의 안에 끌어들여서 '나'를 완성하고 확대해야 한다. 이질성을 얼마나 많이 끌어들이느냐가 국가의 문화적 포용능력이다. 세계(우리)는 '나'에서 출발한다. 세계(우리)는 '나'가 보는 세계이다. '나'는 세계의 중심이며, 생각의 중심이며, 출발점이다. 세계는 '나'의 확대이며, 악이며 이질적인 '너'를 포용할 수 있는 능력에 따라서 '나'의 세계가 결정된다. '우리'라는 세계는 '나'가 커지는 "나한"의 세계이다. '나' 속에 '너'를 포용하며 '너'가 '나'를 포용하면서 "보다 큰 나"인 '우리'를 만든다. 그러나 자기완성이 되지 못한 '나'는 "보다 큰 나" 속에서 공존을 위한 '우리'를 이루지 못하고 점점 작아지고 없어진다. 자기완성이 없는 '나'의 확대는 흩어져서 소멸된다.

조선의 반쪽 주자학과 명나라에 의리를 지킨다는 대명의리론과 마찬가지로 한반도의 남한은 아직도 6·25전쟁 때 미국이 군대를 파견하여 공산주의에 대항하여 자본주의를 지켜준 것에 대한 감사로 미국에 의리를 지킨다는 대미의리론을 강조하고 자유민주주의를 지킨다고 북한을 타도대상으로 여겨서 멀리하고 있다. 자본주의와 공산주의는 자유민주주의 안에 함께 있다. 남한은 '나'로서 또 다른 반쪽인 북한을 '너'로서 받아들이지 못하기 때문에 '더욱 큰 나'인 한반도 통일의 노력은 점점 어려워진다. 이것은 조선의 반쪽 주자학과 마찬가지로 반쪽 자유민주주의이다.

다양성이 공존하며 경쟁하는 세계화 시대에 한반도는 선이라고 주장하는 '나'와 악이라고 여기고 물리치는 '너'로 분리된 상태에서 주변에는 세계 강대국들이 둘러싸고 있다. 이들은 모두가 과거와 마찬가지로 자기 나름대로 세계 구상과 힘을 배경으로 주도권을 잡기 위해서 '더욱 큰 나'를 만들려고 경쟁하고 있다. 그러나 한반도는 자기완성도 못 한 상태에서 다양성의 세계화(우리) 속에 들어가고 있다. 자기완성이 아직 되지 못한 한반도는 남한과 북한이 서로 상대방을 고립시키고 선과 악의 흑백논리로 대립하고 있다. 세계화(우리)에 대응하기 위해서 한반도는 빨리 자기완성(나)을 이루어야 한다. 그렇지 않으면 또다시 한반도는 세계화 속에서 강대국의 이해관계와 협조체제에 따라서 버림받고 고통을 당하게 된다.31

한반도는 완성되어야 할 '나'의 범위가 어디까지인가를 생각하며 선과 악의 문제를 해결하는 방법이 달라져야 한다. 한반도의 '나' 안에 함께 있어야 할 선과 악을 지나치게 구별하면 '나'는 반쪽이 된다. 조선이 반쪽 주자학을 통치 이데올로기로 삼았기 때문에 사회는 경직되고 세계역사의 흐름을 알지 못하고 이에 대응하지 못했다.

한반도의 남한은 자유민주주의를 지킨다고 하면서도 반쪽인 자본주의만을 주장하고 반쪽인 공산주의를 포용하지 못하고 있다. 세계의 선진 자유민주주의 국가들은 자본주의 정당은 물론 사회주의와 공산주의 정당들을 모두 갖추고 있다. 자유민주주의의 포용성을 보여야 할 남한은 아직도 냉전 시대의 흑백논리와 이분법으로 '좌파 몰아내기', '친북', '반북', '반공' '친미', '반미' 논쟁을 계

---

31 김우현, 『동아시아 정치질서』, 256~259쪽

속하고 있다. 이러한 반쪽 자유민주주의는 조선의 반쪽 주자학처럼 세계역사의 흐름에 대응하지 못하고 주변 강대국에 이용당하고 버림받게 된다. 남한은 북한을 타자화시키고 고립시키지 말고 포용력을 가져야 한다.

한반도 통일은 자유민주주의 안에 자본주의와 공산주의가 서로 공존하며 어울리고 얽혀서 '나'와 '너'를 구별하지 않을 때에 가능하다.32 한반도의 통일은 되느냐 안 되느냐의 문제가 아니다. 언제 되느냐의 문제이다. 세계화가 완성되면 하나 된 지구에서 저절로 통일된다. 그렇게 되면 한반도의 역사는 또다시 강대국에 의한 타율적인 역사가 되고 '나'의 정체성을 세우지 못한 한반도의 남북한은 세계화 속에서 정체성을 잃을 가능성이 크다. 반쪽 주자학과 반쪽 자유민주주의는 명분에 얽매여 세계의 흐름에서 뒤처지게 된다.

---

32 김상일, 『퍼지논리와 통일철학』(솔, 1995) 두루 참조.

25

전시작전통제권 되찾아야 한다

전시작전통제권을 둘러싸고 주권논쟁, 한미동맹논쟁으로 국내 정치가 혼란스럽다. 자주냐, 의존이냐, 동맹 강화냐, 약화냐 등 논쟁의 중심에는 북한의 남침이라는 가정이 있다. 또는 북한에 위기 상황이 생겨서 한반도가 전쟁상태에 들어간다는 것을 가정한다. 지금 동아시아의 국제정치 상황은 냉전 시대의 미국 판과 소련 판이 충돌·대립하던 상황에서 미국·일본판과 중국·아시아대륙판으로 바뀌는 과정이다. 국제정치 헤게모니의 큰 지각변동이 일어날 때에는 전쟁위험이 있다. 세계역사에서 약소국의 앞날은 자기의 의지와는 관계없이 전쟁 중에 결정된다. 따라서 우리는 한반도에서 전쟁 상황이 생기지 않아서 전시작전통제권을 사용할 필요가 없도록 해야 한다. 이러한 논쟁을 풀어줄 열쇠는 한반도 역사에서 찾아볼 수 있다.

지금의 한반도 상황은 19세기의 역사와 비슷하다고 한다. 19세기 말 중국의 외교관 황쭌셴이 조선에 전해준 『조선책략』에서 러시아의 남하정책을 막기 위해 조선은 미국과 손을 잡아야 한다고 했다. 이것은 중국이 조선을 이용하는 것이었다. 19세기 후반 동양에 진출하기 시작한 미국의 목표는 중국이었으며, 일본은 이를 위한 징검다리이고, 조선은 미국의 일본정책에 부속되었다. 세계정세에 어두웠던 조선은 미국 출신 외교고문들을 채용했으나 이들은 조선으로 하여금 친일본정책을 펴도록 했다. 1900년 미국은 중국에 진출하기 위해서 문호개방정책을 선언하고, 1905년에는 필리핀을 점령하고 독점하기 위해서 태프트·가쓰라 밀약을 맺어서 일본으로 하여금 한반도에 진출하게 했다. 미국은 조선이 독립할 능력이 없다면서 일본의 한반도 지배를 도왔다. 1910년 한·일 합방으로 일본과 아시아 대륙은 러·일 전쟁, 중·일 전쟁 등을 통해서 대립했다. 미국의 1900년 문호개방정책과 1905년 태프트·가쓰라 밀약은 미국의 동아시아정책의 이중성이었다.

한반도는 해방과 함께 분단되었으며 미·소 냉정의 틈새에 끼어서 6·25라는 이들의 전쟁터가 되기도 했다. 1950년 미국은 일본 방위를 우선하기 위해서 한반도 방위를 포기하는 애치슨 라인을 선언했다. 6·25전쟁은 미군을 다시 한국에 주둔하게 했다. 이것이 미·소 냉전 시대에 걸맞은 주한미군이었다. 미국은 1969년 소련의 남진정책을 막기 위해서 중국에 접근하려는 닉슨 독트린을 발표했다. 이로써 미국에 의지하여 안보 무임승차하던 일본은 실망과 충격을 받는다. 이것을 닉슨 쇼크라고 한다. 닉슨 쇼크로 일본은 미국에의 의존에서 벗어나 재무장을 시작하고 경제적으로 미국을 앞지르려고 경쟁했을 뿐만 아니라 특히 동남아시아에서 제2의 대동아공영권을 만들고 중국을 봉쇄하려 했다.

그러나 중국은 지금 개방정책의 성공으로 2030~2040년에는 미국과 세계 헤게모니 경쟁을 하게 된다고 예상한다. 미국은 지금까지 소련을 적으로 생각하고 전 세계에 배치했던 미군을 중국을 상대로 하는 것으로 바꾸어야 한다. 미국의 동아시아정책은 다시 19세기 말의 상황으로 되돌아간다. 그때는 중국이 미국의 진출대상이었지만, 지금은 적대국으로 경쟁 상대이다. 초강대국끼리는 군사적으로 직접 대립하거나 충돌하지 않는다. 그 일은 미국을 대신하여 일본이 담당하게 된다. 그러므로 한국에 주둔하는 미군을 줄이거나 철수시키고 일본에 있는 미군을 강화하여 미·일 합동사령부를 일본에 두려고 한다. 따라서 주한미군의 철수는 한국의 의지와는 관계없는 미국의 세계전략 변화이다. 그러면 한반도는 미국·일본과 중국의 완충지대이며 군사충돌의 장이 된다.

중국은 19세기 말에는 일본의 정복대상이었으나 지금은 오히려 일본을 위협하는 존재이다. 일본은 군사적으로 아시아에서 분리되어 미국과 동맹관계를 강화하여 미·일 연합관계로 가려고 한다. 이러한 배경에서 일본은 동아시아 통합사령부를 일본에 설치하고 심지어는 미국과 일본의 합병론까지 나온다. 일본은 러시아와는 북해도, 한국과는 독도, 중국과는 조어도에서 영토분쟁을 일으키고 있다. 이것은 아시아대륙에서 오는 압력을 일본 본토와 멀리서 막아주는 방파제로서의 역할을 하여 일본 섬을 아시아대륙에서 분리시키는 경계선을 만들어서 일본의 생활공간을 안전하게 확보하려는 것이다. 이러한 국제정세의 변화는 19세기 말에 미국이 한반도 문제를 일본정책의 일부분으로 보았던 것처럼 미국은 미·소 냉전 시대의 한·미 동맹에 얽매이지 않는다. 따라서 한·미 동맹을 미·일 동맹의 수준으로 기대하는 것은 우리의 희망일 뿐이다.

2009년 일본의 총선에서 승리한 민주당의 하토야마 정부는 제2차 세계대전 이후 60년 만에 처음으로 자민당을 누르고 집권했다. 하토야마 정부는 아시아와의 관계를 더욱 중요시하고 미국과의 관계를 다시 대등한 관계로 고치겠다고 한다. 그러나 일본의 지리적 위치로 보아 지금까지의 정책에 근본적인 변화를 가져오는 것은 한계가 있다고 생각된다.

미국은 서태평양에서 영향력을 유지하려면 일본이 절대 필요하다. 일본도 자신의 생존을 위해서 미국이 절대 필요하다. 따라서 미국은 일본을 잡기 위해서 한반도정책을 일본의 한반도정책에 맞추어 이를 지원할 것이다. 이러한 미국이 갑자기 돌발사태가 생겨서 정책을 바꾼다면 한반도에는 제2의 태프트·가쓰라 밀약, 제2의 애치슨 라인 선언, 제2의 닉슨 쇼크가 될 수도 있다. 그러면 한반도는 혼란에 빠지게 된다. 주변 강대국들은 누구도 한반도 통일을 바라지 않는다. 한반도는 19세기 말처럼 또다시 버림받는다. 한반도의 '유사시'에는 북한의 돌발사태도 포함된다.

　평화시기의 작전권은 한국이 가지고 있지만 평화시기에는 이것이 사실상 필요 없다. 전시작전통제권은 군사적인 유사시에만 필요하다. 한미연합사령부가 전시작전통제권을 가지고 있지만 실제로는 주한미군이 가지고 있다. 군사작전은 정치적인 정책에 종속된다. 약소국의 운명은 전쟁 중에 군사력이 아닌 강대국들의 정치논리에 의해 결정된다. 한반도의 군사적인 유사시에 주한미군이 전시작전통제권을 행사한다면, 이것은 일본의 한반도정책에 따른 일본을 위한 군사작전이 될 수도 있다. 이것은 중국의 군사개입을 불러들인다. 한반도는 고래들의 싸움터가 되어서 등 터지는 새우가 될 수도 있다. 고래들에게 싸움터를 내주지 말아야 한다. 이것이 한반도가 동아시아의 평화와 번영에 보탬이 되는 길이다. 있어서는 안 될 일이지만 유사시를 위해서 전시작전통제권을 찾아야 한다. 우리의 운명은 남의 나라가 책임져 주지 않는다. 한반도는 전시작전통제권이 발동되는 일이 생기지 않도록 해야 한다.

　전시작전통제권을 우리가 찾으면 북한과 미국의 관계가 가까워질 수도 있다. 전시작전통제권을 둘러싼 국내정치에서 일어나는 논쟁을 보면 조선 시대 4색 당파싸움의 중심에 섰던 송시열의 대명의리론을 생각하게 된다. 전시작전통제권을 강대국에 맡기면 한반도의 운명은 유사시에 강대국들의 합의와 협조체제에 의해서 버림받을 수도 있다.

26

유라시아 지정학과 대량사회와 문화이동*

중세 이후 유럽통합을 위한 노력

지정학의 창시자인 독일의 라첼(Friedrich Ratzel, 1844~1904)은 그의 책『정치지리학』(1897)에서 다음과 같이 밝혔다.

땅이 정치적으로 조직화되고, 이를 통해서 국가는 유기체가 된다. …… 국가는 그 자체가 유기체가 아니라 살아 움직이는 사람들(Volk)이 움직임이 없는 땅과 연결되어서 유기체가 된다. 사람과 땅은 강하게 상호작용하기 때문에 사람과 땅은 하나가 되어서 서로 떼어놓고는 생각할 수가 없다. 서로 떼어놓으면 국가의 생명은 없어지고 만다 ……1

---

* 이 글은 저자의 박사논문 지도교수인 Freie Universität Berlin의 Helmut Wagner 교수의 탄신 80주년 기념논문집을 위해 보낸 것이다. 옮기는 과정에서 언어의 차이 때문에 표현방법이 바뀌는 경우가 있었다. 우리말 참고문헌도 추가되었다. 지도해준 Wagner 교수에게 감사의 뜻을 전한다.

라첼이 국가는 땅에 연결된 생명체라고 말한 것처럼 지정학(Geopolitik)은 땅 위에서 펼쳐지는 인간의 정치적 의지의 구상이고 표현으로 그것을 땅 위에 그려놓은 것이 지도이며, 땅 위에서 생겨난 인간 활동의 결과물이기도 하다. 땅 위에서 펼쳐지는 인간의 의기가 종교적인 이유이든, 문화적인 이유이든, 군사적인 이유이든, 그 결과가 오늘날의 세계역사이고 세계지도이다. 인간의 의지가 서로 충돌하여 다른 나라를 지배하려는 정복전쟁을 막으려는 대응수단도 또한 전쟁이었다. 인간의 의지는 다른 지역을 정복하여 자기의 지역으로 통합하려고 한다.

중세 이후 유럽을 통합하려는 노력은 크게 두 가지로 볼 수 있다. 첫째는 11~13세기 동안 십자군 원정을 치르면서 흐트러진 기독교세계를 다시 세워서 이슬람세계의 세력팽창에 대응하려는 것이었다. 둘째는 기독교세계의 종교개혁과 종교전쟁으로 통합되어 있던 중세유럽에 많은 국가가 생겨나고 이들 사이에 종교전쟁이 이어졌다. 이러한 유럽 국가들 사이의 전쟁을 방지하고 평화를 유지하려는 노력으로 유럽을 통합하자는 것이었다.

다시 말하면 유럽통합의 목적은 첫째로 중세유럽을 복구하는 것이다. 이와 관련 있는 사상가로는 단테(Alighieri Dante, 1265~1321), 뒤보아(Pierre Dubois, 1255~1322) 등을 대표자로 들 수 있다. 둘째로 유럽의 평화를 위해 통합을 주장했던 사상가들로, 피에르(Saint Pierre, 1658~1743), 루소(Jean-Jacques Rousseau, 1712~1778), 칸트(Immanuel Kant, 1724~1804) 등을 들 수 있다.

칸트는 그의 책 『영원한 평화를 위하여』(1795)에서 유럽에서 전쟁을 피하기 위해서는 같은 언어와 종교를 가진 민족국가들이 자발적으로 통합하는 유럽 연합(Völkerlund)을 만들고, 이를 점차 세계공화국으로 발전시켜야 한다고 주장했

---

1 Friedrich Ratzel, *Politische Geographie*(Leipzig, 1897), p. 4.

다. 인류의 최종목표인 세계공화국에는 다양성이 너무 많아서 통합하기 어려우므로, 우선 동질성이 많은 유럽지역이 국가연합을 구성하고 평화를 유지하는 모범을 보이면 다른 국가들과 지역들도 이러한 유럽의 모범을 따를 것이므로 이것이 세계공화국으로 발전해야 한다고 주장했다.2

칸트의 연방주의통합(federalism) 구상은 1960년에 출발한 유럽경제공동체(EEC)의 밑그림이 되었으며 그 이후 40년이 지난 2000년에 와서는 세계 여러 지역에 유럽경제공동체를 모형으로 하여 지역공동체들이 구성되어 있을 뿐만 아니라 세계평화와 번영을 위하여 지역공동체들 사이에서도 대화가 진행되고 있다. 예를 들면 1967년에 창설된 동남아시아국가연합(ASEAN)은 아시아의 한국, 중국, 일본을 협의상대국(ASEAN+3)으로 확대했으며 1996년부터는 ASEAN과 EU 사이에 아시아·유럽모임(Asia-Europe Meeting: ASEM)이 정기적으로 개최되고 있다.

유럽 역사에서 영국은 지리적으로 유럽 대륙에서 고립되어 있기 때문에 해양국가로서 유럽대륙을 분열시켜서 세계 헤게모니 국가의 지위를 유지할 수가 있었다. 영국은 베스트팔렌 조약(1648)과 위트레흐트 조약(1713)을 통해 분열과 지배(divide and rule)라는 대륙세력균형정책으로 유럽 대륙에서 강력한 국가가 등장하는 것을 막았다. 유럽의 대륙 국가들은 유럽을 통합하려고 했으나 해양국가 영국은 유럽 대륙을 분열시키려고 했다. 이것이 유럽역사의 큰 줄기이다.

유럽에서 대륙세력과 해양세력의 대립관계는 세계 전체로 확대되어서 유라시아의 대륙세력들은 유라시아 대륙을 통합하려고 했던 반면, 영국과 미국의 해양세력들은 유라시아 대륙을 분열시켜서 지배하려고 했다. 이러한 관점에서

---

2 임마누엘 칸트, 『영원한 평화를 위하여』, 이한구 옮김(서광사, 1992) 두루 참조; F. Parkinson, The Philosophy of International Relations, pp. 64~70; 김종수, 『국제기구론』(법문사, 1980), 48~51쪽.

보면 세계역사의 큰 줄기는 정복전쟁을 통해서 대륙을 통합하여 지배하려는 유라시아 지정학과 유라시아의 통합을 막으려는 해양세력으로서 영국과 미국의 앵글로색슨 지정학의 대립관계에서 생겨났다. 정복전쟁을 통해 통합하려는 것을 분열시키는 수단도 또한 전쟁이었다. 유라시아 대륙에서 과거에는 정복전쟁을 통해서 통합하려 했으나 제2차 세계대전 이후에는 지역공동체 등 평화적인 합의과정을 통해서 통합하려고 한다. 이에 따라서 유라시아 대륙을 분열시키려던 해양세력 앵글로색슨 지정학(Anglo-Saxon geopolitik)은 영향력이 약해짐과 동시에 해양세력 미국과 영국의 영향력도 점점 약해지고 있다. 새로운 시대를 여는 유라시아 지정학(Eurasian geopolitik)이 시작된다.

비엔나 시스템, 팬슬라비즘과 마한의 해양세력론

나폴레옹이 영국과의 워털루 전쟁에서 패하면서 정복전쟁을 통해서 유럽을 통합하려던 노력은 실패했다. 그러나 나폴레옹 전쟁의 뒤처리를 위해서 피해 당사국인 유럽 국가들이 1815년 비엔나 회담(Vienna Congress)에서 만났을 때에 해양세력 영국은 새로운 강력한 대륙세력 러시아를 만나게 되었다. 러시아는 종교와 문화가 그리스정교와 비잔틴문화라는 이유로 로마 가톨릭교 문화를 가진 서유럽 국가들로부터 소외되어서 유럽 문화권에 참여하지 못했다.

러시아는 비엔나 회담에서 기독교 국가 협의체로서 신성동맹(Holy Alliance)을 제안하여 서유럽의 로마 기독교문화권에 진출하여 유럽대륙에서 강대국이 되려고 했다. 이에 영국은 러시아의 진출에 대응하기 위해서 미국과 협력관계를 가지기 시작했다.

19세기 비엔나 시스템(Vienna system) 시대는 러시아의 슬라브민족 우월주의

308

를 주장하는 팬슬라비즘(Pan-Slavism)의 확장정책과 이를 저지하려는 영국과 미국의 협력관계 또는 앵글로색슨 협조체제(Anglo-Saxon concert)가 대립하는 시대였다. 이 시대에 일어난 세계역사의 큰 사건들은 팬슬라비즘과 앵글로색슨 협조체제의 대립관계에서 생겨났다. 이것은 새롭게 떠오른 대륙세력 러시아와 해양세력 미국과 영국의 대립이었다.

러시아는 1821년 알래스카가 아직 러시아의 땅이었던 때에 알래스카의 국경선을 북위 55도에서 51도로 바꾸자고 제안하면서 아메리카 대륙에 진출하려고 했다. 이를 통해서 알래스카에서 남하정책을 쓰려던 러시아의 계획은 1823년 미국이 먼로 독트린을 발표하면서 좌절되었다.3 먼로 독트린은 미국과 러시아의 첫 번째 대립관계이며, 제2차 세계대전 이후 생겨난 미국과 소련의 냉전체제의 뿌리이기도 하다.4

영국은 중동지역으로 진출하려는 러시아를 저지하고 인도에서 영국의 이익을 보호하기 위해서 1839년과 1878년 두 번에 걸쳐서 아프가니스탄에서 전쟁을 치렀으며 1907년에는 러시아가 페르시아를 통해서 인도양에 진출하지 못하도록 페르시아의 북부는 러시아의 영향권에 두기로 러시아와 합의했다.5

19세기에 러시아는 육상으로 서유럽에 진출하려 했으나 독일에 막혀서 좌절되었으며, 1853년에는 지중해를 통해서 바다로 나가려고 터키에 선전포고를 하고 크리미아 전쟁을 일으켰으나 영국과 프랑스 연합군에게 패했기 때문에 또다시 실패했다. 러시아는 서유럽에 진출하는 것이 실패하자 다시 아시아 쪽으

---

3 Ernest May, *The Making of Monroe Doctrine*(Harvard University Press, 1992), p. 181; Ronald Stupak, *American Foreign Policy*(New York, 1967), p. 7; Alexander De Conde, *Encyclopedia of American Foreign Policy*(New York, 1982), p. 532; 김우현, 『세계정치질서』, 56~61쪽.

4 Ernst Nolte, *Deutschland und der Kalte Krieg*(München, 1974), p. 41.

5 김진식, 『인도에 대한 영국 제국주의정책의 한 연구』(지식산업사, 1990) 두루 참조.

로 진출하려고 했다. 러시아는 1860년에 중국과 북경조약에서 유라시아 대륙
의 동쪽 연해주를 중국으로부터 얻어내고 시베리아 동쪽 끝에 블라디보스토크
항구를 건설하여 태평양에 진출하려 했다.6 러시아의 태평양 진출 노력은 1902
년에 맺은 영·일 동맹으로 영국의 도움을 받은 일본이 1904년 러·일 전쟁에서
일본이 승리하면서 실패했다.7

　미국은 러·일 전쟁을 중재하여 러시아와 일본이 1905년 포츠머스 조약을 맺
도록 함으로써 태평양을 지배하고 세계 헤게모니 국가로 발돋움하는 출발점을
마련했다. 미국의 태평양정책과 아시아정책을 뒷받침했던 이론의 배경은 마한
(Alfred Thayer Mahan, 1840~1914)의 해양세력론과 매킨더(Halford J. Mackinder,
1816~1947)의 대륙세력위협론이었다. 마한의 그의 책『해양세력이 역사에 미
친 영향』(1900)에서 지구표면의 3분의 2를 차지하는 바다를 육지의 연장으로
생각하고 "바다를 지배하는 자는 세계를 지배한다"는 말로써 해양세력 우월론
을 주장했다.8

　19세기 후반과 20세기 초반에는 적자생존을 주장하는 사회다윈이즘이 지배
하는 시대로서 인종주의와 계몽주의 진보사상이 유행했다. 미국은 1898년 미
국·스페인 전쟁을 통해서 쿠바와 필리핀을 식민지로 점령하고 있던 스페인을
물리치고 쿠바, 하와이, 필리핀을 점령하고 태평양에 진출했다. 쿠바와 태평양
의 하와이, 필리핀을 점령한 미국의 논리는 사회다윈이즘의 인종주의로서 열등
한 인종인 스페인에는 이 지역을 맡길 수 없으므로 우월한 인종인 앵글로색슨

6　Juri Semjonow,『시베리아 정복사』, 김우현 옮김(경북대학교 출판부, 1992), 513~551쪽.

7　러·일 전쟁과 이 전쟁에서 영·일 동맹의 역할에 대하여는 콘스탄틴 플레샤코프,『차르의 마
지막 함대』, 표완수 옮김(중심, 2003) 두루 참조.

8　Alfred Thayer Mahan, *The Influence of Sea Power upon History 1660~1783*(Boston, 1890), 머
리말.

의 미국이 지배해야 한다는 것이었다.

마한은 미국의 미래는 태평양에 있다고 하면서 미국이 상대할 국가는 러시아, 중국, 일본이라고 했다. 러시아는 대륙세력으로 태평양에 진출하면 미국의 앵글로색슨 우월성이 도전받게 된다.

중국은 보수적이고 변하거나 진보하는 것을 바라지 않는 바위처럼 정체된 사회이기 때문에 기독교를 받아들이거나 유럽의 도덕적 기준을 따르도록 하는 것이 불가능하다. 중국이 엄청난 인구를 바탕으로 육지나 바다를 통해 미국과 유럽으로 진출한다면 유럽문명은 위협받게 된다. 따라서 중국을 정치적으로 분열시켜야 한다.9

일본은 유럽의 생활방식, 가치기준 등을 받아들이고 사회발전을 이루어서 유럽문명에 동화하려고 노력하고 있다. 일본의 절반은 유럽화되었지만 인종적으로는 아시아 인종(racially Asiatic, adoptively European)이기 때문에 유럽문명을 받아들이지 않는 중국보다 더 빨리 위협이 될 수 있다. 마한은 이러한 일본의 위협을 막으려고 오히려 일본을 적대관계가 아니라 유럽문명의 해양세력의 동반자로 활용하려고 했다.10

이로써 일본은 아시아 대륙에서 분리되어 해양세력에 속하게 되었으며 유라시아의 대륙세력인 중국과 러시아는 해양세력인 영국, 미국, 일본에 의해서 유라시아 대륙에 갇히게 되었다. 비엔나 시스템 말기, 즉 19세기 말에는 영국과

---

9 김우현, 『세계정치질서』, 68~76쪽; Alfred Thayer Mahan, *The Problem of Asia and It's Effect upon International Politics*(London, 1900), p. 59, 151; G. R. Sloan, *Geopolitic in United States Foreign Policy 1890~1987*(Worcester, 1988), pp. 91~95; Richard O'Connor, *Pacific Destiny: An Informal History of the U.S. in the Far East*(Boston, 1969), p. 245.

10 Alfred Thayer Mahan, *The Problem of Asia and It's Effect upon International Politics*, pp. 64, 68, 108~110; Heinz Gollwitzer, *Die Gelbe Gefahr*(Göttingen, 1962), p. 84~86.

미국은 협력하여 앵글로색슨 협조체제를 이루어서 영국은 대서양과 인도양에서, 미국은 태평양에서 유라시아 대륙의 해안 지역을 지배하고 바다로 나가는 길을 봉쇄했다. 이러한 봉쇄정책은 제2차 세계대전 이후 소련의 공산주의 세력이 국외로 확산되는 것을 막는 미국의 봉쇄정책으로 이어졌다.

베르사유 시스템과 매킨더의 심장지역론

영국으로서는 미국이 태평양에 진출하여 러시아와 중국을 막아주고 해양세력으로서 미국·영국 협조체제를 이루는 것은 좋지만, 유럽 쪽에서 대륙세력인 러시아와 독일을 영국 혼자서 막기에는 힘겨웠다. 따라서 영국은 마한의 해양세력론과는 다른 논리가 필요했다. 영국 옥스퍼드 대학교의 지리학교수인 매킨더(Halford J. Mackinder, 1816~1947)는 해양세력인 영국의 헤게모니가 지리적·역사적으로 기울어져 가는 것을 막고 커져 가는 독일과 러시아, 특히 독일의 헤게모니에 대응하기 위해서 이들 대륙세력 위협론을 강조했다.

매킨더는 그의 논문 「역사의 지리적 주축」(1904)에서 유라시아 대륙을 주축지역(pivot area), 안쪽 초승달 지역(inner crescent), 바깥쪽 초승달 지역(outer crescent) 3개 지역으로 나누었다. 주축지역은 러시아가 지배하는 지역과 비슷한 지역으로 이 지역에는 유목민족이 살고 있기 때문에 이동하기 쉽고 외부세계와 교통이 불편하기 때문에 그 안에서 통일세력을 이루고 있다. 시간이 지나면서 주축지역은 주변에 있는 안쪽 초승달 지역으로 점점 범위가 넓어지는 특성을 가지고 있다. 안쪽 초승달 지역은 유라시아 대륙에 길게 뻗어 있는 주축 지역의 주변 지역이다. 바깥쪽 초승달 지역은 영국과 일본, 아메리카와 아프리카 대륙을 포함하고 있다.

매킨더는 이로써 처음으로 하나의 통합된 지리적 관점에서 세계역사를 총체적으로 보려고 했다. 주축 지역은 높은 산맥이나 강들로 자연경계를 이루고 그 안에는 초원지대여서 이동하기 쉬운 유목민족들이 통일세력을 이루고 있으나 외부세계에서는 자연경계를 넘지 못하기 때문에 이들을 통제할 수가 없다. 주축 지역은 생활환경이 어렵기 때문에 안쪽 초승달 지역의 문명세계에 진출하려고 노력한다. 따라서 세계역사의 큰 흐름은 주축지역에서 나오는 충격과 도전에서 나오며 이에 대한 대응은 안쪽 초승달 지역이 때로는 바깥쪽 초승달 지역의 지원을 받아 이루어진다. 주축지역의 도전에 대한 안쪽 초승달 지역과 바깥쪽 초승달 지역의 대응이 세계역사의 흐름이라고 했다.

주축지역 러시아가 안쪽 초승달 지역으로 나오는 것을 막으려면 유라시아 대륙의 서쪽 유럽에서는 러시아와 독일이 연합하지 못하게 막아야 하며, 유라시아 대륙의 동쪽 아시아에서는 러·일 전쟁에서 일본이 러시아에 이기지 못하도록 해야 한다고 주장했다. 세계역사의 중심축인 주축지역을 유럽 인종인 러시아가 지배하는 것을 아시아 인종인 일본이 승리하여 주축지역을 지배하면 세계역사는 황색인종이 지배하고(황화론, Yellow Peril) 유럽문명은 위협받게 된다고 주장했다.11

매킨더는 그의 책 『민주주의 이상과 현실』(1919)에서 주축지역(pivot area)이라는 이름을 심장지역(heartland)으로 바꾸었다. 주축지역의 특성은 변함이 없으나 심장지역은 주축지역보다 범위가 더 넓어졌다. 매킨더는 이 책에서 다음과 같은 명제를 발표했다.

---

11 Halford J. Mackinder, "Geographical Pivot of History," *Geographical Journal*, vol.23, No.4 (London, 1904); Heinz Gollwitzer, *Die Gelbe Gefahr*(Göttingen, 1962) 두루 참조.

동유럽을 지배하는 자는 심장지역을 지휘하고

심장지역을 지배하는 자는 세계 섬을 지휘하고

세계 섬을 지배하는 자는 세계를 지휘한다

Who rules East Europe commands the Heartland,

who rules the Heartland commands the World-Island,

who rules the World-Island commands the World.12

매킨더는 이 명제에서 러시아와 독일이 결합하여 동유럽을 지배하여 러시아
가 서유럽으로 진출하는 기회를 가지지 못하게 하기 위해서는 두 국가 사이에
있는 동유럽 지역을 아무도 지배하지 못하게 여러 개의 국가로 분리시켜야 한
다고 주장했다.

제1차 세계대전이 끝나고 1919년에 맺은 베르사유(Versailles) 조약에서 그의
제안대로 동유럽에 여러 개의 국가가 생겨났다.13 또한 러·일 전쟁 이후 1905
년 미국의 중재로 이루어진 포츠머스(Portsmouth) 조약에서 전쟁에서는 일본이
승리했으나 내용에서는 승자도 패자도 없이 되었다. 이로써 미국은 포츠머스
조약에서 일본을 이용하여 러시아와 일본을 동시에 태평양으로 나오지 못하게
막고 태평양을 미국의 지배에 두었다. 이것은 일본으로 하여금 아시아 대륙으
로 향하게 하고 대륙에 적을 만들게 하고 대륙에서 오는 물결을 막는 방파제가

---

12 Halford J. Democratic Mackinder, Ideals and Reality(Norton Library, 1962), p. 150. 이 책
   은 1919년에 나온 책에 *Geographical Pivot of History*(1904)와 *The Round World and the
   Winning of the Peace*(1943)를 합하여 발행한 것이다. 세계 섬(World-Island)은 유라시아 대
   륙과 아프리카 대륙을 합한 지역을 말한다.

13 김우현, 『세계정치질서』, 94쪽.

되어서 일본을 아시아 대륙에서 분리하려는 미국의 아시아정책이었다. 미국은 1905년에 필리핀의 미국 지배와 한반도의 일본 지배를 서로 인정하는 태프트·가쓰라 밀약을 맺었다. 이 밀약도 포츠머스 조약과 같은 효과였다. 이것은 한·일 합방에 도움을 주었다.14

매킨더는 또다시 제2차 세계대전이 진행 중인 1943년에「둥근 지구와 평화 만들기」(1943)에서 심장지역 소련과 바깥 초승달 지역 미국은 이데올로기의 차이를 넘어서 협력하여 안쪽 초승달 지역의 서쪽에서는 독일이, 동쪽에서는 중국을 정복한 일본이 강대국으로 떠오르는 것을 막아야 한다고 주장했다. 이러한 매킨더의 주장은 제2차 세계대전 이후 미국과 소련이 이데올로기의 차이를 넘어 서로 협력하는 얄타 시스템의 미·소 협조체제와 맥을 같이 한다.15

하우스호퍼와 생활권론

제1차 세계대전의 원인 중 하나는 독일의 비스마르크가 1890년 수상에서 물러나고 당시 후진국이었던 독일이 해군력을 갖추지 못한 상태에서 식민지정책을 폈기 때문에 앞서나간 해군 국가였던 영국과 프랑스의 제지를 받았다. 전쟁이 끝나고 독일은 이에 대한 반성으로 앞으로 식민지를 찾아서 바다로 나가서 해양국가가 될 것인가 또는 동유럽으로 영토를 넓혀서 대륙국가가 될 것인가를 선택해야만 했다. 매킨더가 말한 대로 독일은 지리적 위치 때문에 항상 해양세력과 대륙세력 사이에서 양면전쟁에 빠질 위험이 있기 때문이었다.16

---

14 같은 책, 68~76쪽.
15 같은 책, 99~101쪽 참조. 미국의 인종차별주의 태평양정책과 태프트-가쓰라 밀약의 성립 과정에 대해서는 제임스 브래들리, 『임페리얼 크루즈』 두루 참조.

독일 제3제국 히틀러 정부는 양면전쟁을 피하기 위해서 동유럽과 러시아에 진출하여 대륙세력이 되어서 농업국가로 발전하기로 결정했다.17

이것은 매킨더가 대륙세력 위협론을 주장하면서 러시아의 서유럽 진출과 러시아와 독일의 결합을 막고 동유럽을 아무도 지배하지 못하도록 "동유럽을 지배하는 자는 심장지역을 지휘하고……"라고 했던 명제를 역이용한 것이다.

독일이 동유럽으로 진출하여 대륙세력이 되려는 계획을 뒷받침하는 논리는 하우스호퍼(Karl Haushofer, 1869~1946)의 생활권 논리(Lebensraum, living space)였다. 하우스호퍼의 생활권 논리는 제1차 세계대전 이후 베르사유 시스템과 국제연맹에서 보여주는 것처럼 당시의 시대정신이었던 사회다윈이즘과 인종주의 사상을 바탕에 두고 있었다.18 그의 생활권은 자급자족을 이루는 범지역주의 통합(Pan-Ideen)이었다. 그는 범지역주의 통합에 대해서 다음과 같이 말했다.

범지역주의 통합은 정복하거나 약탈하려는 생각을 떠나서 문화적 사명감을 가지고 정복자와 약탈자만을 위한 것이 아닌 모든 사람에게 적용되어야 한다. 통합지역이 작아서는 안 된다, 범지역은 연방주의로 통합된 초국가적인 지리적 공간이며, 이 통합체를 제국(Reich)이라고 한다. 범통합지역인 제국은 국민국가와 세계통합의 중간에 있으며 이들을 연결하는 역할을 한다. 범유럽지역통합의 성공은 미국(U.S.A.)처럼 유럽합중국(U.S.E.)으로 발전하느냐에 달렸다.19

---

16 Halford J. Mackinder, *Democratic Ideals and Reality*, pp. 262, 273.

17 Adolf Hitler, *Hitler's Zweites Buch*(Stuttgart, 1961), p. 108, pp. 160~175; Eberhard Jäckel, *Hitler's Weltanschauung*(Tübingen, 1969), pp. 29~52; Klaus Hildebrand, *The Foreign Policy of the Third Reich*(London, 1973), pp. 19~23.

18 김우현, 『세계정치질서』, 101~115쪽.

19 Karl Hausehofer, *Geopolitik der Pan-Ideen*(Berlin, 1931), pp. 10~11, 74, 76.

하우스호퍼의 범지역주의 통합은 미국이 1823년에 발표한 먼로 독트린의 고립주의를 다른 지역에 적용한 것이다 먼로 독트린이 아메리카 대륙을 유럽 국가들의 지배에 두려는 것에 대항하여 "아메리카를 아메리카 사람들에게……"라고 주장했던 것처럼, 하우스호퍼도 "유럽을 유럽 사람들에게……"를 주장하면서 외부세력이 유럽 문제에 간섭하지 말 것을 요구했다.20

하우스호퍼는 1940년 전 세계의 범지역주의 통합을 4개의 먼로 독트린으로 나누었다. 미국이 주도하는 남북미대륙의 아메리카 먼로 독트린, 독일이 주도하는 유럽과 아프리카 대륙을 포함하는 독일 먼로 독트린, 일본이 주도하는 대동아공영권의 일본 먼로 독트린, 러시아가 주도하는 러시아와 인도를 포함하는 러시아 블록(Russian Block)이다.21

유라시아 대륙에서 독일 먼로 독트린과 일본 먼로 독트린은 지역통합을 위한 노력이었으므로 해양세력인 미국과 영국의 헤게모니에 대한 위협이었으며 이것이 제2차 세계대전의 원인이 되었다. 제2차 세계대전은 유라시아 대륙을 통합하려는 독일 먼로 독트린과 일본 먼로 독트린을 저지하려는 것이었으며, 유라시아 대륙을 통합하려는 유라시아 지정학과 유라시아 대륙을 분열시키고 지배하려는 해양세력 앵글로색슨 지정학의 대립이었다.22

---

20 Lothar Gluchmann, *Nationalsozialistische Grossraumordnung: Die Konstruction einer deutschen Monroe Doktrin*(Stuttgart, 1962), pp. 20~40.

21 John O'Loughlin, *Dictionary of Geopolitics*(London, 1994), p. 113, 193; Saul Bernard Cohen, *Geography and Politics in a World Divided*(New York, 1975), p. 46; Robert Strausz-Hupé, *Geopolitics: Struggle for Space and Power*(New York, 1942), p. 122.

22 김우현, 『세계정치질서』, 213~221쪽; Nicholas John Spykman, *The Geography of the Peace* (Archon Books, 1944), pp. 47~48, pp. 60~61.

얄타 시스템과 스파이크먼

앵글로색슨 지정학이 유라시아 대륙의 독일 면로 독트린과 일본 면로 독트린의 통합지정학을 반대한 이유는 매킨더가 1904년에 「역사의 지리적 주축」에서 말한 것처럼 독일이 동유럽을 지배하고 러시아에 진출하면 러시아의 주축지역(심장지역) 역할을 대신하며 점점 커져서 남아메리카 대륙에 진출하면 이미 이지역에 자리 잡고 있는 미국의 면로 독트린에 도전할 가능성이 있고, 청·일 전쟁에서 중국을 정복한 일본이 태평양에 나와서 대륙세력과 해양세력의 양면성을 가지게 되면 자유로운 세계질서에 황색인종의 위험(황화론)을 일으킬 가능성이 있다고 했던 것과 관련이 있다.23

스파이크먼(Nicholas John Spykman, 1893~1943)은 그가 세상을 떠나고 나서 출판된 책 『평화의 지정학』(1944)에서 유라시아 대륙을 매킨더가 구분했던 것과 비슷하게 '허트랜드'(Heartland, 러시아·소련), '림랜드'(Rimland, 매킨더의 안쪽 초승달 지역), '오프-쇼어 컨티넌츠'(Off-shore continents, 바깥 초승달 지역에서 아메리카 대륙을 제외)로 나누어서 독일과 일본이 '림랜드'(주변지역)를 통합하는 것을 막아서 헤게모니로 등장하지 못하게 하려고 했다.24

매킨더가 역사의 주축은 심장지역(주축지역)에 있다고 했던 것과는 달리 스파이크먼은 다음과 같은 명제를 주장했다.

주변지역을 통제하는 자는 유라시아를 지배하고,
유라시아를 지배하는 자는 세계 운명을 통제한다.

---

23 Halford J. Mackinder, *Democratic Ideals and Reality*, pp. 263~264.
24 Nicholas John Spykman, *The Geography of the Peace*, pp. 47~48, 60~61.

Who controls the rimland rules Eurasia,

who rules Eurasia controls the destinies of the world.25

　　스파이크먼이 유라시아 대륙을 세 개 지역으로 나누었던 주변지역(림랜드) 논리는 제2차 세계대전 이후 미국과 소련이 서로 갈등하는 냉전체제와 서로 갈등하면서도 협력하는 미국·소련 협조체제의 양면성을 가지는 얄타(Yalta) 시스템을 뒷받침하는 지정학 논리가 되었다.

　　그는 세계평화를 위하여 강대국들이 지원하는 집단안전보장체제를 만들어야 한다고 했다. 이를 위해서 당시에 강대국이었던 미국·소련·영국이 1945년 2월에 소련의 크리미아 반도에 있는 얄타에 모여서 전후의 세계질서를 논의했다. 이 회담에서 얄타 시스템의 세계 조직인 국제연합(UN)을 창설하고, 평화를 유지하기 위해서 집단안전보장체제를 채택하기로 했다. 스파이크먼은 림랜드에서 독일과 일본이 헤게모니 국가로 성장하는 것을 막기 위해서 소련(허트랜드)와 미국, 영국(오프-쇼어 컨티넌츠)은 이데올로기 차이를 떠나서 서로 협력해야 한다고 주장했다.

　　19세기와 20세기의 3대 전쟁인 나폴레옹 전쟁과 독일황제 빌헬름 2세에 의한 제1차 세계대전과 히틀러에 의한 제2차 세계대전은 림랜드 지역에서 이들의 헤게모니가 강해져서 주변에 간섭하려는 것을 영국, 러시아, 미국 3대 강국이 협력하여 이를 저지했다는 것을 역사적인 증거로 말했다.26

　　히틀러는 1939년 동유럽으로 생활권을 넓히기 위해서 체코슬로바키아의 보헤미아 지방에 독일 사람들이 사는 것을 이유로 보헤미아 지방을 독일에 할양

---

25 같은 책, p. 43.

26 같은 책, p. 43.

할 것을 요구했다. 이 사건을 수데텐 도이칠란트(Suddeten Deutschland) 사건이라고 한다. 영국의 체임벌린 수상은 체코슬로바키아 영토의 거의 절반에 가까운 보헤미아 지방을 독일에 할양하도록 하는 유화정책(appeasement policy)을 썼다. 영국은 아직 전쟁을 위한 무장이 덜 되었기 때문에 유화정책을 통해 히틀러를 만족하게 함으로써 전쟁을 연기하려 했다고 한다.27

　그러나 이 사건을 해양세력의 입장에서 보면 체코슬로바키아는 동유럽의 깊숙한 곳에 자리 잡고 있어서 영국으로서는 대륙 깊숙한 곳에서 전쟁을 감당할 수가 없었다. 따라서 해양세력인 영국은 히틀러의 전쟁계획의 다음 단계로 예상되는 폴란드에서 전쟁을 일으킬 때까지 기다렸다. 다시 말하면 전쟁터를 해양세력이 접근하기 어려운 내륙 지역에서 해안 지역으로 옮김과 동시에 이를 통해서 독일과 러시아도 적대관계가 되었으므로 영국은 매킨더가 심장지역론에서 두려워했던 동유럽에서 독일과 러시아(소련)가 연합하는 것을 막을 수도 있었다.

　스파이크먼은 심장지역 소련이 미국과 협력하여 림랜드(주변지역)에서 헤게모니가 생기는 것을 막는 역할을 한다고 했으나 소련은 매킨더가 심장지역이 세계역사의 주축이라고 했던 "동유럽을 지배하는 자는 심장지역을 지휘하고 ……"라는 명제를 이용하여 동유럽을 공산화하고 더 나아가서 세계를 공산화하려고 했기 때문에 자본주의와 갈등이 생기고 양극체제와 냉전체제가 생겼다. 그러므로 제2차 세계대전 이후 얄타 시스템은 심장지역을 매킨더의 관점에서 보느냐 스파이크먼의 관점에서 보느냐에 따라서 서로 대립하는 냉전체제와 협력하는 공존체제가 함께 있는 양면성을 가진다.

　얄타 시스템이 갈등체제이든 협력체제이든 주변지역 림랜드에서 헤게모니

---

27 Lothar Gluchmann, *Nationalsozialistische Grossraumordnung*, p. 34.

가 등장하는 것을 막기는 마찬가지이다. 따라서 얄타 시스템은 맷돌효과가 있다. 맷돌의 윗돌과 아랫돌은 반대 방향으로 엇돌면서도 중간에 있는 곡식을 잘게 갈아낸다.28

앵글로색슨 지정학과 유라시아 지정학, 유럽공동체와 세계화

영국과 미국은 해양세력으로서 헤게모니를 지키기 위해서 유라시아 대륙을 여러 지역으로 나누어서 서로 적대관계에 있도록 했다. 영국과 미국이 유라시아 대륙에 분열정책을 쓰게 되는 시대적 배경에는 통신수단, 운송수단, 교통망 등이 좋지 못했다는 이유가 있다. 이들은 유라시아 대륙 깊숙이 들어가지 못하기 때문에 대륙의 해안 지역만 지배하고 유라시아 국가들을 밖으로 나오지 못하게 했다.

앵글로색슨 지정학은 유라시아 대륙을 분할하고 지배하려는 분열정책이었던 반면, 유라시아 지정학은 전쟁수단이든 평화수단이든 통합정책이었다.

제2차 세계대전 이후 초강대국 미국과 소련은 얄타 시스템의 갈등과 협력관계를 통하여 미국은 자본주의 세계에서, 소련은 공산주의 세계에서 강력한 헤게모니를 가졌다. 그러나 1950년대 중반에 제3세계 운동이 생기면서 두 초강대국의 헤게모니가 약해지기 시작했으며 1960년에는 서유럽에서 출발한 유럽경제공동체(EEC)는 광역경제권을 만들어서 자본주의 세계에서는 처음으로 지역주의를 탄생시켰다. 국제 정치에서 국가가 다른 국가의 간섭을 받지 않고 주체성을 지키려면 무엇보다 경제적으로 자급자족을 이루어야 한다.

---

28 김우현, 『세계정치질서』, 116~125쪽.

서유럽 국가들은 미국과 소련의 헤게모니에서 벗어나고 역사에서 서유럽의 영광을 되찾기 위해서 우선 광역 경제권으로서의 지역통합을 만들었다.

　서유럽의 지역통합은 칸트가 그의 책『영원한 평화를 위하여』(1795)에서 말한 것처럼 지역 국가들의 자발적 합의에 따라서 초강대국 미국과 소련의 간섭을 막아내고 유럽의 주체성을 지키기 위해서 만든 광역경제권이었다. 이로써 해양세력 미국의 헤게모니는 약해지기 시작했다.

　아시아 쪽에서도 중국이 1950년대 대약진 운동과 1960년대 문화혁명을 통해서 소련의 공산권 헤게모니에 도전함으로써 공산주의 세계에서도 분열되어 지역주의가 생겨났다. 서유럽이 유럽경제공동체로 통합한 것은 중세 이후 분열된 기독교문화권을 통합하고 복구하여 중세로 돌아가려는 노력이 실현된 통합이라고 생각한다면 동아시아 지역에서 중국은 중세의 영토와 유교문화권을 거의 유지하고 있기 때문에 중국은 하나의 국가임과 동시에 하나의 지역통합체이며 공동체라고 생각할 수도 있다. 따라서 중국은 하나가 아니고 여러 개의 국가로 이루어진 통합체이기도 하다. 중국의 부상으로 얄타시스템의 한 축을 이루는 공산주의 세계의 소련 헤게모니도 약해지게 되었다.

　유라시아 대륙에서 유럽경제공동체와 중국의 부상은 마한, 매킨더, 스파이크먼 등 앵글로색슨 지정학자들이 두려워했던 유라시아 대륙에서의 통합이었다. 이로써 제2차 세계대전 이후 얄타시스템은 점점 힘이 약해지고 다원주의 세계화 시대로 변해가고 있었다.[29]

　칸트가 구상하고 바랐던 것처럼, 유럽지역통합의 모범은 세계 여러 지역에도 퍼졌다. 동남아시아 지역에서는 1967년에 ASEAN이, 이슬람 문화권 지역에서는 1982년에 GCC와 1992년에 ECO가, 남아시아 지역에서는 1983년에 SAARC

---

29 김우현,『세계정치질서』, 317~323쪽.

가, 동아시아 태평양 지역에서는 APEC이 유럽경제공동체를 모범으로 유럽경제공동체를 모범으로 유라시아 대륙에서 지역통합이 생겨났다.

그뿐만 아니라 미국 헤게모니의 중심 역할을 하는 중남미 대륙에서도 먼로독트린이 도전받게 되었다. 1961년에 LAFTA가 창설된 것을 시작으로 라틴 아메리카 대륙에서 캐리비언 그룹, 안데스 그룹, MERCOSUR 그룹에서 크고 작은 지역 통합들이 이루어졌다.30

또한 세계화와 더불어 국가들의 국경선이 낮아짐에 따라 지역들, 또는 지역통합체들 사이에도 대화가 진행되고 있다. 1975년에는 핀란드의 헬싱키에서 자본주의와 공산주의 이데올로기의 차이를 넘어 NATO 16개 회원국과 바르샤바 조약기구(COMECON)의 7개 회원국 등 모두 35개국이 모여서 유럽안보협력회의(CSCE)를 개최했다. 헬싱키 모범에 따라서 아시아 지역에서는 1994년에 ASEAN을 중심으로 안보회의로서 ARF가 창설되었으며, 1996년부터는 ASEAN과 EU 사이에, EU와 남미의 MERCOSUR 사이에 대화가 진행되고 있다.31

식민주의, 인종주의, 정복전쟁, 폐쇄적인 국가주의 등은 20세기까지 지배적이었던 시대정신이었다. 지역통합과 세계화는 유라시아 대륙을 분열시키는 것을 불가능하게 만들었다. 이와 동시에 앵글로색슨 지정학과 헤게모니는 약화되고 세계 최대의 헤게모니 역할을 하던 미국의 시대는 점점 저물어 가고 있다.32

---

30 김우현, 『세계정치질서』, 247~257쪽 참조.

31 같은 책, 249~257, 261~265쪽 참조.

32 같은 책, 285~323쪽 참조.

대량 사회와 문화 이동

콜럼버스 이후 20세기까지 세계역사는 절대적인 국가민족주의(absolute state nationalism) 시대였으며 유럽의 기독교문화가 정복전쟁을 통해서 다른 지역의 국가, 종교, 문화를 지배했다. 유럽 문화는 세계를 문화와 인종의 계층구조로 만들고 유럽의 가치기준에 따르는 획일적인 사회를 만들었다. 이러한 계층구조에서 지배자는 막스 베버가 합리주의(rationalism)에서 말한 것처럼 하나님에게서 축복받고 높은 질적인 수준(quality)을 가진 소수(minority)와 엘리트(elite)였다 (<그림 1> 참조).

그러나 세계화 시대에 접어들면서 모든 국가, 인간, 종교, 문화들을 분리할 수 없는 지구라는 울타리 안에서 함께 살도록 하고 있다. 시대가 바뀌면 그 시대정신을 대표하는 새로운 사상이나 철학이 나타난다. 새로운 시대정신으로 나타난 것들 중의 하나인 포스트모더니즘 또는 탈현대철학은 개체들은 서로 분리할 수 없으며, 이들은 하나의 전체 속에 함께 있다고 주장한다. 20세기까지의 모더니즘에서는 개체들은 따로 분리하고 서로 차별하면서 불평등한 피라미드형 수직질서를 가졌으나 세계화의 포스트모더니즘에서는 상대적으로 평등한 수평질

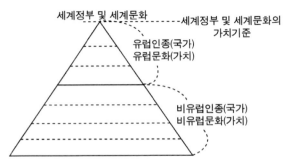

〈그림 1〉유럽 중심의 세계질서와 국가민족주의

세계정부 및 세계문화 ------ 세계정부 및 세계문화의 가치기준

유럽인종(국가) 유럽문화(가치)

비유럽인종(국가) 비유럽문화(가치)

서로 바뀌고 있다.

　종교는 문화권과 사회의 가치기준을 만들어준다. 문화와 가치기준이 상대적인 평등질서로 바뀜에 따라 지금까지 유럽의 문화와 가치를 받아들여야 했던 비유럽의 문화와 가치는 보편적인 이성을 주장하는 유럽의 문화와 가치에 도전하면서 오늘날에는 유럽의 가치와 아시아의 가치, 이슬람의 가치 사이에서 그리고 기독교문화, 불교문화, 이슬람교문화, 유교문화 사이에서 가치와 문화 논쟁이 진행되고 있다. 이라크와 아프가니스탄 전쟁은 가치와 문화논쟁이 군사적인 충돌로 발전한 것이라고 생각할 수 있다.

　이러한 논쟁들은 모더니즘 시대의 국가민족주의(state nationalism)를 문화민족주의(culture nationalism)으로 바꾸고 있으며 문화민족주의를 바탕으로 하는 새로운 세계질서를 만들어내고 있다. 새로운 세계질서에서는 크고 작은 다양한 문화들이 서로 포용하면서 공존한다. 세계화 시대의 사회질서에서는 억압이나 폭력이 아니고 다양성의 포용이다. 세계화의 사회질서에서 지배자가 되려면 크고 작은 문화(가치)와 다양성을 얼마나 많이 포용하고 다스릴 수 있느냐에 달렸다. 지난날처럼 강제적인 군사력으로 다른 문화와 가치를 억누를 수는 없다 (<그림 2> 참조).

　세계화 시대에는 인구의 대부분을 차지하는 보통사람이 새로운 사회질서를 결정한다. 민주주의는 시대에 따라서 내용과 해석이 달라진다. 국가민족주의 시대에 질의 우수성을 앞세우는 선택된 엘리트가 지배하던 질(quality)의 민주주의가 세계화 시대에는 다수의 보통사람이 지배하는 양(quantity)의 민주주의로 바뀌고 있다.

　그리스의 플라톤(기원전 427~347)이 질적으로 우수한 엘리트가 사회질서를 이끌고 계몽시켜야 한다고 말한 이후에 그의 사상은 유럽의 철학이나 사회질서의 밑바탕을 이루면서 이어져 왔다. 그러나 영국의 경제학자 그레셤(Thomas

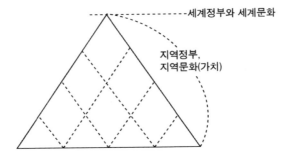

〈그림 2〉 세계질서와 문화민족주의

세계정부와 세계문화

지역정부,
지역문화(가치)

Gresham, 1519~1579)은 "시장에서 악화(양)는 양화(질)를 쫓아낸다"는 말로써 양이 질을 앞지른다는 시장과 사회원리를 설명하기도 했다. 또한 프랑스의 사회학자 토크빌(Alex Tocqueville, 1805~1859)은 "시간이 지나면서 사회질서는 점점 평등화되고 다수를 차지하는 보통사람들이 지배하고 질적으로 우수한 사람들은 점점 밀려나게 된다"고 예측하고 이를 두려워했으나, 역사의 흐름은 막을 수가 없다고도 했다.

세계의 모든 종교는 유라시아 대륙에서 생겨났으며 이곳에 뿌리를 두고 있다. 이것은 세계의 다양한 문화와 가치들이 유라시아 대륙에 자리 잡고 있다는 것을 말한다. 하나의 문화권에 사는 사람들은 동질성을 가지는 보통사람들의 대량사회(大量社會, massive society)를 만든다. 대량사회는 동질성을 가지면서도 반드시 조직화되지는 않으며, 감성적으로 이에 소속된다고 느낀다. 이것은 여러 사람이 모여서 집단이 되는 대중사회(大衆社會, mass society)와는 다르다. 대량사회는 조직화되기에 앞서 문화적으로나 인종적으로 그곳에 소속되어 있다는 감성적인 동질성이 있다. 대량사회 사람들은 한 지역에 모여 살기도 하고 지리적으로 여러 곳에 분산되어 다른 문화권에서 살기도 한다. 대량사회의 사람들이 흩어져서 다른 문화권에 사는 것을 디아스포라(diaspora)라고 한다. 디아스포라는 문화민족주의의 교민사회이며 문화민족주의는 이를 확산시킨다.

인간은 문화의 운반수단이다. 세계화 시대에는 인간이 국경을 넘어 이동하는 것이 점점 쉬워진다. 그러므로 하나의 문화권에 사는 인간의 숫자는 세계정치의 경쟁관계에서 결정적인 역할을 한다. 인간의 이동은 대량사회의 문화 이동(culture migration)이며 다른 문화권의 사회변동을 일으키는 원인이 되기도 한다. 인간이 문화를 만들고 다른 지역에 흩어져서 살게 되므로 문화 이동은 자기의 문화권의 중심과 주변을 만들면서 다른 문화권들과 경쟁한다.

세계화 시대의 문화민족주의는 여러 문화권을 서로 경쟁하게 만들고 이웃 문화권으로 퍼지는 인간의 이동과 문화 이동은 문화민족주의의 중심(center)과 주변(periphery)을 만든다. 이러한 주변들은 서로 겹쳐서 경쟁하면서도 서로 분리할 수 없는 문화권을 이어주는 연결고리를 만든다. 문화권과 문화민족주의의 중심과 주변은 서로 경쟁하면서 공존하므로 이러한 계속되는 여러 개의 연결고리는 서로 분리할 수 없는 세계화를 이룬다.

따라서 세계화 시대에 문화권이나 문화민족주의 경쟁에서 살아남으려면 중심문화를 이웃이나 주변지역으로 문화 이동을 담당할 운반수단으로서 인간의 숫자가 많은 대량사회가 유리하다. 이러한 예로는 유럽 문화권을 변화시키고 있는 이슬람 문화권의 인구이동을 참고할 수도 있다. 20세기 후반에 유럽 국가들은 인구가 줄어서 노동력이 부족하여 이슬람 문화권의 노동력을 수입했다. 수입된 노동력은 이슬람 문화권을 문화 이동시켜서 유럽 문화권의 종교와 사회문화를 변화시키고 있을 뿐만 아니라 집단행동으로 기독교문화와 충돌하여 사회갈등을 일으키고 있다.

로마클럽(Club of Rome)은 1972년 「성장의 한계(The Limits to Growth)」에서 세계화 시대에 하나뿐인 지구를 살리고 인간이 살아남기 위해서는 산업화로 인한 환경오염, 식량부족, 자연자원 부족 등을 해결하기에 앞서 해야 할 일은 이러

한 부정적 요소들의 원인이 되는 인구를 줄이라고 권고했다.33

그러나 이러한 인류의 위기를 맞아서도 선진국들은 후진국들에 인구를 줄이라고 권고하면서도 자신들은 오히려 세계화 시대의 문화권 경쟁과 대량사회의 문화이동에서 살아남기 위해서 인구 늘리기 경쟁을 하고 있다.

세계화 시대의 대량사회 논리는 인간사회에서뿐만 아니라 물질세계에서도 일어나고 있다. 세계화 시대는 포스트모더니즘 시대라고도 한다. 모더니즘 시대에는 전체보다는 부분(개체)이 앞섰으므로 세계는 분열되고 국가의 절대주권을 강조하는 국가민족주의(state nationalism)가 강화되고, 높은 질적 수준을 가진 소수 엘리트의 지배를 강조했다. 그러나 포스트모더니즘에서는 부분(개체)보다는 전체가 앞서므로 부분은 전체에서 분리될 수 없이 전체 속에 포함된다. 이것은 큰 것(전체)이 작은 것(부분)을 이긴다는 신자유주의 사상이라고 해석할 수 있다. 세계화의 문화민족주의 시대에는 크고 작은 문화들(부분들)을 포용하여 더욱 큰 전체를 이룰 수 있는 능력이 지배할 수 있는 능력을 결정한다(<그림 3> 참조).

거대한 다민족국가에 사는 소수민족은 시간이 지나면서 숫자가 많은 민족 속에 흩어지고, 흡수되고, 동화되어서 사라지는 것처럼 문화민족주의의 정체성을 올바로 갖추지 못한 문화와 민족은 세계화 속에서 사라지고 만다.

16세기 경제학자 그레셤이 악화가 양화를 쫓아낸다고 했던 것은 상품시장에서 대량생산이 우수한 질을 가진 소량생산을 이긴다는 뜻으로 해석되기도 한다. 또한 상품시장에서 가짜상품으로 대량생산되는 '짝퉁'이 진품을 시장에서 몰아낸다. 유라시아 지정학은 앵글로색슨 지정학과는 달리 유라시아 대륙을 분

---

33 Donella Meadows et al., *The Limits to Growth: A Report for the Club of Rome's Project on the Predicament of Mankind*(Potomac Associates Book, 1972); 로마 클럽, 『인류의 위기: 로마 클럽 리포트』(삼성문화문고, 1972) 두루 참조; 김우현, 『세계정치질서』, 285~293쪽.

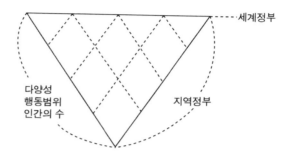

〈그림 3〉 문화민족주의 세계질서와 다양성

세계정부

다양성
행동범위
인간의 수

지역정부

리시키고 서로 경쟁하는 것이 아니라 국경을 낮추고 통합시켜서 인간과 문화의 이동을 편하게 한다. 그러나 유라시아 대륙은 지리적으로 분리를 불가능하게 만드는 문화이동을 통해서 지난날과는 다르게 대량사회들이 문화 경쟁을 벌이게 될 것이다.

27

문화민족주의와 포퓰리즘

자유민주주의 제도의 가장 큰 특징은 선거제도이다. 주민은 자유로운 선거를 통해서 자기의 대표자를 뽑는다. 선거제도는 대표자가 주민의 뜻에 따르는 것이다. 따라서 대표자가 되기 위해서는 선거에 출마한 후보자들은 당선되기 위해서 여러 가지 선거공약을 내놓는다. 후보자들은 경쟁에서 이기기 위해서 주민들이나 이익집단들의 요구에 따르게 된다. 따라서 후보자들이 전체의 이익을 위한 목표를 생각하기보다는 단순히 대중의 여론이나 이익집단들의 요구에 흔들리는 포퓰리즘(Populism)에 빠지기 쉽다. 자유민주주의 선거제도는 그 본질이 지지표를 의식하는 포퓰리즘이다. 포퓰리즘은 집단전체를 발전으로 이끌기도 하고 위기에 몰아넣기도 한다.1

독일의 철학자 헤겔은 사회발전에서 통합·조직화 과정을 개인-가족-시민사회-국가-세계로 나누었다. 시민사회는 18세기 말과 19세기 초의 프랑스 혁명

---

1 서병훈, 『포퓰리즘』(책세상, 2008).

시기에 해당된다. 헤겔은 프랑스 혁명으로 자유주의 사상이 널리 퍼지고 이익집단이나 시민단체가 지나치게 권리를 주장하기 때문에 프랑스가 혼란에 빠지고 국가통합이 안 된다고 생각했다. 이 시기에 독일은 아직 국가통합이나 산업화가 이루어지지 못한 후진국으로 국가통합이 필요한 단계에 있었으므로 헤겔은 독일에 자유주의 사상이 퍼지는 것을 반대하고 이익집단들을 국가가 통제해야 한다고 주장했다. 따라서 헤겔의 철학은 독일의 국가통합 시기에 필요한 민족주의 사상이었다.[2]

세계화가 진행되면서 국경의 높이가 낮아지고 사람의 이동이 좀 더 자유로워진다. 국경의 높이가 높았던 국가민족주의 시대에는 국경으로 사람들의 이동을 막고 자기 국민들만 잘살게 하는 복지정책을 펴서 잘살기 경쟁을 했다. 낮아진 국경을 넘는 사람들의 이동은 살기 좋은 환경을 찾아가는 경우도 있겠지만, 경제적으로 못사는 국가에 사는 사람들이 잘사는 국가로 이동하는 경우가 대부분이다. 경제적으로 잘사는 국가는 사회보장제도가 잘 되어 있을 뿐만 아니라 값싼 노동력을 필요로 한다. 이러한 값싼 노동력을 가지고 이동하는 사람들은 인구밀도가 높은 대량사회에 사는 사람들이 대부분이다.

이들은 이동하면서 자기가 살던 대량사회의 문화를 가지고 가서 대량사회의 문화를 전파하여 받아들인 국가를 대량사회 문화의 주변으로 만든다. 문명의 충돌을 말했던 헌팅턴은 남아메리카에서 히스패닉계 노동력이 미국에 이동하여 미국 문화의 정체성인 청교도 정신을 무너뜨리고, 노동시장을 혼란시키고, 점차 이들이 미국인구의 다수가 되어서 히스패닉계 언어가 미국의 제2 국어가 되어서 미국은 영어와 히스패닉계 언어의 이중구조가 될 것이라고 했다.[3]

---

2 Johaim Ritter, 『헤겔과 프랑스 혁명』, 김재현 옮김(도서출판 한울, 1983), 43~72쪽; Steven Smith, *Hegel's Critréque of Liberalism*(University Chicago Press, 1989), pp. 156~164.

3 새뮤얼 헌팅턴, 『새뮤얼 헌팅턴의 미국』, 형선호 옮김(김영사, 2004).

2005년 5월에 프랑스에서 유럽연합(EU)의 유럽헌법이 국민투표에서 부결되고 6월에 네덜란드에서도 부결되었던 가장 큰 이유는 새로 회원국으로 가입한 동유럽 국가들의 경제적 수준이 서유럽 회원들과 차이가 클 뿐만 아니라 동유럽에서 오는 값싼 노동력을 가진 사람들의 이동을 두려워했고 이들이 서유럽의 문화적 정체성까지도 변화시킬 것이라고 생각했기 때문이다.4

값싼 노동력을 무기로 산업화된 서유럽으로 이동한 이슬람 문화권 사람들은 서유럽 문화권에 섞여 살면서 서유럽의 종교와 사회문화를 변화시키고, 사회갈등을 일으키는 등 이익집단으로 바뀌고 있다.5

한국에서는 2005년 5월에 「국내거주 외국인 등에 대한 자치구, 시, 군의회 의원 및 장의 선거권 부여에 관한 특별법안」을 국회에 제출했다. 이것은 2004년 1월에 발효된 주민투표법에서 외국인에게 지방선거 투표권을 주기로 했다는 법적 근거에 따른 것이라고 한다. 특별법안의 취지는 지방정치의 주민참여 확대, 외국인의 권익과 인권보호, 일본에 있는 한국인 등 재외국민과 재외동포의 권익향상과 옹호, 외국인정책 확대를 통해서 국제화 시대에 맞게 국가이미지를 개선하려는 것이라고 했다.6

---

4 「유럽헌법 반대: 일자리 빼앗길라」, ≪중앙일보≫, 2005년 4월 29일 자; 설동훈, 『노동력의 국제이동』(서울대학교 출판부, 2000) 두루 참조; Sarah Collinson, *Europe and International Migration*(Pinter Publishers, 1994) 두루 참조.

5 「유럽헌법 사실상 무산: 동유럽에 퍼주기 싫다는 피해의식 확산」, ≪중앙일보≫, 2005년 6월 3일 자. 「이탈리아, 이슬람·가톨릭 십자가 논쟁」, ≪조선일보≫, 2003년 10월 28일 자. 「유럽, 이슬람 피로증」, ≪조선일보≫, 2003년 11월 5일 자. 「유럽에 번지는 이슬람 공포증: 유럽 각국 이슬람 사원 건립 반대」, ≪조선일보≫, 2008년 7월 22일 자. 「프랑스가 이슬람 공화국 된다」, ≪조선일보≫, 2009년 8월 11일 자. 「유럽 인권재판소 판결, 이탈리아 교실서 십자가를 떼라: 교황청, 이탈리아 정부 반발」, ≪조선일보≫, 2009년 11월 5일 자.

6 「시·군·구 의원, 단체장 선거권, 국내 거주 외국인에게 주자: 법률안 제출」, ≪중앙일보≫, 2005년 5월 10일 자.

개정된 선거법에 따라 2006년 5월에 실시되는 지방선거부터 국내 영주권을 얻고 3년이 지난 19살 이상 외국인은 선거권을 행사할 수 있다. 이것은 세계화라는 단기적인 시대 흐름에만 몰입되어서 자기의 정체성을 지키려는 깊은 생각은 하지 못했다고 본다.

세계화 시대에 외국문화를 받아들이고 함께 사는 다문화사회를 이루어서 서로 다른 문화를 이해하고 존중하는 것은 당연한 일이다. 그러나 이것을 정치적으로 생각하면 판단은 달라진다. 한국은 인구가 줄고 노동력이 부족하기 때문에 외국에서 노동력을 수입해야 한다.

이들은 시간이 지나면 조직을 만들고, 집단행동을 하고, 이익집단으로 발전하게 된다. 이익집단들의 현실 참여는 정책 결정의 다양성을 살리는 측면도 있지만, 올바른 정책 결정을 방해하는 요인도 된다. 2005년 4월에는 불법체류 외국인 노동자들이 노동조합을 설립하려고 했으나 노동부가 허용하지 않았다.[7]

2008년 4월 27일 베이징 올림픽 성화가 서울 시내를 지나갈 때에 중국의 티베트정책에 항의하는 시민단체에 대항하여 전국 각지에 사는 중국 유학생 등 6,000명 정도의 중국인들이 집단행동을 하고 충돌하여 혼란을 일으켰다. 올림픽 성화가 하루 앞서 일본을 지나갈 때에도 비슷한 충돌이 일어났다고 한다.[8]

한국과 일본에서 일어나 이러한 사건들은 대량사회의 주변에서 일어나는 충돌이기도 했다. 일본에서는 1995년에 일본 최고재판소가 영주권을 가진 외국인들은 지방선거에 투표권을 행사할 수 있다고 판결하고 이에 필요한 법률제정

---

7 「외국인 노동자 집단파업」, ≪조선일보≫, 2002년 1월 25일 자.「외국인 노동자들 첫 노동조합 선언」, ≪조선일보≫, 2005년 4월 26일 자.「노동부, 불법 체류자 노조는 안돼」, ≪조선일보≫, 2006년 6월 6일 자.

8 「서울을 뒤덮은 오성홍기: 중국 유학생 등 6,000여 명 올림픽 성화봉송에 몰려 충돌, 일본에서도 소동」, ≪조선일보≫, 2008년 4월 28일 자;

을 권고했다. 그러나 일본의회는 2009년까지도 입법과정을 미루고 있다.9

일본에 있는 한국교민의 투표권은 두 나라의 최고위급 정치인들이 만날 때마다 말하는 한국 정부의 요구사항이다. 그러나 2009년 10월에 제2차 세계대전 이후 처음으로 자민당 정부를 이기고 수립된 민주당 정부는 영주권을 가진 외국인에게 지방참정권을 주는 방안을 제출할 것을 검토하겠다고 했으나 실행에는 어려움이 많다고 한다.10

세계화 시대에 사람의 이동이 자유로워지면 대량사회와 가까이 있는 한반도는 노동력이 어디에서 들어오는가를 생각해보아야 한다. 이들이 대량사회의 문화를 가지고 들어와서 이익집단을 만들고 집단행동을 할 때에는 한반도의 정치적·문화적·사회적 정체성에 혼란이 생길 것이 분명하다. 바다를 사이에 두고 있는 일본이 외국인 참정권을 허용하는 것을 꺼리는 이유가 무엇인가를 다시 짚어보아야 한다. 옛말에 숲에서 새들이 갑자기 떼 지어 날아오르면 왜 그러는지 생각해보아야 한다고 했다. 외국인들이 일본을 대량사회의 주변으로 만들기 때문이다. 그래서 일본은 자기의 정체성을 지키기 위해서 아시아를 떠나려고 하는 것이다.11

대량사회와 육지로 연결된 한반도는 일본보다 더욱 어려운 상황이 될 수도 있다. 2005년 5월에 외국인 선거권을 위한 특별 법안을 제출하는 취지 중에 "일본에 있는 한국인 등 재외국민과 재외동포의 권익향상과 옹호를 위한다"라고

9 「일본 최고재판소, 외국인 지방참정권 허용」, ≪동아일보≫, 1995년 3월 1일 자. 「재일 한인 지방자치권 부여 난항」, ≪중앙일보≫, 1999년 10월 29일 자. 「재일동포 지방참정권 법제화 불투명」, ≪동아일보≫, 2000년 3월 15일 자.

10 「일본 민주당, 영주 외국인에 지방참정권 부여: 내년 초에 관련 법안 제출 검토」, ≪조선일보≫, 2009년 9월 12일 자.

11 김우현, 『동아시아 정치질서』, 196~210쪽.

했다. 한국이 일본에 재일 한국인의 참정권을 요구한다면 한국도 한국에 있는 외국인에게 참정권을 주어야 한다. 재일 한국인의 권리도 중요하지만 그것이 한국에 미칠 결과를 생각해보아야 했다. 잘못하면 한국의 국내 정치가 선거제도라는 포퓰리즘을 통해서 외국의 간섭을 받아 정체성의 혼란을 겪을 수도 있다. 특별 법안을 제출한 이유는 선진국인 네덜란드, 스웨덴, 덴마크, 노르웨이, 아일랜드, 호주, 뉴질랜드 등이 이미 시행하고 있기 때문에 국제화 시대에 맞는 국가 이미지를 개선하기 위해서라고 했다.[12]

한국은 세계화 시대의 국가 이미지를 높인다고 선진국 따라 하기를 하다가 많은 시행착오를 겪었다. 세계화라는 명분이 자기에게 적합한지를 따지지도 않고 무작정 선진국 따라 하기를 하다가는 실리를 잃는다. 조선 시대에도 명나라 따라 하기를 하다가 실리를 얻지 못했다. 세계화 시대에 자기를 차별화하지 않고 선진국의 뒤만 쫓아가는 약소국은 세계화 속에서 소멸한다. 누구를 위한 세계화인가를 생각해보아야 한다.

냉전 시대에는 지금까지 한반도의 분단극복을 위해서 남한과 북한의 통일이라는 관점에서 생각해왔다. 이것은 국가민족주의 시대의 생각이다. 세계화 시대의 패러다임은 경제와 문화이다. 따라서 분단극복의 수단과 방법도 바뀌어야 한다. 한반도 공동체로서 원경제권과 한글 문화권을 만들기 위해서는 외국의 노동력을 수입하는 것보다 북한에 있는 노동력을 이용하는 방법을 우선 생각해야 한다. 한반도 원경제권은 노동력의 패러다임에서 생각해야 한다. 우선 급하다고 외국 노동력을 수입하고 나면 분단극복이 되었을 때에 남한과 북한의 인구구성이 다르게 된다.

문화경쟁 시대에는 한반도의 중심을 먼저 만들고 나서 주변으로 넓혀가야 한

---

12 「선거권, 국내 거주 외국인에 주자」, ≪동아일보≫, 2005년 5월 10일 자.

다. 완성이 안 된 '나'는 세계화의 '우리' 속에서 없어진다.13

13 김우현, 『동아시아 정치질서』, 279~282쪽.

28

동북아시아 분수령
한반도의 지정학

    국제사회에서 국가는 인간의 사회생활에서와 마찬가지로 '우리' 속에서 '나'의 목표와 정책 방향을 정당화하여 '우리' 속에서 '나'의 명분을 찾고 자기의 행동을 합리화시킨다. '우리'는 '나'를 포함하고 있으며 '우리'는 '나'의 확장이다. 이것을 '나'가 커진다는 뜻으로 "나한"이라고 부르려 한다. 그러나 자기완성이 없는 '나'의 확대는 '우리' 속에서 소멸한다. 또한 다원적인 '나'는 '우리'로 확대될 수 있지만, 포용력이 없는 획일적인 '나'는 '우리' 속으로 흡수되어 다원사회의 '점'이나 '부분'이 되어버리고, 시간이 지나면 없어진다.

    한반도는 역사에서 중화세계질서에 일방적으로 따르면서 세계정치와 역사의 반대쪽을 보지 못했기 때문에 국가정책의 능동성이 약해지고 세계정치 질서의 흐름을 내다보지 못했다. 그러나 강대국들이 19세기 말에 한반도에 진출하면서 한반도는 이들의 변방, 주변 또는 외곽으로서 다원사회인 강대국들의 완충지대 역할을 했다.

    역사 속에서 오랜 시간을 두고 형성된 한반도의 일개 강대국 의존형 국가정책과 국민의식 때문에 한반도를 둘러싼 강대국들의 세력판도 변화와 맥을 같이

하면서 국내정치는 한반도 사람들끼리 '친○○파', '반○○파'로 갈라져서 혼란과 균형을 거듭했다. 강대국들이 한반도에 들어오면서 한반도 사람들을 여러 개의 '친○○파'로 나뉘었고 강대국들의 세력균형이 국내정치화되어서 혼란스러워졌다. 이것은 주변의 국제정치가 국내정치로 변하는 "내향적 세력균형"이라고 부르려 한다.

'완충지대' 역할은 오늘날까지도 한반도에 고통을 주고 있다. 그런데 그 고통은 앞으로도 계속될 가능성이 있다. 이것은 스스로 '고래 싸움에 새우 등 터지는' 입장을 고수한 '새우'에게 있다. 즉, 역사의 책임은 '나'에게 있다. 책임을 '너'에게 돌리는 것은 역사에 대한 반성을 하지 않는 '왜 때려 민족주의'이다. 역사의 악순환은 '나' 자신이 막아야 한다.

완충지대는 강대국들의 힘이 흘러들어오는 '낮은 지대'이다. 여러 방향에 흘러들어 오는 물은 낮은 지대인 완충지대에서 소용돌이를 일으킨다. '분수령'은 소용돌이를 일으키지 않게 물의 충돌을 막아주고 물 흐름의 방향을 바꾸어주는 '높은 지대'이다.

'동북아시아 분수령'은 한반도에 흘러들어오는 강대국들의 세력을 국내 정치화시키고, 국내에서 균형을 잡는 '내향적 세력균형'이 아니라 밖에서 균형을 잡는 '외향적 세력균형'을 만들어준다. 내향적 세력균형에서는 국내분열의 위험이 많으며 국가정책이 소극적으로 되지만, 외향적 세력균형에서는 국가정책이 적극성을 가지며 국민통합의 기회를 준다. 또한 내향적 세력균형은 대외의존적인 피압박, 피지배의 국민성을 만들지만, 외향적 세력균형은 활동적인 국민성을 만들고 국가발전의 희망과 국가목표와 국가정책의 국제화 또는 세계화의 명분을 주는 역할을 한다. 소용돌이에 말려드는 것은 '나'의 잘못이므로 소용돌이를 일으키는 원인을 만들지 말아야 한다.1

세계화 시대의 정치질서는 지역문화권을 배경으로 하는 강대국들의 헤게모니 경쟁이다. 헤게모니 경쟁은 시대에 따라 수단과 방법이 다르며 세계정치의 모습도 달라진다. 국가민족주의 시대에는 대표적인 경쟁수단이 군사적인 전쟁이었기 때문에 직접 충돌을 피하기 위해서 강대국들 사이에 중립지대 또는 완충지대가 생겨났지만, 세계화 시대의 문화민족주의에서는 지역문화와 그 문화가 만드는 가치기준이 경쟁수단이기 때문에 강대국들은 자기문화를 주변으로 확대하려 한다.

군사적인 경쟁에서는 서로가 명확하게 구별되지만, 문화적인 경쟁은 구별이 명확하지 않기 때문에 강대국의 영역은 약소국 또는 국가민족주의 시대에 완충지대였던 지역에서 서로 겹치게 된다. 영역이 겹치는 지역이 문화민족주의 시대에는 분쟁과 갈등의 지역이면서 동시에 강대국들이 서로 조화하고, 평화를 지키고, 지역의 번영을 가져오는 역할을 한다.

세계화는 강대국들이 자기의 문화와 가치기준을 보다 큰 지역문화와 가치기준으로 자기 확대하는, 즉 '나'를 '우리'로 확대하는 과정이다. 자기완성이 안 된 '나'의 문화를 확대하면 '우리' 문화 속에서 소멸된다. 지금은 국가민족주의에서 문화민족주의 시대로 변화하는 과도기이므로 세계정치질서의 모습도 새롭게 만들어지는 과정이다. 세계세력구조(우리)가 만들어지기 전에 한반도 문화권(나)을 먼저 찾아야 한다. 세계세력구조가 완성되면 약소국인 한국으로서는 그것을 바꿀 수 없고 대외정치를 강대국에 의존해야 한다. 약소국은 세력구조가 변화하는 과정에서 자기의 존재를 확인하고 인정받을 기회를 잡을 수 있다. 한반도의 문화권을 먼저 만들고 나서 세계화의 '우리' 속에 들어가야 한다. 군사적인 헤게모니는 군사력의 변화에 의해 이루어지기 때문에 변화 주기가 짧지

---

1 김우현, 「환태평양 연대 구상의 기본성격과 금후의 전망」, 국토통일원 엮음, ≪국통정 80-12-1627≫ (1980), 69~76쪽; 김우현, 「극동분수령: 한반도 민족공동체의 국제적 사명」, 한국정치학회 엮음, 『민족공동체와 국가발전: 제1회 한국정치세계 학술대회 논문집』(1989), 445~467쪽.

만, 문화적인 헤게모니는 한 번 이루어지면 거의 변하지 않는다.

동아시아에서는 세계적인 문화들이 한반도를 자기 문화의 주변에 종속시키려고 경쟁하고 있다. 이질적인 문화가 들어가면 빠져나오지 못하고 중국화되는 문화의 블랙홀과 같은 중국 문화, 유럽 협조체제와 유럽의 보편적 가치를 앞세우고 기독교문화를 대표하는 미국 문화, 힘의 중심이 유라시아 대륙의 서쪽에 있기 때문에 동쪽에서는 힘이 조금 약해지기는 했지만 동아시아에서 국제 분쟁의 중재를 통해서 어부지리로 영향력을 넓혀가는 러시아 문화, 강대국의 문화를 받아들여서 자기 것으로 만든 다음 빛을 내기 때문에 두 가지 빛깔을 가진 일본의 '달빛 문화'가 문화경쟁 시대에 한반도에 겹치고 있다. 일본의 달빛 문화는 받아들인 강대국 문화와 이를 '달빛'으로 변화시킨 일본 문화의 이중성이다. 일본 문화의 이중성은 일본의 대외정책에서도 자기가 속해 있는 아시아 지역을 강조하는 아시아연대론과 아시아 지역을 떠나서 유럽 문화권과 어울리는 탈아시아론의 이중성을 만든다.

콜럼버스 이후 유럽 문화권 국가들은 비유럽 문화권들을 자아와 타자로 구분하여 다른 문화를 타자화시켜서 식민지를 만들고 주민들을 노예로 삼았으며, 20세기 국가민족주의 시대에 들어서는 자아와 타자를 선진국과 후진국 또는 제삼 세계 국가로 구별 짓는 방법으로 써왔다. 그리고 타자인 후진국들은 경제와 문화에서 유럽 선진국의 보편적 수준에 미치지 못한다는 이유로 계층구조에서 하부구조에 속했다.

21세기 세계화 시대에는 포스트 모더니즘의 논리에서 주장하는 것처럼 세계의 지역문화들이 보편화되었을 뿐만 아니라, 과거에는 유럽 문화권의 엘리트들이 독점하던 지식도 정보화시대를 맞아서 보편화되었다. 따라서 세계화 시대에는 과거와는 반대로 자기 자신을 타자화시켜서 독자성과 차별성을 강조하여 경쟁에서 이기려고 한다. 일본이 중국의 오름세가 두려워서 아시아를 떠나려는 것은 일본이 스스로 아시아에서 일본을 타자화시켜서 독자성을 유지하려는 것이다.

한반도도 세계화 시대에 강대국의 '우리' 속에 빨려 들어가지 않고 '나'를 지키려면 주변 국가와 차별성을 강조해야 한다. 세계화 시대 경쟁의 패러다임은 경제와 문화이다. 한반도는 이러한 시대의 패러다임에 맞게 남북한이 함께 한반도 경제권으로서 '원 경제권'과 한반도 문화권으로서 '한글 문화권'을 만들어야 한다.

한반도는 밀려오는 주변 강대국들의 문화, 즉 중국 문화, 유럽-미국 문화, 러시아 문화, 일본 문화에 대응하기 위해서 먼저 한글 문화권을 이루어야 한다. 한반도 문화권을 주위에 있는 문화권들과 차별화할 수 있는 대표적인 기호는 남한과 북한의 단일민족이 함께 쓰는 '한글'이다. 따라서 한반도 문화권을 말과 글을 포함하는 '한글 문화권'이라고 쓰는 것이 옳다. 세계화 시대는 문화의 중심과 주변의 관계로 연결된다. 시대의 패러다임에 맞게 한반도 문화권도 중심과 주변으로 대응해야 한다. 남한과 북한이 함께 한글 문화권의 중심이 되고 해외 교민은 한글 문화권의 주변을 이루어서 세계화 시대에 한반도 문화주체성을 찾아야 한다. 한글 문화권을 통한다면 남한과 북한의 국민통합도 무리 없이 이룰 수 있으며, 한글이 소리글이기 때문에 정보화시대의 문화경쟁에서 우수성과 차별성을 보일 수 있다.

세계화 시대의 문화민족주의에서는 경제가 문화를 운반하는 수단이며 인간은 경제와 문화를 운반한다. 따라서 경제권의 확대는 문화권의 확대를 가져온다. 한반도에는 강대국들의 문화권과 마찬가지로 강대국들의 경제권이 진출해 있다. 러시아는 공산주의 시대에 북한의 공업화 과정에서 기계와 시설을 담당했으므로 앞으로도 북한의 경제는 러시아의 기술에 많이 의존하리라고 본다. 북한의 개방정책은 중국식 개방정책을 모형으로 하기 때문에 중국경제권은 북한과 한반도에 이미 들어와서 자리를 잡고 있다. 특히 북한에서는 중국의 경제적 영향력이 가장 크다.

미국은 제2차 세계대전 이후 한반도에서 절대적인 우위를 가지고 있으며, 오늘날에도 세계화와 신자유주의 물결에 힘입어서 절대적 우위를 지키고 있다. 한편 미국의 전통적인 동아시아정책은 미국이 직접 이 지역에 개입하거나 일본을 지렛대로 이용하여 일본으로 하여금 이 지역에 개입하게 하고 미국은 자유롭게 활동하는 이중정책이었다. 미국은 1989년에 창설된 아시아·태평양 협력을 바탕으로 동아시아 지역에서 정치와 경제의 우위를 유지하려고 했다.

그러나 1997년 시작된 아시아 지역의 외환위기와 그에 따른 IMF 체제로 인해 미국에 대한 아시아 국가들의 불만이 커졌으며, 1998년 APEC 정상회의에서는 선진 유럽 문화권 국가들과 아시아 회원국들의 논쟁으로 APEC의 목표에 대해 큰 기대를 갖지 못한 상황에서 아시아 회원국들의 아시아주의가 새롭게 생겨났다.

이러한 동아시아 정치질서의 변화에 따라 일본은 1998년 9월에 한·일 자유무역 협정을, 1998년 11월에는 한·중·일 경제협력을 제안했다. 이것은 일본의 대외정책에서 아시아연대론의 시각이다. 일본은 미국의 NAFTA를 모형으로 하여, 한·일 자유무역 협정을 한국과 일본이 관세장벽을 철폐하여 상품의 자유로운 교역을 보장하고, 한·일 자유무역 협정(지대)이 자리를 잡으면 여기에 중국을 포함하여 '(한국+일본)+중국'의 자유무역 협정을 추진하려고 한다. 이것은 일본의 동아시아에 대한 점진주의적 전략이다. 그러나 점진주의는 때로는 초기 단계를 고정화시키는 부정적 측면도 있다. 따라서 한·일 자유무역 협정에서는 한·중·일 경제협력과 중국의 존재가 소외되기 때문에 한국과 중국의 관계가 불편해진다. 한·일 자유무역 협정은 중국뿐만 아니라 주변 강대국들의 한국에 대한 내정간섭을 불러들인다. 일반적으로 국제조직은 작은 것부터 시작하여 큰 것으로 이른다고 하지만, 동아시아는 세계적인 강대국들이 집중되어 있고 세계적인 문화들이 섞여 있는 특수한 지역이기 때문에 더욱 큰 것부터 시작하여 작은 것으로 옮겨가야 한다. 한·중·일 경제협력의 틀 안에서 한·일 자유무역 협정이 이루어져야 하고 분단 극복을 생각해야 한다.

1999년 11월 'ASEAN＋3 정상회의'에서 'ASEAN＋3'이 아시아 공동시장으로 발전할 것을 희망하는 의장성명을 발표했다. 아시아주의로서 'ASEAN＋3 공동시장', '한·중·일 경제협력', '한·일 자유무역 협정'은 모두 한국이 참여해야 할 경제협력 관계이다. 그러나 일본이 제안한 한·일 자유무역 협정과 한·중·일 경제협력은 한국으로 하여금 과거의 역사를 돌아보게 한다. 일본은 한반도 남부를 지배했다는 소위 임나경영설에 근거하여 임진왜란을 일으켰고 한일병합을 단행했다. 이것은 이빨인 일본을 보호하기 위해서 입술인 한반도를 지배해야 한다는 중심-주변 관계(순치관계)이다. 일본의 관심은 항상 한반도 남부였다.

오늘날에도 일본의 역사교과서 개정에서는 임나경영설을 더욱 강조하는 국수주의적 경향을 보이고 있다. 최근 일본의 아시아주의는 일본-한·일 자유무역 협정(지대)-한·중·일 경제협력-ASEAN＋3-아시아 공동시장의 순서로 일본을 중심으로 하는 중심-주변 관계를 구축하고 있다. 이것은 아시아연대론의 대외정책이지만, 19세기 말에 있었던 일본의 아시아 대륙에 대한 정한론과 탈아시아론의 침략전쟁이 진행한 추진방향과 순서가 똑같다. 19세기 말 일본의 공격적인 탈아시아론과 아시아연대론이 100년이 지난 21세기 초에 와서는 방어적인 아시아연대론으로 바뀌었으나 근본적인 의도는 변함이 없다. 한·일 자유무역지대는 필연적으로 한·중·일 경제협력에 앞서 이루어져야 하므로, 일본의 의도는 중국 진출에 앞서 한반도 남부에 먼저 자리 잡으려는 지정학적 발상이다.

중국은 세계인구의 4분의 1을 차지하는 단일국가이자 세계에서 제일 크고 통합이 잘된 지역 공동체로서, 과거 중화세계의 변방(주변)이었던 동남아시아와 한반도에 진출하려고 한다. 일본은 이에 대응하여 1990년대에 동남아시아에 '제2의 대동아공영권'을 만들려고 했다. 미국의 동아시아정책은 19세기와 마찬가지로 일본을 지렛대로 이용한다. 일본은 미국의 주변이다. 미국은 중국이 강대국으로 부상하는 것을 막기 위해서 1997년에 일본과 미·일 방위지침을 합의하여 일본으로 하여금 유사시에 직접 또는 간접으로 동아시아 방위책임을 맡게 했다. 또한 미국은 '우주방위계획(SDI)'의 하나인 '미사일 방위체제(MD)'로 일본과 함께 중국을 압박하려 했다. 이것은 일본의 이중적인 탈아시아정책을 잘 보여준다. 미국의 동아시아에서의 목표는 1898년에 미국이 하와이와 필리핀에 진출하여 이룩한 아시아·태평양 세력의 지위를 계속 유지하는 것이다. 그렇지 못하면 태평양 세력으로 축소되어 아시아 대륙에서 근거를 잃게 된다.

유럽 문화권, 특히 미국이 세계에서 가장 두려워하는 것은 유교문화권의 핵심인 한·중·일의 결합이기 때문에 이에 대응하기 위해서 여기에서 일본을 분리하려고 한다. 2000년 6월 남한과 북한의 화해를 계기로 미·일 방위지침과 MD의 위력은 약화되었지만 미국과 일본의 구상은 변함이 없다. 한편 19세기와 마찬가지로 직접 분쟁을 만들거나 이에 참여하지 않고서도 분쟁의 중재자 역할로 이익을 얻는 것이 러시아의 동아시아정책의 특징이다. 한반도 주변 강대국들의 한반도와 동아시아에 대한 정책은 시대에 따라 모습은 달라졌지만, 근본적인 변화는 없다.

새롭게 생겨나는 아시아주의 지역통합에서 일본은 한·일 자유무역 협정이 어느 정도 성숙하면 중국을 포함하여 '(한＋일)＋중 자유무역 협정'으로 발전시킨다는 점진주의 방식을 채택하고 있다. 점진주의는 초기 단계를 현상유지시키는 특성이 있다. 자유무역 협정은 자유 시장 경제를 전제로 한다. 한·중·일 경제 협력에는 자유 시장 경제를 바탕을 둔 한·일 자유무역 협정과 중국식 사회주의 시장경제가 함께 있다. 또한 동아시아 경제권을 일본 경제권과 중국 경제권으로 나누려는 중국과 일본의 갈등도 함께 있다.

중국은 주변 국가들에 지역 통합이나 자유무역 협정 등을 제안하지 않고 주변 국가들의 제안에 따라가면서 이해관계를 생각한다. 또한 중국은 중화 중심주의적 권위주의 통합 전통 때문에 국가들이 평등하다는 유럽 문화권의 연방주의 사상에 뿌리를 둔 지역공동체를 주도하려 하지 않는다. 중국은 '중국 지역공동체'를 확대하는 것에 관심이 있다.

일본은 중국의 오름세를 더 이상 막을 길이 없으므로 자기의 독자성을 지키기 위해서 아시아를 떠나서 미국과 동맹관계를 강화하여 미국과 함께 세계정치에 참여하려고 한다. 2009년 10월에 새로 출범한 일본 민주당 정부는 아시아에 접근하고 미국과의 관계를 다시 생각한다고 했다. 이것은 조금 더 지켜볼 일이나, 기본적인 아시아정책에는 변화가 없으리라고 본다.

일본으로서는 한·일 자유무역 지대가 세계화 시대에 중국에 대응하기 위한 최소한의 생활공간이다. 그러므로 한반도는 일본과 중국의 갈등을 완화시키고 일본을 아시아에 잡아 두기 위해서 한·중·일 자유무역 협정부터 시작해야 한다. 이것이 동아시아의 평화와 번영을 위해서 한반도가 해야 할 일이다.

미국은 서태평양 지역에 계속 남아 있으면서 세력을 유지하기 위해서 서태평양에서 미군의 중심을 일본에 두고 한국에서는 미군을 철수시키거나 줄여서 한국을 완충지대로 만들어 중국과의 직접 충돌을 피하려고 한다. 미국의 한반도정책은 일본을 통한 간접적인 간섭정책이다. 이것은 1905년 미국과 일본이 약속한 태프트·가쓰라 각서의 기본 틀이다. 20세기 초에는 태프트·가쓰라 각서를 통해서 미국이 일본을 이용했으나 100년이 지난 21세기에는 일본이 한반도 및 아시아 대륙에 간섭하기 위해서 미국을 이용하고 있다.

21세기에 가장 강력한 헤게모니 대립관계는 미국을 중심으로 하는 기독교문화권과 중국을 중심으로 하는 유교문화권이다. 만일 일본이 아시아를 떠나서 미국과 동맹관계를 강화하면, 헌팅턴이 말하는 문명의 충돌론의 관점에서 보면 세계에서 가장 큰 지각변동을 일으킬 수 있는 문명의 단층이 한반도를 지나간 다. 한반도에서 어떠한 무력 충돌이나 전쟁이 있어서는 안 된다. 한반도에서 일어나는 조그만 분쟁이 문명의 단층들이 충돌하는 분쟁이나 무력충돌로 커질 수도 있다. 고래 싸움에 새우 등 터지는 것은 새우의 잘못이다. 새우는 고래들이 싸우는 곳에 가지 말아야 한다. 한반도는 문명권들이 분쟁을 일으킬 수 있는 빌미를 주어서는 안 된다. 또다시 고래 싸움에 말려들면 새우는 등이 터지는 것이 아니라 죽는다.

한반도는 분단 반세기 만에 화해 분위기가 싹트고 있으며, 남·북 경제 교류를 활발히 하여 한반도 경제권의 가능성을 보여주고 있다. 그러나 북한은 중국식 개방정책으로 경제개혁을 생각한다. 따라서 동아시아 정치와 경제에서 중심축을 이루는 한·중·일 경제협력에서 북한과 중국은 중국식 사회주의 시장경제이고 한국과 일본은 자유 시장 경제이므로 일본이 우선하려고 하는 한·일 자유무역 협정은 한반도에 또 다른 남한과 북한의 갈등과 분단을 만든다. 이것은 일본의 역사에서 이어지는 아시아정책이며 한반도정책이다.

한반도에서 남한과 북한의 경제 체제 분단을 막으려면 한·일 자유무역 협정 또는 한·일 협력 체제에 앞서 우리 스스로 이루어내는 한반도 경제권 또는 원 경제권을 만들어서 남한 경제와 북한 경제를 연결해야 한다. 남의 힘으로 이루어지는 한반도 경제권은 지난날의 역사와 마찬가지로 대외의존형이 된다.

강대국들의 주변인 한반도에서 소용돌이와 고래 싸움을 막으려면 남한과 북한이 함께 동북아시아의 분수령을 만들어서 여러 중심의 주변이 한반도에서 겹쳐져서 발생하는 분쟁을 막아야 하고, 오히려 겹치는 주변들을 조화시키고 주변 문화들의 중심을 연결하여 동아시아, 그리고 세계의 평화와 번영에 기여·동참해야 한다.

한반도 경제 공동체로서 원 경제권과 한반도의 한글 문화권은 동북아시아 분수령을 받쳐주는 두 개의 기둥이다. 동북아시아 분수령은 한반도를 강대국들의 주변이 아닌 한반도를 중심으로 만든다.

제2차 세계대전 이후 세계평화와 강대국들의 화해를 위해서 기능주의를 주장했던 미트라니(David Mitrany, 1888~1977)는 『작동하는 평화 체제』에서 다음과 같이 말했다.

오늘날에 해야 할 일은 국가들을 평화롭게 지내도록 갈라놓는 것이 아니다. 이들을 적극적으로 활동하도록 한 곳에 모으는 것이다. …… 국가들이 공동으로 가지고 있는 관심대상이라든가 관심분야를 함께 묶어서 그들의 공동 관심 대상이나 공동 관심분야가 되도록 해야 한다. …… 평화로운 세계사회는 외무 장관들이 조약에 서명하는 것으로 이뤄지는 것이 아니다. 공동작업장이나 시장에서 같이 일하게 하는 것이 바로 평화로운 세계사회를 만드는 방법이다. …… 따라서 평화는 보호할 것이 아니라 움직이도록 해야 한다. …… 국가의 주권은 어떤 형식을 통해서 이양되는 것이 아니라 기능(function)을 통해서만 효과적으로 이양된다. …… 기능주의 방법은 여러 가지 국제행위를 거미줄처럼 엮어서 정치적인 분열 위에 덮어두면 모든 국가의 이해관계와 생활방식은 정신적으로 통합된다.2

이로써 미트라니는 이질적인 것들을 충돌하지 못하게 서로 갈라놓는 것이 아니라, 공동의 장을 만들어서 함께 지내도록 해야 한다고 주장했다. 이 주장은 국

---

2 David Mitrany, *A Working Peace System: An Argument for the Functional Development of International Organization*(London, 1944), 5, pp. 25, 31, 69, 92.

제연합(UN) 산하기구인 국제연합교육과학문화기구(UNESCO)의 활동에 크게 영향을 미쳤으며, 1960년 이후에는 유럽경제공동체(EEC) 등 세계 각지의 지역 공동체 통합에 이론적 배경을 만들어주었다.3

남한과 북한 사이에는 비무장지대(DMZ)가 있어서 서로 갈라놓아서 충돌을 방지하고 있으며 서해에서는 북방한계선(NLL)을 둘러싸고 갈등하고 있다. 남한과 북한은 충돌을 피하게 하려고 따로 떨어져 있다. 남한과 북한 사이에 진정한 평화와 통합을 위해서는 공동의 장이 필요하다. 이를 위해서 북방한계선과 비무장지대를 남한과 북한이 공동 관리하여 공동의 장을 만들어 동북아시아 분수령의 역할을 시작할 수 있게 해야 한다.

3 김우현, 『세계정치질서』, 222~226쪽.

지은이 | **김우현**

한국외국어대학교 졸업
Freie Universität Berlin 정치학 박사
국토통일원 연구관
경북대학교 정치외교학과 명예교수

주자학, 조선, 한국

ⓒ 김우현, 2011

지은이 • 김우현
펴낸이 • 김종수
펴낸곳 • 도서출판 한울
편집책임 • 김현대
편집 • 박근홍

초판 1쇄 인쇄 • 2011년 9월 14일
초판 1쇄 발행 • 2011년 10월 17일

주소 • 413-832 파주시 교하읍 문발리 535-7 302 (본사)
121-801 서울시 마포구 공덕동 105-90 서울빌딩 1층 (서울사무소)
전화 • 영업 02-326-0095, 편집 031-955-0606(본사), 02-336-6183(서울사무소)
팩스 • 02-333-7543
홈페이지 • www.hanulbooks.co.kr
등록 • 1980년 3월 13일, 제406-2003-051호

Printed in Korea.
ISBN 978-89-460-4507-1 03910

* 책값은 겉표지에 표시되어 있습니다.